年少早识苏东坡

汪维宏——著

译林出版社

图书在版编目（CIP）数据

年少早识苏东坡 / 汪维宏著. -- 南京：译林出版社，2024.11. -- ISBN 978-7-5753-0342-2

I. K825.6-49

中国国家版本馆CIP数据核字第2024SN0108号

年少早识苏东坡　汪维宏／著

策　　划	葛庆文
责任编辑	朱彩霞
装帧设计	薛顾璨
校　　对	戴小娥
责任印制	单　莉

出版发行	译林出版社
地　　址	南京市湖南路1号A楼
邮　　箱	yilin@yilin.com
网　　址	www.yilin.com
市场热线	025-86633278
排　　版	南京展望文化发展有限公司
印　　刷	江苏凤凰通达印刷有限公司
开　　本	718毫米×1000毫米 1/16
印　　张	15.75
插　　页	1
版　　次	2024年11月第1版
印　　次	2024年11月第1次印刷
书　　号	ISBN 978-7-5753-0342-2
定　　价	35.00元

版权所有·侵权必究

译林版图书若有印装错误可向出版社调换。质量热线：025-83658316

序

苏东坡是北宋时期集思想家、政治家、文学家于一身的思想巨人、政治精英和文化巨匠。他生于景祐三年（1036）十二月十九日，再过十二年就是他的千年诞辰。古往今来，苏东坡一直受到国人的景仰和爱戴，他的影响力也跨越国界，受到外国人的喜爱。2000年，法国《世界报》组织评选1001—2000年间的"千年英雄"，全世界一共评出十二位，苏东坡是唯一入选的中国人。"人生为何不快乐，只因未读苏东坡""每个人的心中都有一个苏东坡"。近千年来，"东坡热"经久不衰，东坡的名字历久弥新。

国学大师王国维在《文学小言》中高度赞扬苏东坡，"若无文学之天才，其人格亦自足千古"。青少年朋友们可以从苏东坡跌宕起伏、波澜壮阔的一生中学习什么呢？学习他博观而约取、厚积而薄发的学习态度，勤奋好学，持之以恒，努力成为腹有诗书气自华的好学生。学习他一蓑烟雨任平生、也无风雨也无晴的人生态度，从小立志，不怕挫折，努力成为知难而进、迎难而上的好少年。学习他敬业精业勤业、亲民爱民惠民的高尚人格和家国情怀，以民为本，履职尽责，努力成为国家繁荣富强的建设者。学习他乐观豁达、随遇而安的生活态度，向善而行，积善成德，努力成为建设和谐社会的好公民。

家风家教、童年立志与青少年时期的博览群书，对于一个人的成长至关重要。苏东坡之所以能傲视群雄、流芳百世，成为千古第一才子，与其"自幼奋厉有当世志"、青少年时期的发奋苦读紧密相关。译林出版社社长葛庆文独具慧眼，建议将《千载浩然苏东坡》改写为青少年读本，于是就有了这本《年少早识苏东坡》。衷心希望青少年朋友们能由此书走近苏东坡，与东坡产生共鸣，从东坡精神中汲取养分，助力成长。

汪维宏
2024 年 10 月

目 录

第一章　自幼奋厉有当世志　　1

　　眉山苏家　　4

　　家风家学　　6

　　贤母教诲　　9

第二章　立志读尽人间书　　15

　　小荷才露尖尖角　　17

　　父亲是位好老师　　20

　　求学路上成姻缘　　23

第三章 "三苏"誉满京城	27
致君尧舜，此事何难？	29
伯乐欧阳修	32
科举百年第一人	36

第四章 微官敢有济时心	43
凤翔来了个"苏贤良"	45
一舟两棺归故里	53
饱受争议的王安石变法	58
"三苏"和王安石的过节	67

第五章 以民为本，勤政爱民	75
三年走吴越，踏遍千重山	77
密州喜迎苏太守	85
惟愿一识"苏徐州"	93

第六章 "乌台诗案"始末　　　　　　　　　99

　　湖州谢表惹祸端　　　　　　　　　101

　　欲加之罪，何患无辞　　　　　　　109

　　多方施救，终逃一劫　　　　　　　115

第七章 从苏轼到苏东坡　　　　　　　123

　　贬谪黄州　　　　　　　　　　　　125

　　"东坡居士"的由来　　　　　　　131

　　一蓑烟雨任平生　　　　　　　　　137

　　文学创作的巅峰期　　　　　　　　147

第八章 何妨吟啸且徐行　　　　　　　157

　　神宗皇帝的救赎　　　　　　　　　159

　　相逢一笑泯恩仇　　　　　　　　　165

　　求田问舍意最高　　　　　　　　　168

　　休将白发唱黄鸡　　　　　　　　　173

第九章 彪炳史册在四州   181

    只争朝夕在杭州   183

    政绩斐然在颖、扬   192

    整肃军纪在定州   198

第十章 千古风流人物   203

    山雨欲来风满楼   205

    不辞长作岭南人   210

    九死南荒吾不恨   219

    千载浩然，百世流芳   228

附 苏东坡年谱   241

第一章

自幼奋厉有当世志

景祐三年（1036），对于北宋政坛和文坛，都是不平凡的一年。

这一年，"先天下之忧而忧，后天下之乐而乐"的范仲淹、"醉翁之意不在酒，在乎山水之间也"的欧阳修，先后被贬。两位名吏贤臣因何同年被贬呢？时为吏部员外郎、权知开封府（官名）的范仲淹，因不满宰相吕夷简把持朝政、培植亲信，而向仁宗皇帝进献了自己绘制的《百官图》，对吕夷简任人唯亲提出尖锐批评。他认为官员的晋升、降黜应由皇帝亲自掌握，而不应由宰相操控。吕夷简则极力诋毁范仲淹，攻击他"越职言事，荐引朋党，离间君臣"。

范仲淹被贬饶州（今江西省上饶市鄱阳县）后，谏官、御史都畏惧吕夷简的权势，不敢进谏，当时并不是谏官的余靖冒死上书，为范仲淹鸣冤叫屈。不久，余靖被贬为监筠（jūn）州（今江西省宜春市高安市）酒税。太子中允（官名）尹洙上疏说："仲淹忠亮有素，臣与之义兼师友，则是仲淹之余党也。今仲淹以朋党被罪，臣不可苟免。"于是尹洙被贬。

当年五月，时为馆阁校勘（官名）的欧阳修写信给谏官高若讷，说范仲淹刚直不阿，亘古未有，自己无权替其辩解，而高若讷身为谏官，却不履职尽责，居然在范仲淹被贬后不劝谏皇帝。高若讷将欧阳修的信转呈仁宗皇帝，欧阳修因此被贬为夷陵（今湖北省宜昌市夷陵区）县令。

时年二十五岁的蔡襄，刚刚结束五年的地方工作，前往京师等待吏部的人事安排。他路见不平，愤然写下题为《四贤一不肖》的长诗，高度赞扬范仲淹、余靖、尹洙、欧阳修，称他们为"四贤"，而将趋炎附势的高若讷称为"不肖之徒"。此诗一出，朝野轰动，蔡襄也一鸣惊人。

这一年，对于野心勃勃的李元昊而言，也是历史性的转折点。经过三代人的努力，党项人终于控制了整个河西地区，使得西夏的统治地域"东尽黄河，西界玉门，南接萧关，北控大漠"，而河西地区也成为西夏后来立国的军事屏障和经济来源。

这一年，对中国文化史而言，也发生了一件大事。十二月十九日（全书采用农历纪年法，苏东坡年岁计算也从此时起，皆为虚岁）卯时，成都以南约一百五十里眉山（今四川省眉山市）的苏家诞下了一个男婴，这就是后来成为中国文坛巨匠的苏东坡。不过，那个时候他还不叫"东坡"。十二岁时，父亲苏洵为他取名为轼，字子瞻。而"东坡"则是他因"乌台诗案"被贬黄州（今湖北省黄冈市）后，在城外的东坡上开荒种地，自号"东坡居士"而得名。为叙事方便，本书以下皆称苏东坡。

眉山苏家

蜀道之难，难于上青天。巴蜀，位于中国的西南地区，为崇山峻岭所环抱。据说四川因境内有岷、泸（lú）、雒（luò）和巴四大河流而得名。据史料记载，苏东坡的祖籍不是四川眉山，而是河北赵郡（今河北省石家庄市栾城区），那里有举世闻名的赵州桥。苏家先祖苏章，字孺文，东汉扶风平陵（今陕西省咸阳市）人，博学多才，善著文章。汉安帝时，曾任武原（今江苏省徐州市邳州市西北）县令，冀州（今河北省衡水市）、并州（今山西省太原市）刺史。在冀州，他公正廉明，执法如山，有"铁面州官"之称；在并州，他因得罪豪强而被免官，隐居赵郡。其后代苏则，为三国时期曹魏大臣，少以学问品行闻名于世，家族繁衍，逐渐形成赵郡苏氏。

赵郡的苏氏，是如何来到眉山的呢？这得从苏章后人苏味道说起。

苏味道，唐贞观二十二年（648）生，少有文名，二十岁进士及第，唐代著名文学家，与李峤（qiáo）、崔融、杜审言合称"文章四友"。成语"火树银花"，就出自苏味道《正月十五夜》诗句"火树银花合，星桥铁锁开"。

历史上的苏味道颇具争议性。武则天时代，他亲附佞臣张昌宗，官运亨通。苏味道做人圆滑，明哲保身，为相数年，毫无建树。为避免得罪各方，说话处事总是模棱两可，时有"苏模棱"之称，成语"模棱两可"就出于此。

唐神龙元年（705），苏味道跟着张昌宗倒台，被贬为眉州刺史，复为益州大都督府长史，未行而卒，归葬于原籍河北栾城的苏邱村。应该说，"模棱两可"反映了苏味道的政声，而"火树银花"则体现了他的才学。

苏味道的世孙苏洵，字明允，北宋文学家，与其子苏东坡、苏辙以文学并称于世，世称"三苏"，均被列入"唐宋八大家"。苏洵在《苏氏族谱引》中追认苏味道为其始祖。相传苏味道共有四个儿子，长子、三子、四子都子承父业为官，唯有次子苏份特立独行。苏味道去世后，苏份就留在眉山，娶妻生子，繁衍后代，自此眉山始有苏氏，传二百余年到苏泾。

苏洵在《族谱后录》中写道："苏氏迁于眉而家于眉山，泾以前，皆不详。"泾生钊（jīn），钊生五子，少子苏祜（hù）为苏洵的曾祖父。苏洵的高祖钊和曾祖祜以侠气闻于乡里，而苏祜又以才干敏捷而受到人们的称赞。据说眉山苏氏的家底大致奠定于苏祜时期。苏祜生有六子，其中苏洵的祖父苏杲（gǎo）乐善好施，在乡里以孝友著称。他曾说，有财不施舍，怕人惦记；而施舍了让人知道，又怕别人误解是为了名声。所以他总是默默地帮助他人。苏杲之子苏序也继承了父亲的品德。总之，苏氏家族中的人，似乎都有任侠尚义的气质。苏东坡的爷爷苏序，字仲先，生于宋开宝六年（973），他为人朴实，达观豪放，乐善好施。

从唐神龙元年（705）到宋景祐三年（1036）苏东坡出生时，眉山苏氏已有三百多年的家史。苏家在当地虽算不上是名门望族，却也是殷实之家，从百姓到当地官吏对苏家都十分敬重。

苏东坡在为其祖父苏序而作的《苏廷评行状》中更明确地说："公讳序，字仲先，眉州眉山人，其先盖赵郡栾城人也。"

从战国起栾城就属于赵郡。因此，现存的苏东坡墨迹和石刻中常常可以看到署名或印章为"赵郡苏轼"，而苏辙直接将其文集命名为《栾城集》，由中可看出苏氏兄弟对祖籍地的追怀之意。

家风家学

自唐代起就有以都市的繁华程度排序的习惯。

"扬一益二"，是对唐代东南、西南两大都市——扬州、益州（今四川省成都市）工商业经济繁荣程度的流行说法。眉山距离成都约一百五十里，是一座舒适典雅又富有诗意的县城，气候温润，风光秀丽，民风淳朴。岷江有条支流由北而南，纵贯眉山全境，因水色清澈，像玻璃一样透明，人称"玻璃江"。苏东坡在《凤翔八观·东湖》诗中写道"吾家蜀江上，江水清如蓝"，说的就是这条江。沿江两岸土地肥沃，桃红柳绿，人称眉山为"小桃源"。

宋代的眉山与青神、丹棱、彭山三县同属眉州，眉山是州治所在地。眉州历史悠久，人文荟萃，为中国贡献了多位历史文化名人。两宋间，眉州有进士八百八十六人，史称"八百进士"。不仅如此，眉州还是彼时我国三大雕版印刷中心之一。南宋陆游游历眉州后，在《眉州披风榭拜东坡先生遗像》一诗中，称赞眉州"孕奇蓄秀当此地，郁然千载诗书城"，说明眉州自古以来就是人才辈出之地。

苏东坡的故居位于眉山城南的纱縠行，三面环水，占地数十亩，屋前屋后茂林修竹，绿树成荫。院落西边是一个大池塘，长满莲花，每年五六月间，莲花次第开放，花香四溢。苏东坡在《答任师中、家汉公》一诗中回忆道："门前万竿竹，堂上四库书。高树红消梨，小池白芙蕖。"给眉山的人杰地灵、钟灵毓秀做了一个俊逸的注脚。

苏东坡出生时，祖父苏序尚健在。苏序的妻子史氏，为眉州大户人家的女儿，夫妻二人生有三子：长子苏澹、次子苏涣和三子苏洵。

苏序身材魁梧，天性淳朴，为人豁达，乐善好施，喜好饮酒，满是侠义之气。正是他"吾欲子孙读书，不愿富"的理念，成就了苏家子孙。为了实现其家族理想，他倾其财力，购置了大量书籍。苏东坡在给友人的信中说他祖父购置的书汗牛充栋。苏门连出多位享誉千年的大家，与苏序重视教育不无关系。苏家为殷实小康之家，衣食无忧，生活中的苏序优哉游哉，常常与三朋四友席地而坐，把酒言欢。应该说苏东坡的达观豪放与好酒之风，多少受到了祖父的影响。

苏序给人以豁达粗豪的印象，同时又是粗中有细之人。苏序出门从不骑马，有人问他为何，他回答道："路上有比我年长的还在步行，若我骑马了怎么见他们？"苏家田地不多，但不像周边乡邻那样种植稻谷，而是大都种植粟米，有时还把稻谷置换成粟米，然后精心贮藏起来，几年下来约有四千石。起初，乡民不知其中的原委。有一年，眉州遭遇饥荒，苏序毫不犹豫打开粮仓，慷慨接济亲友和灾民，帮助大家度过了灾年。苏家种植、置换和贮藏粟米的奥秘，此时也就真相大白了，因为粟米比稻谷更利于储存。苏序未雨绸缪，居安思危，深得好评。

在苏序身上发生过两件趣事。

蜀人比较迷信，不知从何时起，眉山当地开始将茅将军奉为神。城里也就有了一座不伦不类的茅将军庙，寺庙的管理人员将茅将军吹得神乎其神、法力无边，并借机骗钱敛财，这让有病人或遭遇灾难的家庭雪上加霜。苏序对此早就深恶痛绝。一日，苏序趁着酒醉，领着村里二十多人进入庙里，砸碎神像，并将这座新庙夷为平地。事后，村民们都替他担心。然而，苏序不仅没有遭遇一点不顺和灾祸，他的儿子苏涣三年后还中了进士。

另一则趣事发生在天圣二年（1024）。一天，苏序正在城外与人把酒言欢，有人兴冲冲地来报："恭喜老爷，二少爷高中了。"官帽、官服和上朝用的笏（hù）板都已送到。当时，苏序已酩酊大醉，手上还拿着一大块牛肉。他拿起喜报的同时，顺手将牛肉丢进了装喜报的行李袋里。随后，他请村童为他挑担，自己骑着毛驴一同进城去了。路人看着这个如醉如梦、滑稽可爱的老头儿，忍俊不禁。

与苏东坡的伯父苏涣同榜中进士的，还有苏东坡外祖父程家的儿子程浚，也就是苏东坡的舅舅。程家是当地的首富，很讲究排场，本想联手苏家一起大操大办庆祝一番，可苏序却无此意，程家只好作罢。

苏洵自幼聪明过人，七岁时开始识文断字，但很快就放弃了，二十七岁之前，基本没好好读过书。人称"终日嬉游，不知有生死之悲"。也有人说，苏洵的青少年时期有点像李白和杜甫的任侠和壮游。苏东坡在《苏廷评行状》中也毫不讳言，父亲年轻时并不潜心读书，热衷于到处游历，遍交天下奇人。

苏序对苏洵采取的是放养式教育，"纵而不问"。在父亲苏序眼中，苏洵的性格有些倔强孤傲。当有亲朋好友关切地询问他，儿子不用心读书他为什么也不严厉管教时，苏序回答说："这个我不发愁。"他的话里话外充满了自信和笃定。

天圣五年（1027），苏洵娶妻成家。夫人为名门之后，岳父是眉山富豪、大理寺丞（官名）程文应。程夫人自幼喜欢诗书，聪慧过人，嫁到苏家后，相夫教子、勤俭持家，温良贤淑。苏家原来也就是一个中产之家，由于这些年家里添丁，经济上逐渐捉襟见肘。程夫人对夫君不取功名及游侠式的生活态度很是不满,希望他积极进取,也能为孩子树立榜样。

受二哥苏涣和内兄科举成名的激励,加之程夫人的劝学,特别是在苏东坡出生后,苏洵幡然醒悟,决定走科举之路,为儿子作出表率。程夫人行事果敢、办事干练,决定从三世同堂的大家庭中搬出,义无反顾地典当嫁妆和金银首饰,在城中纱縠行街上租了一座宅子,不仅用于居住,还在庭院里经营布帛等织物的生意。搬出大家庭,对当时的人来说是需要很大勇气的。

苏洵和程夫人共生下六个孩子,长女、次女和长子景先先后夭折。此后又生一女,也就是后来嫁给表兄程之才(正辅)的八娘。景祐三年(1036),苏东坡出生。三年后,苏洵夫妇又生下了苏辙(子由)。苏东坡和弟弟苏辙的出生,让苏家如愿以偿。

后世津津乐道的才女苏小妹与"苏门四学士"之一秦观的婚姻趣事,其实在历史上是不存在的,因为苏东坡压根儿就没有这么个小妹妹。

在程夫人的精心操持下,几年的光景,苏家成了眉山的大户。如此看来,程夫人不仅是位贤妻良母,还是经商理财的高手。

贤母教诲

苏东坡出生后,二十七岁的苏洵心性大变,脱胎换骨。他重读《论语》《孟子》等诸子百家经典。苏东坡八岁至十岁间,苏洵进京赶考。但他的发奋用功,并没有如愿给他带来功名。多次名落孙山后,他在江淮一带游历。操持家务、教育孩子和经商理财的任务自然也就落在了夫人程氏的肩上。

程氏大家闺秀,蕙质兰心。她不仅非常重视苏东坡兄弟俩的文化学习，更注重家风家学和个人品德的养成。她常对两个儿子说："我教你们读书写字、识文断字，不仅仅是为了求取功名，更重要的是要让你们明白事理，学会辨别善恶。你们读书，不要效仿一般人，仅仅满足于自称是个读书人而已。"后世从苏东坡和苏辙的诗文中，可以看出程夫人早期的言传身教，对兄弟二人产生的影响是非常深远的。

程夫人擅长经营和理财，且不爱非分之财。苏东坡童年时，苏家纱縠行的宅子曾发生一件奇事。一天，两个婢女在庭院中熨烫绸缎时，一个婢女忽然大叫一声。原来她的双脚陷进了泥土中，泥土下面是个洞，洞里有一大瓮，瓮中有物，并发出回声。众人非常兴奋，都认为瓮里一定藏有财宝。正当人们打算开挖之时，程夫人立即制止，作出了出人意料的决定，让人在大瓮上面盖上一块乌木板，用土填埋起来。她对大家说，这些东西是前人埋下的，不归苏家所有，非义不取。苏东坡在《记先夫人不发宿藏》中记述了此事。

程夫人的言传身教，给幼小的苏东坡兄弟俩上了极其生动的一课，对他们人生观、价值观的形成产生了积极的影响。苏东坡在《赤壁赋》中这样写道："且夫天地之间，物各有主。苟非吾之所有，虽一毫而莫取。"苏东坡这种天地之间万物各有其主的态度，应该与他童年时期的耳濡目染是分不开的。

出仕后的苏东坡亲民爱民，心系民生，敬业勤业，堪称古代官吏的楷模，而他的仁爱之心就始于母亲程夫人。程夫人宅心仁厚，大爱无疆。她认为，一个人如果没有仁爱之心，即便学问再多，官位再高，也不可能为江山社稷作贡献、为天下苍生谋福祉。在程夫人看来，仁爱之心不应仅仅局限于人与人之间，对小动物和花草树木也要以仁爱之心相待。

苏东坡少年时，书房前面的翠竹松柏郁郁葱葱，许多鸟儿喜欢在上面筑巢。母亲程夫人非常憎厌杀生行为，严令家里的孩子婢仆，不得捕捉鸟雀。几年下来，鸟雀的巢穴越筑越低，低得人们弯腰都能看

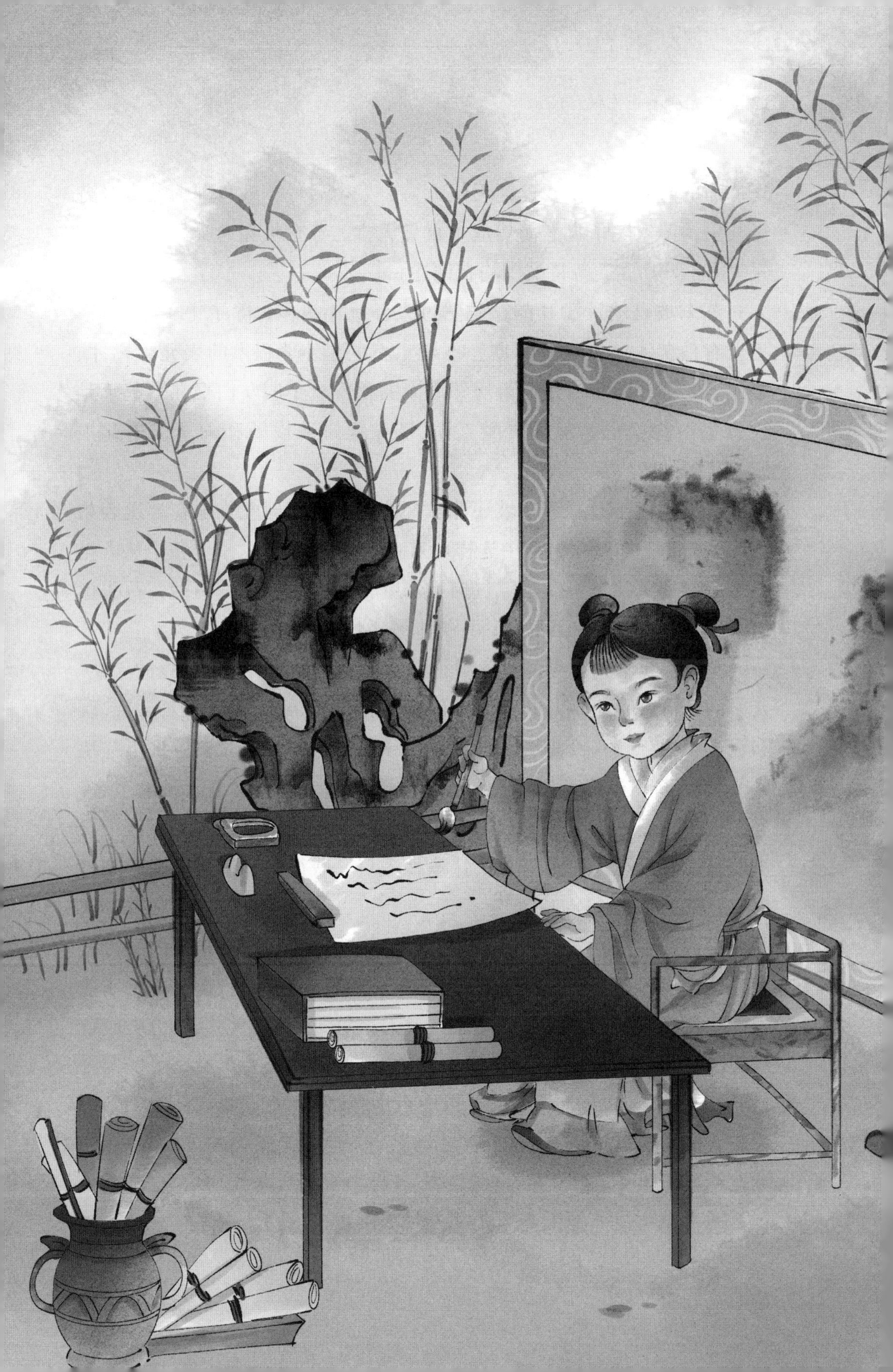

到待哺的雏鸟。群鸟在此，无忧无虑，繁衍后代，人鸟和谐共处，各得其乐，苏家院子自然而然成了百鸟天堂。苏东坡在《异鹊》和《记先夫人不残鸟雀》等诗文中均有记述。

苏东坡自幼活泼开朗，聪慧过人，玩伴很多，除了弟弟子由外，不仅有伯父家的堂兄弟不欺、不疑、不危，外婆程家的表兄弟之才、之元、之邵，还有纱縠行街坊邻居家的孩子。小朋友们聚在一起不是登石头山捡松果，就是去醴（lǐ）泉寺爬树采橘子和柚子，乐此不疲，其乐融融。

直到年过半百，苏东坡还非常怀念他的童年时光。他在《送表弟程六（之元）知楚州》诗中这样写道："我时与子皆儿童，狂走从人觅梨栗。健如黄犊不可恃，隙过白驹那暇惜。醴泉寺古垂橘柚，石头山高暗松栎。诸孙相逢万里外，一笑未解千忧集。"

苏东坡虽然悟性很高，学习很好，但好动贪玩毕竟是男孩的天性。儿时的苏东坡也不例外，课余时间他常常带着弟弟和玩伴们，一起玩和泥、爬树、掏鸟窝等游戏。一天，孩子们一起玩耍时，挖掘出一块既晶莹剔透又有精美花纹的石板，敲击之后，还能发出清脆的声音。苏东坡想用它来做砚台，后来苏东坡在《天石砚铭》中记述了他十二岁时，在纱縠行宅院中与小伙伴凿地为戏，获得异石作为天砚的经过以及作铭的缘由。

程夫人在子女教育方面颇有见解，她非常重视历史知识的学习教育，认为学习历史不仅能增长知识，更是培养品德、增强明辨是非能力的重要途径。苏东坡兄弟俩聪慧过人，每每能将古往今来历史成败的关键问题分析得头头是道，这让母亲颇感欣慰。

《宋史·苏轼传》记载了苏东坡童年时期的一则故事。一天，程夫人正在辅导两个儿子学习《后汉书》，读到《范滂（pāng）传》时，苏东坡不禁发出了感慨和叹息。

范滂是东汉时期的大臣、名士。他刚正不阿，铁面无私，受人敬仰。当时宦官弄权，奸佞当道，法度混乱，朝纲不振，范滂被卷入党争之中。汝南督邮吴导奉旨缉拿范滂，但他于心不忍，抱着诏书痛哭。范滂获悉后，便主动到县衙投案。县令郭揖大为惊讶，意欲弃官与范滂一同亡命天涯，范滂坚决不从。范滂与母亲和儿子诀别的场面非常感人，无不同声哭泣。范滂死时，年仅三十三岁。

苏东坡读完《范滂传》后，无比感慨地对母亲说："如果我是范滂，母亲能答应我这样做吗？"程夫人欣慰地答道："你能做范滂，我难道不能做范滂的母亲吗？"

家庭环境对于孩子的成长，起着决定性的作用。健康的童年可以滋育一生，而不堪的童年需要一生来治愈。父母是孩子的启蒙老师，家庭是孩子最好的学校。母亲程夫人的博爱、善良和正直，深深影响了童年的苏东坡。正是母亲这种循循善诱、潜移默化、以史为鉴的教育，助力苏东坡的性格养成。如果说苏东坡从苏洵的性格中遗传了正直刚强的基因，那么程夫人则用慈善博爱之心滋润着苏东坡幼小的心灵，让他从小养成悲天悯人的济世情怀。

父亲苏洵与苏东坡相比，似乎有些孤傲、严苛。虽然发奋较晚，且屡试不中，但丝毫没有影响他的治学、修身与济世之心。他的兼济天下和独善其身，在苏东坡身上留下深深的烙印。苏东坡出仕后，能始终恪守民为邦本、天人合一、厚德载物、亲仁善邻，与其早年受到的潜移默化的家庭教育和影响是密不可分的。

苏洵去世，司马光前来吊唁（yàn）。苏东坡和弟弟恳请他为早先去世的母亲程夫人撰写墓志铭。司马光在《武阳县君程氏墓志铭》中对程夫人性喜读书、相夫教子和深明大义给予高度赞扬。一位贤良的母亲，足以深远地影响一个家族的风貌。正是遵循母亲的教诲，苏东坡才自幼以古代先贤为榜样，心中激荡着浩然正气。

第二章

立志读尽人间书

"致君尧舜上，再使风俗淳"，出自唐代杜甫《奉赠韦左丞丈二十二韵》一诗，意谓辅助君王成为尧舜那样的贤明君主，使社会政通人和，风气变得敦厚淳朴。科举制度自隋朝设立以来，既是朝廷选拔人才的最直接办法，也是寒门子弟进阶的重要途径。宋朝崇文抑武，文臣治国，特别是第三任皇帝真宗赵恒的《劝学诗》提出"书中自有千钟粟""书中自有黄金屋""书中自有颜如玉"，更是把读书考取功名视为人生的最高追求和绝佳出路。在这样的社会环境下，苏东坡当然也不例外，而与众不同的是，他把勤奋学习、取得功名上升到济世安民的高度。

小荷才露尖尖角

古往今来，中国的父母多有一个共同的期许，那就是把自己的全部希望，特别是自己未能实现的愿望，寄托在儿孙身上。苏洵就是千千万万父母中的典型，他反思自己少年时期的经历，痛定思痛，和程夫人一道，在两个儿子的教育上抓早抓小，因势利导。

苏东坡八岁时，便进入眉山天庆观北极院，师从道士张易简。私塾规模不小，学生人数有百十来人，但先生只有一人，是典型的"校长兼教工，上课带打钟"的私塾。在天庆观读书期间，苏东坡就已脱颖而出。

庆历三年（1043）三月，仁宗因讨伐西夏李元昊久未见效，决然改革朝政，起用了晏殊、范仲淹、韩琦、富弼、欧阳修、余靖等十一人，朝廷面貌焕然一新。北宋散文家、国子监直讲石介（守道）写下名篇《庆历圣德诗》，颂扬朝廷的用人政策和庆历新政。

据苏东坡《范文正公文集叙》记载，有一位从京师来的读书人，拿鲁人石守道写的《庆历圣德诗》给老师看。苏东坡从旁观看，问先生文中称颂的十一个人是什么样的人，先生说："小孩子知道这些有什么用？"苏东坡说："如果他们是天人，我不敢知道；如果他们也是人的话，我为什么不能问呢！"先生非常惊讶，耐心地告诉他，韩琦、范仲淹、富弼、欧阳修这四个人，是人中豪杰。时年八岁的苏东坡就立志将来也要成为这样的栋梁之材。谁也没有料到，日后苏东坡除了没有亲眼见到范仲淹外，韩琦、富弼和欧阳修与他的人生历程，都有过非常重要的关联。

立志对于一个人的成长至关重要。"发奋识遍天下字，立志读尽人间书""早岁便怀齐物志，微官敢有济时心""少年好远游，荡志隘八荒。九夷[1]为藩篱，四海环我堂""少年有奇志，欲和南风琴"，从上述诗句中，可以看出少年苏东坡胸怀大志。他立志要像尧舜贤君一样弹五弦琴，唱着《南风歌》来治理天下，解除黎民百姓的痛苦。苏东坡一生的成就，与他少年立志不无关系。

虽然张易简是位道士，但值得庆幸的是，他并未把他的学生都当作道士来培养。不过苏东坡兄弟俩在天庆观学习期间，或多或少还是受到道士先生的影响。

苏东坡年少读《庄子》，曾说："从前，我心里也有很多的奇思妙想，但总是找不到适当的语言来表述，读了《庄子》后，我发现书中完全表达了我想说而又说不出来的话，此书深得我心。"苏东坡与庄子相隔千年，但他与庄子精神契合，思想相通。

虽然兄弟俩从小都对道教有浓厚的兴趣，但他们最终还是选择了济世安民的道路。

---

[1] 九夷：中国古代对东方民族的泛称。

第二章 ｜ 立志读尽人间书

十一岁那年，苏东坡和苏辙进入位于眉山城西的寿昌书院，接受系统的儒家教育，师从眉山学者刘巨。刘巨，字微之，不仅饱读诗书，精通经史，且治学有方，学生达百人。苏东坡兄弟俩非常刻苦，不分昼夜地学习。一分耕耘，一分收获。"少年辛苦真食蓼，老境安闲如啖蔗。"没有少年时期历经的辛苦，哪来晚年生活的安闲逍遥。不然就会"少壮不努力，老大徒伤悲"。

苏东坡很快在寿昌书院崭露头角，甚至对老师的诗词也能"品头论足"。有一天，刘微之作诗一首，自觉不凡，便在同学们面前吟诵，就在同学们拍手叫好、赞不绝口之时，苏东坡站了起来，天真无邪地说："先生好诗，不过，我怀疑末两句断章没有归宿。"他建议将"雪片逐风斜"改为"雪片落蒹葭"。刘微之先是一愣，转而幽默大度地说："改得真好，看来我是没有资格做你的先生了。"从教以来，刘微之还从没见过如此敏而好学又个性鲜明的学生。当时，他就预见苏东坡的前程不可限量。

"接龙诗"是古时经久不衰的文字游戏，在读书人中间非常流行。规则是先出个题目，然后每人轮流吟诗一句或两句，串联起来便成为一首完整的诗。苏东坡学习作诗时，也和小伙伴们玩过这个游戏。有一天，下着大雨，苏东坡兄弟俩和同学杨尧咨、邻居好友程建用相聚于学舍里，闲来无事，他们便发起四人联句来作六言诗的游戏。程建用先说："庭松偃仰如醉。"杨尧咨续吟："夏雨凄凉似秋。"苏东坡接着说道："有客高吟拥鼻。"轮到苏辙联句结尾，可他当时还不到十岁，接不上来，试着说道："无人共吃馒头。"顷刻三人捧腹大笑。

尽管苏东坡兄弟俩在书院学习，但苏洵夫妇从未放松过家庭教育。十一岁时，苏东坡就写出了文采动人、超越凡品的佳作《黠鼠赋》。年幼的他以小见大，点面结合，用一只老鼠通过装死而得以逃生这样一件小事，来告诫人们，切勿被表象所迷惑，一定要透过现象看本质。

由于经常受到称赞，儿时的苏东坡偶尔也会自命不凡、恃才傲物。

有一天他又受到先生的夸奖,放学回家后便取出笔墨纸砚,欣然写下"识遍天下字,读尽人间书"的对联,并贴在书房门上。学而后知不足,随着见识的增多、知识的积累,有一天,苏东坡拿起笔,在对联上加了四个字,改为:"发奋识遍天下字,立志读尽人间书。"

父亲是位好老师

苏洵曾多次参加科举考试,皆名落孙山,铩(shā)羽而归。失意之中,他游览了岷山、峨眉山、嵩(sōng)山、华山、终南山等名山大川,结交了不少侠义之士。庆历七年(1047)五月,苏东坡的爷爷苏序去世,游历在外的苏洵回到眉山守孝。屡试不中的经历,让他以科举博取功名的梦想慢慢破灭。他甚至怀疑自己的人生,认为屡试不中应该是命中注定。苏洵将自己多年努力不能完成的宏愿,全部寄托在两个聪慧过人的儿子身上,从这个时候起,他便正式承担了两个儿子的家庭教育之责。

中国古代对子女的取名非常重视。回到眉山后,苏洵做的第一件事就是给两个儿子取名。他早就看出兄弟俩性格迥异,取名时有的放矢,寄予期望。兄名轼,字子瞻,一字和仲;弟名辙,字子由,一字同叔。兄弟俩的名字,都有"车"旁,都与古代的马车有关。

"轼"是古代马车上乘车人手扶的横木,与车轮、支撑轮圈的辐条、车盖、车后的横木相比,"轼"似乎并没有那么重要。但是,如果一辆马车没有那根横木当扶手的话,还是一辆完整的马车吗?苏洵用心良苦,他深知苏东坡性格开朗,不平则鸣,容易吃亏。取名"轼",是希望他凡事不要太过直接,要学会外饰,隐藏自己的锋芒。

"辙"是马车走过留下的印迹,而天下的马车莫不循辙而行。虽然论功行赏,车辙没份儿,但如果车翻马毙,也不可能责怪到车辙的头上。因此,"辙"能够在祸福之间保持一种奇妙的平衡。取名"辙",是期望他能避灾免祸,逢凶化吉。

知子莫若父。纵观苏东坡的一生,跌宕起伏,百转千折,他心直口快、才华外露,这让他吃尽了苦头。而苏辙老成持重,谨言慎行,凡事谋定而后动,避免了很多劫难。每每哥哥落难、穷困潦倒之时,总是弟弟伸出援助之手。

为了勉励两个儿子好学上进,苏洵回到眉山后做的第二件事,就是将后园的书斋"南轩"更名为"来风轩"(一说"来凤轩"),作为兄弟俩的书房,并对家中数千卷藏书,亲自整理编校。

元祐年间,苏东坡写于京师的《梦南轩》对轩名作了注释。显然,这里的学习经历给他留下了深刻的记忆。书斋名虽有"来风"和"来凤"两个版本,但从苏东坡的《梦南轩》和其书法作品来看,书斋名应该叫"来风轩"。"来风"比"来凤"意境也更显高远。

苏洵虽然"少不喜学,壮岁犹不知书",但幡然醒悟后,便苦读十载,大器晚成,终成一家。他吸取自己少年时"以懒钝废于世"以及科举屡败的教训,殚精竭虑地陪读,辅导两个儿子。在这段时光里,苏洵对苏东坡兄弟俩的教育呈现三个特点:

一是苛刻严厉。苏洵要求两个儿子每天都要背诵和抄阅古籍经典、熟记经史。苏洵之所以这样要求,主要是性格使然和望子成龙心切。他在两个儿子的学习上,有辅导、有布置、有检查。苏东坡被贬海南时已年过六十,还梦见父亲给他布置和检查功课时的严苛场景。其在《夜梦》诗中这样写道:"夜梦嬉游童子如,父师检责惊走书。计功当毕《春秋》余,今乃始及桓、庄初。怛(dá)然悸寤(wù)心不舒,起坐有如挂钩鱼。"原来是苏东坡夜里做梦回到了童年,嬉戏玩耍,心里担心父亲来检查功课。当天本来应该读完《春秋》,结果才读到桓公、庄公部分。惊醒后感到心悸不舒,如同挂钩的鱼一样难以解脱。足见苏洵教育儿子时的严苛和威严。

二是涉猎广泛。诸子百家、诗词歌赋，苏洵要求他们都要涉猎。在来风轩，父子三人读经、读史、读百家。苏洵还带着两个儿子讨论史实、练习写作。一次，苏洵布置苏东坡就三国时期魏国重臣夏侯玄事迹写篇作文，很快《夏侯太初论》一气呵成。"人能碎千金之璧，不能无失声于破釜；能搏猛虎，不能无变色于蜂虿（chài）"，意思是人能够在打破价值千金的碧玉时不动声色，而在打破一口锅时却失声尖叫；人能够搏击猛虎，可见到蜂蝎时却不免变色。当苏洵在《黠鼠赋》中读到这两个联句时，他知道儿子已开始在文章中运用想象力了，于是连连称赞。

三是不吝赞扬。对于两个儿子学业上取得的进步，苏洵和程夫人总是及时夸赞。除了口头表扬，苏洵还把苏东坡和苏辙写得好的《却鼠刀铭》《缸砚赋》等文装裱后挂在墙上，以激励他们刻苦学习。有一天，苏洵讲析欧阳修的《谢宣召赴学士院，仍谢赐对衣、金带及马表》后，吩咐儿子模仿习作一篇。当读到苏东坡文中"匪伊垂之带有余，非敢后也马不进"这一句时，苏洵喜出望外，脱口而出说："希望这句话，将来你能自用。"这句话出自《论语·雍也》，意思是我并非故意要垂下腰带，而是腰带本来就绰绰有余，也不是我要故意殿后，而是因为我的马跑得不快，表达了孟之反在战败后掩护全军而殿后的谦逊态度。四十六年后，苏东坡在撰写谢表时回忆起童年的这段往事，果然将这个联句写进了谢表[1]。

此外，苏东坡和苏辙的成长还得到伯父苏涣的激励和教诲。从懂事时起，苏东坡和苏辙就一直以进士出身的伯父为骄傲，并将其视为楷模。

苏序去世后，苏涣一家也回到眉山守孝。其间，苏东坡兄弟俩经

---

[1] 谢表为旧时臣下感恩君主的奏章。那时官员工作变动，每到一处任职，都要给皇帝上谢表。

常向伯父求教。苏涣对两个侄子也是关爱有加，他非常恳切地告诉两个侄儿：自己少年时读书很自觉；稍大些后学写文章，每天都设定好学习任务，不完成决不罢休；出门在外时言行规规矩矩，回到家中，也不懒散。他告诫侄儿："你们才不如人，不妨学学我的但求寡过。"

中国人向来对人格的培养要重于知识教育，伯父语重心长，侄儿刻骨铭心。苏辙在《伯父墓表》中对此事有详细记载。

随着时间的推移，兄弟俩的学业日益精进，让屡次落榜的苏洵看到了黎明的曙光，受伤的心灵也得到极大的安慰。父亲传道授业、不时释疑解惑，母亲操持家务、偶尔投以目光，儿子诵读经典、时而奋笔疾书，成为苏家一道温馨的风景。"玻璃江"边，彭老山上，竹林丛中，月光之下，也留下父子三人研读的身影。

求学路上成姻缘

皇祐三年（1051），十六岁的苏东坡沿岷江而下，来到眉山南约十五里的青神县中岩书院求学，师从青神乡贡进士王方。"乡贡进士"即地方的州县官吏依据私学养成的士人，经乡试、府试两级的选拔，合格者被举荐参加礼部贡院所举行的进士科考试，而未能擢第者则称为"乡贡进士"。

中岩书院坐落于依山傍水、富有灵气的千年古刹——中岩寺，苏东坡在这里度过了三年的美好时光。与前两任先生张易简、刘微之一样，王方也觉得苏东坡前途不可估量。

中岩寺位于岷江东岸，分上、中、下三寺，始建于东晋，为我国早期的著名佛教圣地之一。陆游称之为"川南第一山"。

一天，王方带着苏东坡等学子游览中岩寺。来到下寺时，首先映入眼帘的是一块壁面垂直、面积巨大的岩石。悬崖峭壁之上是慈姥岩，之下是形如月牙、清冽可鉴的一泓泉水。潭水深不可测，水中通常看不见鱼儿，但奇妙的是，只要游人在池边拍拍手，一群鱼儿便会从岩石间闻声游来，仿佛在向游人示意问好，学子们非常惊奇。

面对碧波荡漾的一池泉水，当获悉此池尚未取名时，苏东坡对先生说："如此美景灵泉，当有美名，老师何不赐名？"王方也觉得此池无名乃为憾事，何不集思广益，为池起名？于是王方盛邀当地名流，相约投笺荐名。有的说"藏鱼池"，有的说"引鱼池"，但王方和中岩寺的住持都不满意。当王方看到苏东坡笺荐"唤鱼池"时，便拍手叫好，说："清新高雅，有声有色。"

几乎就在同时，王方亭亭玉立、聪灵秀美的女儿王弗，也让丫鬟送来了她起的名字。王方看后，会心一笑。原来女儿与苏东坡不谋而合，取名也是"唤鱼池"。

唤鱼联姻，此乃天作之合。不久，王方便请人到苏家说媒欲将女儿许配给苏东坡。至和元年（1054），苏东坡与王方那秀外慧中的女儿结婚，王弗时年十六。学生成为女婿，可见王方对苏东坡这个学生是多么赏识与信任。

王弗不仅温婉可人，而且饱读诗书。可她从来没有说自己读过书，当苏东坡背书有时忘记时，王弗竟然可以给他提示。而苏东坡随意问及其他书时，她也能说出个大概。这时苏东坡才知道王弗除了谨慎恭肃的性格外，还有敏而静、慧而谦的优点。

苏洵和程夫人为何在科考前让儿子成亲呢？原来自隋朝科举制度实行后，唐宋有"榜下捉婿"的习俗。宋代崇文抑武，文臣治国，"榜下捉婿"几乎成为宋代的一种婚姻文化。那时，京城的达官显贵和各地的富绅们，大凡有女待字闺中的，都非常关注科举考试的张榜，争相挑选登第士子做女婿，那个场景，有时不是在挑，简直就是在抢。

在这样的社会背景下，"榜下捉婿"也闹出了不少笑谈。传说曾有一位刚刚中举的年轻人，体貌不凡，被一权势之家相中，十多个壮

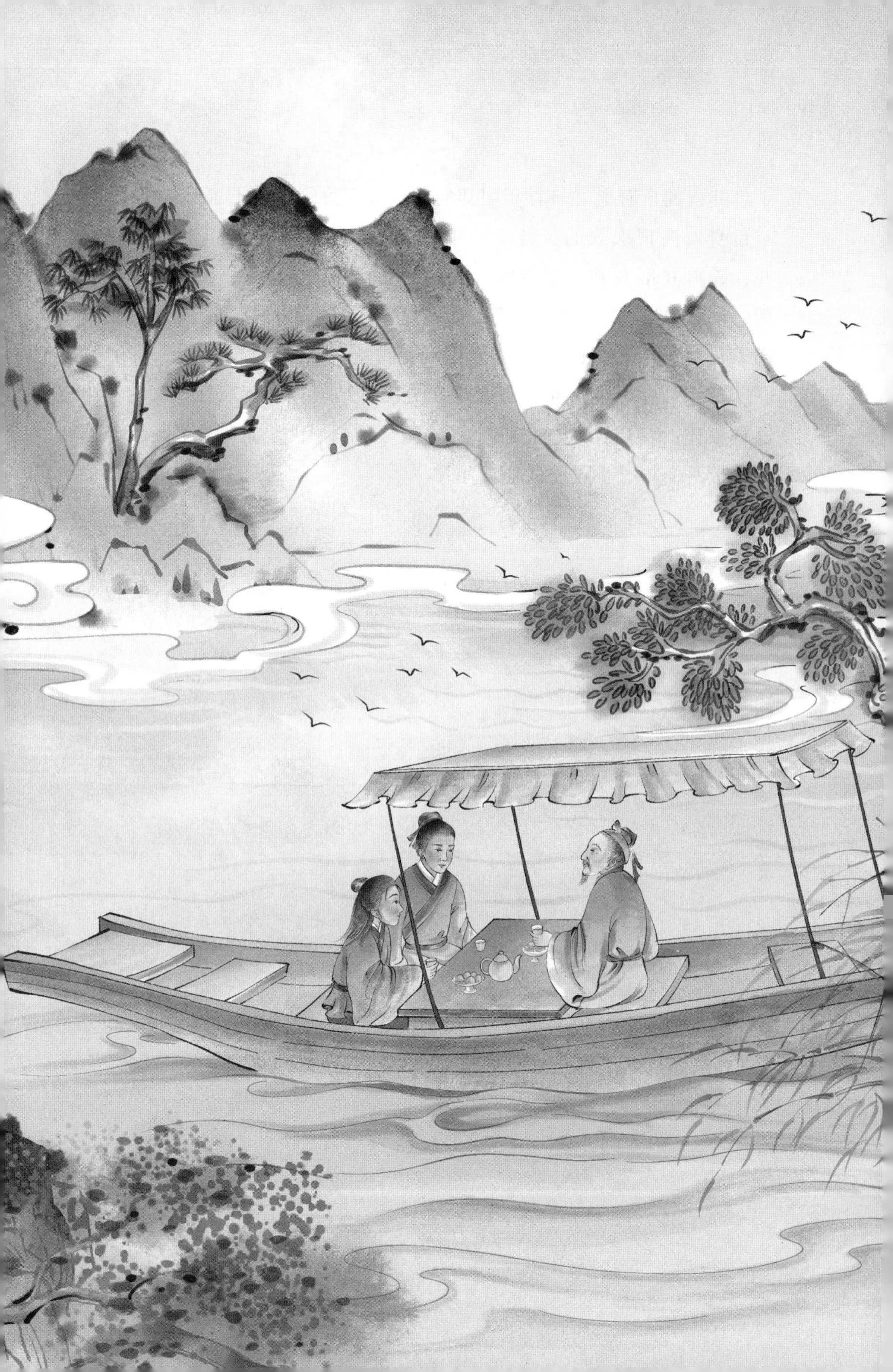

丁将其簇拥至府上。该青年明知何故,既不拒绝,也不逃避。不多时,一位身着高官袍服的长者来到年轻举人面前,问道:"我只有一个女儿,长得并不丑陋,愿意嫁与公子为妻,不知可否?"年轻人深鞠一躬,接着说道:"我出身寒微,如能高攀,固然是件幸事,要不您等我回家和妻子商量一下,如何?"围观者哄堂大笑。

　　苏东坡完婚的次年,苏辙也和史氏喜结连理。苏辙在《寄内》中这样描述:"与君少年初相识,君年十五我十七。"如此早婚,皆与苏洵要带两个儿子一同进京赶考有关。

第三章

"三苏"誉满京城

科举考试是中国古代封建统治者选拔人才的一种考试制度。在宋代，不论出身、贫富，皆可参加科举考试。这不仅扩宽了朝廷选人用人的范围，也促进了社会阶层的有序流动。正所谓"满朝朱紫贵，尽是读书人"。显然，对出身普通家庭的苏东坡来说，科举考试是他实现人生理想的不二法门。

致君尧舜，此事何难？

公元960年，后周禁军统帅赵匡胤陈桥发动兵变，建立宋朝，定都东京，史称北宋。北宋有四个都城，简称"四京"，即东京开封府（今河南省开封市）、西京河南府（今河南省洛阳市）、南京应天府（今河南省商丘市）、北京大名府（今河北省邯郸市大名县）。由于平原建都，几乎无险可守，四个都城的设立，主要用于防范四个方向的外敌入侵。

当然，每个都城在北宋的国家治理和社会生活中，都发挥了各自不同的作用。四个都城中开封府为首，是当时全国的政治、经济和文化中心。汴京的城市布局分为外城和内城。外城为长方形，南北长而东西窄，城墙周长为五十多里，有南薰门、新宋门等十二座城门。内城墙周长为二十多里，有朱雀、望春等十座城门。内城中央建筑对称整齐，庄重肃穆，金碧辉煌，尽显皇家气象。

北宋时期的汴京，土地肥沃，交通便利，物产丰富，风光秀丽，孕育了上承汉唐、下启明清，影响深远的"宋文化"，是当时世界人口最多、经济文化最为繁荣的国际大都会，被人赞誉为"汴京富丽天下无"。著名的《清明上河图》便是当时汴京繁华的再现。

嘉祐元年（1056）三月，苏洵信心满满地带着苏东坡和苏辙向京师出发，踏上赶考之路。从眉山到汴京，长路漫漫。由于时间关系，"三苏"选择了崇山峻岭、险阻重重的旱路。这是苏东坡兄弟俩怀揣梦想第一次离开眉州。他们启程北向，先到嘉陵江畔的阆（làng）中，从阆中登终南山，一路上过蜀道、穿剑阁、越秦岭，经过两个多月的长途跋涉，终于来到了北宋王朝最为繁华的都市——汴京，寄宿于兴国寺。

苏东坡兄弟俩虽然是第一次来到魂牵梦绕的京师，却无缘欣赏大都会的繁华。此时的京师，已成泽国，全无往日的风采，城南全部浸在水中。是年四月，河北发大水，商河泛滥成灾。五月，开封又大雨不断，致京畿的蔡河决堤，大水涨到与安上门的门关不相上下。七月，大雨虽停，但京城的路上，却见不着车马的影子，取而代之的是一艘艘小船。

莘莘学子十年寒窗，悬梁刺股，多为有朝一日一举成名，光宗耀祖，而像苏东坡那样，以天下为己任，心系江山社稷、百姓苍生的，寥若晨星。熙宁七年（1074），苏东坡在《沁园春·孤馆灯青》中曾追忆自己参加科举考试时的政治抱负："当时共客长安，似二陆初来俱少年。有笔头千字，胸中万卷；致君尧舜，此事何难？"初来时风华正茂，如同陆机、陆云兄弟。是啊，有妙笔在手，诗书万卷在胸，辅佐圣上使其成为堪与尧舜比肩的圣明君主，此事有什么难的？

由于没有参加眉州的乡试，苏东坡和苏辙必须先通过礼部的秋季初试，方有资格参加来年春天的省试。金秋送爽，丹桂飘香，在开封的景德寺，兄弟俩迎来了人生的第一次大考。苏东坡小试牛刀，名列第二，苏辙也榜上有名，兄弟二人同时中举。眉州共有四十五人参加考试，除苏东坡和苏辙外，还有另外十一名考生也顺利过关。

嘉祐二年（1057）正月，仁宗皇帝下诏以礼部侍郎兼翰林侍读学士欧阳修知贡举，作为省试的主考官，梅挚、王珪（guī）、范镇、韩绛（jiàng）、梅尧臣等同为考官。二月，礼部考试如期举行。

对于苏东坡兄弟二人来说，十分幸运的是，苏洵一向秉持淳朴的文章写作风格，反对当时盛行的华美靡丽的文风。而本次考试的主考官欧阳修和被誉为宋诗"开山祖师"的梅尧臣，恰好打算联手发起一场文风改革运动，欲借此次科举考试的机会，对那些过于注重雕琢文句、思想空泛而卖弄华丽辞藻的学子，概不录取。

苏东坡兄弟俩学习刻苦，准备充分，且文风对路，哪有不得高分之理？那年科举考试阅卷过程中还出了个美丽的"乌龙"。梅尧臣阅到苏东坡《刑赏忠厚之至论》的策论文章后，赞不绝口。区区六百字，思路清晰，有理有据，博古通今，纵论天下，可以说这篇文章完美展现了该考生以仁治国的政治主张。梅尧臣便立即将此文呈主考官欧阳修。欧阳修阅后更是惊喜万分，大为赞赏，这不正是自己一直倡导的文风吗？几位考官都认为这篇文章无疑是本场考试的第一名。

就在欧阳修提笔圈定这篇文章为第一名的时候，他却又犹豫了。他把有好感的考生在心中过了一遍，从文风文采来看，感觉这篇文章出自自己的学生曾巩的可能性最大。因为当时的考卷不仅实行糊名制度，看不到考生的名字，就连考生的笔迹也看不到，考试文章都是经他人抄写后，再由考官阅卷的。于是欧阳修为了避嫌，将这篇文章列为第二。

金榜一发，考官们大吃一惊，风评第一的这篇文章竟然出自名不见经传、来自西蜀的毛头小伙之手。在接下来的礼部复试中，苏东坡再次崭露头角，以《春秋》对义，夺得第一名。

四月，崇政殿金殿御试，也就是科考的最后一关。考官是仁宗皇帝，以应答天子策问为主，考题为《民监赋》《鸾刀诗》《重巽（xùn）申命论》。仁宗时期，录取进士分为五等，上二等为及第，三等为进士出身，四等、五等为同进士出身。仁宗皇帝对来自四川眉山的两位才子印象深刻，对苏东坡和苏辙治国安邦、兴盛社稷的宏论和对策非常满意。几天后，仁宗皇帝钦点苏东坡为进士及第，赐苏辙为进士出身。屡试不中的苏洵，听到两个儿子登第的喜讯后，非常喜悦地自嘲道："莫道登科易，老夫如登天。莫道登科难，小儿如拾芥。"

伯乐欧阳修

科举制度自设立以来，既是朝廷选拔人才的最直接办法，也是寒门子弟进阶的重要途径。嘉祐二年（1057）苏东坡考取进士的那场科举考试，欧阳修和梅尧臣等考官独具慧眼，一批杰出人才脱颖而出，群星璀璨，被称为"千年科举第一榜"。与苏东坡同榜的进士中，竟有数十位后来成为政坛叱咤风云、名传千古的精英。

"唐宋八大家"中有苏东坡、苏辙和曾巩；曾布、吕惠卿、章惇三位先后出任宰相；北宋五位哲学家创立了影响深远的理学，被尊称为"北宋五子"，这科进士又占了两位：张载、程颢（hào）。"为天地立心，为生民立命，为往圣继绝学，为万世开太平"的横渠四句，就出自张载之笔。

非常有趣的是，上述这些人中没有一人考试成绩进入甲科，而甲科的状元章衡、榜眼窦卞、探花罗恺，后来都没有太大成就，因而名气不大。这或许就是当代的"第十名现象"，也叫"诺奖效应"，指的是往往成绩在十名左右的学生可能比前几名更有难以想象的创造力和能力，更能够在未来的事业上崭露头角。因此，青少年朋友们千万不要因一时的状态欠佳而气馁。

科举考试张榜后，"三苏"异军突起，誉满京城。"三苏"之所以很快名声大噪，风头正劲，除了成绩优异、兄弟二人同科进士外，还有一个重要原因，就是文坛领袖欧阳修的赞许和推介。

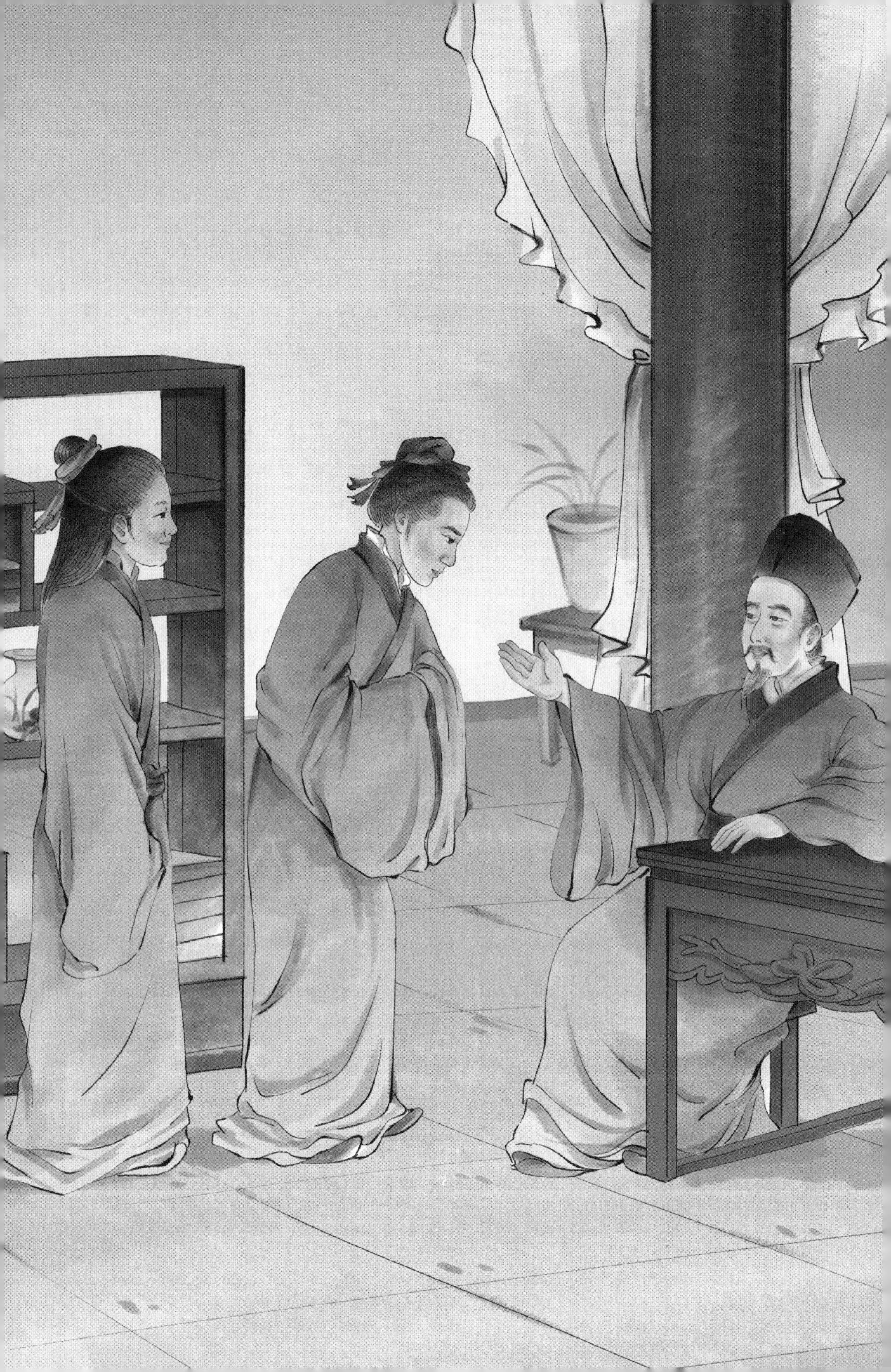

唐宋时期有个约定俗成的规矩，考生一经录取，就与主考官之间形成了"门生"和"恩师"的关系。考中的门生要写信感谢"恩师"的知遇之恩，并登门致谢。苏东坡在拜谒欧阳修之前，《谢欧阳内翰书》已先行呈上。苏东坡的感谢信，再次深深打动了欧阳修。他不仅赞赏苏东坡的文学立场，也认可他对朝廷深感忧虑的文坛新弊成因的分析。去除新弊的途径是真正学会先秦两汉的朴实文风，深刻领悟韩愈文章的精髓。欧阳修在给梅尧臣的信中说："读轼书，不觉汗出，快哉，快哉！老夫当避路，放他出一头地也。"这也是成语"出人头地"的由来。欧阳修的这段话很快传遍了京师。

那天，苏东坡拜见欧阳修时，梅尧臣恰好也在，更为巧合的是，两位考官还在议论苏东坡的那篇《刑赏忠厚之至论》。

苏东坡在文中写道："当尧之时，皋陶（gāo yáo）为士。将杀人，皋陶曰杀之三，尧曰宥之三。"原来尧当政时，皋陶是掌管刑罚的官。当要处死一个人时，皋陶三次说当杀，尧却一连三次说应当宽恕。这段对白不仅用得恰到好处，而且可以佐证明主贤君的待人之道。欧阳修和梅尧臣阅卷时，对尧与皋陶的这段对白都曾存疑，但又不便公开提出，以免显得自己不够博学。欧阳修当时就询问苏东坡："尧和皋陶这段对话，典出何书？"他坦然答道："想当然耳。"接着他说是从《三国志·孔融传》中借用过来的。曹操灭掉袁绍后，将其子袁熙之妻甄氏赐给曹丕，孔融对此不满，就对曹操说："武王伐纣，以妲己赐周公。"曹操不解其意，问他此事出于何典。孔融答道："以今度之，想当然耳。"尧和皋陶一事，是他以此推之。

欧阳修和梅尧臣听到苏东坡这样出人意料的回答，非但没有责怪，反而赞赏有加。欧阳修看着苏东坡离去的背影，意味深长地对梅尧臣说："此人可谓善读书，善用书，他日文章必独步天下。"

文坛盟主欧阳修不仅不遗余力地提携助力苏东坡这位新科进士，还把苏东坡引荐给韩琦、富弼等重臣。他们都对苏东坡非常友善，并寄予厚望。苏东坡进京考试之时，范仲淹虽已去世，但欧阳修等希望苏东坡能成为像范仲淹那样的政治文化新星，践行"先天下之忧而忧，后天下之乐而乐"的政治抱负，成为济世安民的贤官能吏。

就在"三苏"名动京师之际，五月底，老家眉山传来噩耗，程夫人于四月初七（一说四月初八）病逝。据说这天恰好是苏东坡兄弟俩金榜题名之日。更为遗憾的是，程夫人离开人世时，还不知道她含辛茹苦、颇费心血抚育的两个儿子，已金榜题名、出人头地了。

父子三人悲痛欲绝，即刻离京。按照出川时的线路，"三苏"披星戴月，日夜兼程，仅用一个多月的时间就回到了眉山。

按照大宋礼制和儒家孝道，无论是一品大员，还是新科进士，只要家中有父母去世，都必须立即退隐，回到家乡丁忧，也称守制，时间名为三年，实际是两年又三个月，丁忧期满才能返回复职，违者不仅被视为大逆不道，还可能被治罪。

丧礼结束后，苏洵在武阳县（今四川省眉山市彭山区）安镇（蟆颐）山下的"老翁井"附近，挑选了一块地作为苏家的茔地。这里曾经是他发奋读书的地方（据说他自号"苏老泉"也源于此）。对于程夫人，苏洵自然是心中有愧。当年程夫人以富家千金的身份下嫁苏家，不仅相夫教子，还在他科举考试屡试不中时，给了他理解和抚慰，苏洵感激不已。他为亡妻写下满怀深情、催人泪下的祭文。九年后，苏洵在京城去世，苏东坡兄弟俩按照父亲的遗愿，扶灵回到眉山，并与母亲合葬。

苏东坡自幼奋厉有当世志，即便丁忧期间，他也关注江山社稷和百姓民生，与时任益州太守王素探讨治蜀之道。王素，莘县（今山东省聊城市莘县）人，宋真宗时期名相王旦之子，以直言敢谏而著称。

苏东坡在《上知府王龙图书》中说：养兵和爱民是地方政府治理的两大关键，需要统筹兼顾。军费不足，祸患马上就会临头，但容易解决；而百姓的赋税过重，其隐患不仅深远，而且很难救治。因此，小问题往往由军心离散而起，而天下大乱则由民怨沸腾所致。这封书信，不仅是苏东坡地方治理方略的初步显现，更是他爱民安民思想的萌芽。

王素不仅采纳了苏东坡的建议，在其职权范围内尽可能减轻赋税，还让他的幼子王巩（定国）向苏东坡问学，从而开启了他们一生的真挚友谊。后来"乌台诗案"中受到牵连的官吏众多，而与案件本关系不大的王巩，却是受责罚最重的三人之一，成为无辜的牺牲品，都因王巩是李定等人的政敌、三朝元老张方平的女婿。

苏东坡从小受到儒家、佛家和道家思想的熏陶。重返汴京前，兄弟俩再次来到成都大慈寺，拜访惟度、惟简两位法师，彼此投缘，相谈甚欢，两位法师也成为苏东坡最初的僧侣朋友，也是终身的知心朋友。元丰三年（1080），"乌台诗案"后，在众多亲朋好友避之唯恐不及之时，惟简委派他的徒孙悟清前来探望刚到黄州不久的苏东坡。

科举百年第一人

嘉祐四年（1059）九月，苏东坡兄弟俩守孝期满。按例，朝廷会很快安排他们的职位。苏洵综合考虑，决定举家迁徙京都，听候朝廷的安排。

这一次进京自然和上次赶考情况大不相同，一是心绪不同，上次是参加考试，前景未卜，而现在苏东坡兄弟俩已金榜题名，"三苏"已是京城文坛响当当的名人；二是线路不同，上次是进京赶考，时间紧迫，走的是陆路，而这次时间宽裕，心情放松，为了沿途赏景，走的是水路；三是目的不同，上次是谋求功名，进京赶考，而这次是举家搬迁，听候佳音。

迁居，不是苏洵的一时冲动，而京城也不是他的目的地。早在嘉祐元年（1056），苏洵带着苏东坡和苏辙初到京城时，就打算在中原地区找一个地方作为新的居住地。显然，迁居与两个儿子金榜题名没有必然联系，因为苏洵当时并不确定两个儿子能在次年一举登科。苏洵在一首诗中讲述了苏家迁居的理由：一是四川盆地虽然比较富庶，但相对闭塞；二是河南嵩山之下风土人情、人物均好，适宜定居；三是同乡陈景回已先行一步迁居河南，对苏洵起到了示范作用。但由于兄弟俩高中进士、程夫人去世等原因，苏洵的迁居计划一直没有落实。后来苏辙远赴嵩山之下的颍昌（今河南省许昌市）买田置业，应该在很大程度上受到父亲迁居计划的影响。

这年十月，苏家一行取岷江水路，在以乐山大佛而闻名的古嘉州（今四川省乐山市）登船，入嘉陵江出川。刚从古嘉州出发不久，苏东坡便在《初发嘉州》中抒发了凌云壮志："故乡飘已远，往意浩无边。"这既有对家乡的眷恋和不舍，也有对未来的向往和抱负。此时的苏东坡正英姿勃发，怀揣理想向京师进发。

三峡雄伟险峻，风景壮丽，水流湍急，险象环生。船行忠州时专门停靠，"三苏"凭吊了屈原塔。苏东坡非常惊讶，屈原的故乡在下游的秭（zǐ）归，而屈原也从未来过忠州，这里却建有他的纪念塔。一到塔前，苏东坡心潮澎湃，思绪万千，他被屈原宁死不折的崇高品质深深感染，立志要干出一番经世济民的伟业。

举家进京，其乐融融，父子三人时而把酒言欢，时而吟诗唱和，时而写景寄情。十二月八日在江陵（今湖北省荆州市江陵县）驿站，苏东坡将父子三人途中的百篇诗作编为《南行集》，其中有苏东坡诗四十二首。

江上两个月的行程，途经十一个郡、二十六个县，大家都疲惫不堪。年关将近，苏洵决定在荆州稍事休整，等过了年再继续行程。"禹划九州，始有荆州。"荆州历来是兵家必争之地，从春秋战国到五代十国，先后有三十多位帝王在此建都。苏东坡在此创作了《荆州十首》，这是苏东坡青年时期五言律诗的代表作。此诗从不同侧面反映出他的政治理想、人生追求及出仕前的雄心壮志。其实,《荆州十首》也隐然预示了他未来的政治命运和人生遭遇。

嘉祐五年（1060）正月初五,一家人离开荆州,陆行北上。二月到达许州（今河南省许昌市）时,苏东坡结识了范仲淹次子、时任许州签判的范纯仁,范纯仁盛情邀请他们游览许州西湖。正值春光明媚,西湖游人如织,热闹非凡。为了方便城里人游玩,太守宋莒公正动用成百上千的民夫开挖沟渠,引湖水入城。城里的人们只沉浸在城市的欢乐之中,却不了解农村的痛苦。而颍川一带庄稼连年不收,田野满目荒凉。即将出仕的苏东坡联想到一路上民生凋敝,不禁有感而发,写下《许州西湖》一诗：

> 西湖小雨晴,潋潋春渠长。
> 来从古城角,夜半传新响。
> 使君欲春游,浚沼役千掌。
> ……
> 但恐城市欢,不知田野怆。
> 颍川七不登,野气长苍莽。
> 谁知万里客,湖上独长想。

这是苏东坡出仕前首次在文学作品中表露同情百姓疾苦的民本情怀,也为其后来坎坷不平、命运多舛的为官之路埋下伏笔。

经过四个多月的舟车劳顿,二月中旬,苏家一行顺利抵达京师。稍事安顿后,父子三人静候朝廷的任命,并将从江陵到京师途中所写的诗文编为《南行后集》,而将前面的《南行集》更名为《南行前集》。很遗憾,两本集子如今都已散佚。

来到京师后不久,吏部任命苏东坡为河南福昌县（今河南省洛阳市宜阳县）主簿，任命苏辙为河南渑（miǎn）池县（今河南省三门峡市渑池县）主簿。两人均辞不赴，原来兄弟俩瞄准了来年的制科考试。

制科考试，是我国古代为选拔"非常之才"，在常规科举考试之外临时设置的考试科目。制科，又称制举、大科、特科，是由皇帝下诏临时设置，并由皇帝直接命题、亲自主持的考试，目的在于选拔各类特殊人才。因此，制科考试的科目和时间是不确定的，且制科考试的次数也很少，两宋三百余年只开考二十二次，是古代含金量最高的朝廷选拔人才的考试。

这年八月，仁宗下诏举行制科考试，而制科考试的前期程序非常严格。首先，应试者要有近臣奏荐，苏东坡和苏辙二人分别由欧阳修和杨畋推荐。欧阳修乐于推荐，毋庸赘言。另一推荐人杨畋，是吏部官员，苏辙去吏部报到时，杨畋善意地说："听说你有志于报考制科，不知我是否有幸成为你的推荐人？"其次，应试者要向朝廷提交由五十篇策论构成的"贤良进卷"，由朝廷进行考评，排出名次，确定进入下一步考试的人员名单。再次，进卷考试合格者被召集到京师，到秘阁应试，写六篇命题作文，也就是所谓"秘阁六论"，秘阁考试是制科考试中最关键也是最难的一轮，不仅范围宽泛，而且时间紧、答题要求高。只有通过"秘阁六论"的考生，才有资格参加"御试对策"。

苏东坡参加制科考试所上的《进策》《礼以养人为本论》《御试制科策》等，集中代表了苏东坡青年时期的政治主张，甚至可以说代表了他一生的主要政治主张。而苏东坡的这些变革主张与王安石的变法主张大相径庭，尤其是他《进策》中的有些论点，与几年前王安石的《上仁宗皇帝书》可谓针锋相对。在变与不变的问题上，苏东坡和王安石的观点是一致的，但变革与变法毕竟是两个既有关联又有很大区别的概念。苏东坡参加制科考试的这些政治主张，正是他后来在神宗朝和哲宗朝屡遭贬谪的思想根源。

为了安心复习迎考，兄弟俩便从租居地西冈搬至京城丽景门外、汴河南岸的怀远驿居住。怀远驿为官署，专门接待外国使节和高官。尽管居住条件比先前大有改善，但兄弟二人的生活非常艰苦，每日三餐，桌上只有"三白"：白盐、白饭和白萝卜。苏东坡赞许朋友董传的诗句，"粗缯大布裹生涯，腹有诗书气自华"，也恰是他和弟弟备考生活的写照。

据宋朝朱弁《曲洧旧闻》记载，苏东坡曾和刘攽（bān）聊起怀远驿读书时兄弟二人生活艰辛，每日三餐都是"三白饭"。刘攽，字贡父，《资治通鉴》的副主编。一天，刘贡父发出请柬，邀苏东坡去他家品尝"皛（xiǎo）饭"。苏东坡早已忘记前面说过的"三白饭"一事，心想刘贡父博学，"皛饭"之中必定有个典故。等到苏东坡满怀好奇赴约，见到刘家桌子上只有白饭、白盐和白萝卜时，他才恍然大悟，知道自己被刘贡父好好地调侃了一把。不过，他依旧吃得津津有味。

苏东坡岂是等闲之辈，他也礼尚往来请刘贡父到家吃了一顿"毳（cuì）饭"。刘贡父虽曾怀疑为戏言，但确实不知"毳饭"为何物。如期而往，两人谈笑风生。不知不觉早就过了饭点，刘贡父说："饥不可忍矣！"苏东坡一本正经地慢慢道来："盐也毛，萝蔔（萝卜）（luó bo）也毛，饭也毛。""毳"为"三毛"，"毛"通"无"。刘贡父捧腹大笑说："知道来而不往非礼也，但没想到你是如此来着。"

其实，"皛饭"与"毳饭"故事的主人公，还有另外一个版本。故事的主人公为钱勰（xié），字穆父。

时光荏苒，转眼间兄弟俩在怀远驿一心苦读已半年有余。八月的北方，昼夜温差很大。苏辙自幼体弱，曾得肺病。一个风雨交加的夜晚，当他起身想找件外衣加上时，苏东坡读《韦应物集》刚好读到《示全真元常》一诗，当读到"宁知风雨夜，复此对床眠"这两句，兄弟俩深受触动，想到一旦为官，就要各奔东西，宦游四方，不免有些伤感。就在这晚，兄弟俩做了"风雨对床"（一说"夜雨对床"）的约定。遗憾的是他们终身未能实现"风雨对床"的夙愿。

嘉祐六年（1061）七月，仁宗下诏起居舍人、同知谏院司马光，同知谏院杨畋，知制诰沈遘（gòu）（文通）为秘阁考官。秘阁六论考试非常严格，每篇不得少于五百字，须二十四小时内完成。本次秘阁考试合格的只有苏东坡、苏辙和王介。是年八月二十五日，苏东坡和苏辙顺利步入崇政殿，来到了仁宗皇帝的面前。考官为胡宿、沈遘、范镇、司马光、蔡襄，胡宿起草了策问考题。

苏东坡的题目是"贤良方正"，而苏辙的题目是"直言极谏"，策题五百余字，要求对策在三千字以上，当日完成。苏东坡学养深厚，文采飞扬，论点独到，纵论国是，一口气写下了五千五百多字，自己也甚是得意。登科后，苏东坡感慨道："敢以微躯，自今为许国之始。"这句话昭示了苏东坡以身报国的赤子之心。

据《宋史·苏轼传》记载，仁宗在看过苏东坡和苏辙的试卷后，大为赞赏，欣喜不已，回到后宫对曹皇后说："朕今日为子孙得两宰相矣！"可见仁宗皇帝对兄弟二人的考场表现有多么满意。这一年，苏东坡二十六岁。

制科取士，程序非常严格，考官确定考试成绩后，御史、谏官等言官还得复核。复核的结果为苏东坡得第三等。在苏辙录取与否、定为几等的问题上，考官们发生了不小的争执。司马光主张定为第三等，而覆考官胡宿认为苏辙出言不逊，对皇帝不敬，坚持黜落（一说胡宿为主考官，司马光为覆考官）。双方意见争执不下，闹到了仁宗皇帝面前。尽管苏辙在试卷中言辞激烈、文风泼辣地批评了仁宗皇帝，但仁宗还是非常大度地表示："其言切直，不可弃也。"最终降一等，以第四等录取。

大家可能会不以为然，苏东坡才得了第三等，有什么值得大惊小怪的？这得从宋朝的制科考试制度说起。宋朝的制科考试成绩共有五等，自有制科考试之后，第一等和第二等都是虚设，从未录取过。一般情况下，录取的考生入第四等，落榜的考生入第五等，至于第三等，通常也不录取。在苏东坡之前,只有吴育一人在景祐元年(1034)曾获此殊荣,且吴育是第三次等,而苏东坡是第三等。第三等和第三次等,二者的含金量是不一样的。苏东坡也是宋朝开国一百年来,制科考试获得第三等的开山第一人。

北宋、南宋三百一十九年间,在制科开考的二十二次中,仅有四十一人通过,入第三等只有四人。而三百多年间,两宋录取的进士数以万计,可见入第三等的难度之大。

不久,苏东坡被任命为凤翔府签书判官。原本苏辙也同时被任命为商州(今陕西省商洛市商州区)军事推官。由于王安石当制,拒绝撰制,苏辙的任命拖了很久才下。而苏辙也以父亲在京需人陪侍为由,辞官不赴。

关于苏王之间的矛盾,将在后续章节加以叙述。

第四章

微官敢有济时心

人们一提起苏东坡，就会联想到"唐宋八大家"之一，著名文学家、书画家、美食家、历史治水名人，等等。的确，苏东坡是个全才式的人杰，值得浓墨书写之处，不可胜数。在很多方面，他不是首开先河，就是达到他人难以企及的高度。历朝历代，很多学者都非常重视研究苏东坡留下的文化遗产。但他致君尧舜的理想、济世安民的思想、为民务实的作为、清正廉洁的品德等堪为后世官员楷模的一面，往往淹没在他的诗词歌赋、书法绘画等文学艺术成就的光环之中，并未受到人们足够的关注。

凤翔来了个"苏贤良"

嘉祐六年（1061）十一月十九日黎明，天寒地冻，冷风扑面，二十六岁的苏东坡带着夫人王弗和不满三岁的儿子苏迈离开京师，踌躇满志地踏上了出仕的第一站——陕西凤翔（今陕西省宝鸡市凤翔区）。苏辙为兄长送行，从汴京一直送到郑州的西门郊外，仍依依难舍。这不奇怪，过去二十多年里，兄弟俩形影不离，从未分开过。面对人生的第一次分离，他们虽然都有思想准备，但显然准备不足，彼此都流露出无限的惆怅和不舍。

兄弟情深，如同手足，本无异议。但在我国历史上，像苏东坡与苏辙兄弟俩感情如此深厚的却较为罕见。哥哥苏东坡性格豪放，恃才傲物，不平则鸣，尤其喜爱针砭时弊；弟弟苏辙性格沉静，谨言慎行，文章汪洋淡泊，屡屡受到哥哥的牵连，始终无怨无悔。年少时，苏辙以兄为师，追随左右；苏东坡对弟弟更是言传身教，呵护有加。出仕之后，兄弟二人相互牵挂，忧伤时相互慰藉，患难时相互扶助。"乌台诗案"时，苏辙上书神宗皇帝，愿意以自己的官职来替哥哥赎罪。苏东坡诗云："我少知子由，天资和而清……岂独为吾弟，要是贤友生。"子由则在兄长的墓志铭中写道："我初从公，赖以有知。抚我则兄，诲我则师。"兄弟二人可谓情深似海。

从京师陆行凤翔，渑池是途经之地。五年前，苏东坡兄弟俩随父亲进京赶考时，曾夜宿僧舍，与老僧奉闲相谈甚欢，并在墙壁题诗。此行苏东坡故地重游，再经渑池，仍然夜宿僧舍。谁知物是人非，当年接待他们的奉闲和尚已经去世，兄弟俩题诗的墙壁也已破败不堪，题诗更是无迹可寻。

苏东坡有感而发，提笔写下《和子由渑池怀旧》，这首诗是苏东坡早年的名作之一，悲凉中有豁达，低沉中有昂奋。诗中"人生到处知何似，应似飞鸿踏雪泥"最为经典，人生在世，东奔西跑，就像到处乱飞的鸿雁，在雪地、泥地上偶然留下了一些脚印，成语"雪泥鸿爪"就出自此。后来，苏东坡的诗词中经常用候鸟"鸿"来自喻，他的一生，在大半个中国留下了"雪泥鸿爪"。

经过二十多天的风霜雪雨，十二月十四日，苏东坡来到凤翔。凤翔古称雍，文化底蕴深厚，早在六千多年前的新石器时代，就有氏族公社的村落分布，它还是周秦的发祥地，华夏九州之一，秦朝时为雍县，曾作为秦国都城近三百年。唐至德二载（757），取"凤鸣于岐，翔于雍"之意，更名为凤翔，一直沿用至今。

凤翔成为苏东坡政治生涯的起点，也是他实现致君尧舜理想、济世安民抱负的最初实践之地。时任凤翔知府宋选，曾与司马光在朝廷三司共事，他胸襟宽广，提携奖掖后辈，鼓励苏东坡施展才华、建功立业。

苏东坡所担任的签判一职，是知府的助理，大致相当于现在的政府秘书长。核判五个部门的文书，固然烦琐，但凤翔的两大任务更难。一是终南山特产的木材，每年要编成木筏从渭水放入黄河，运到京师，

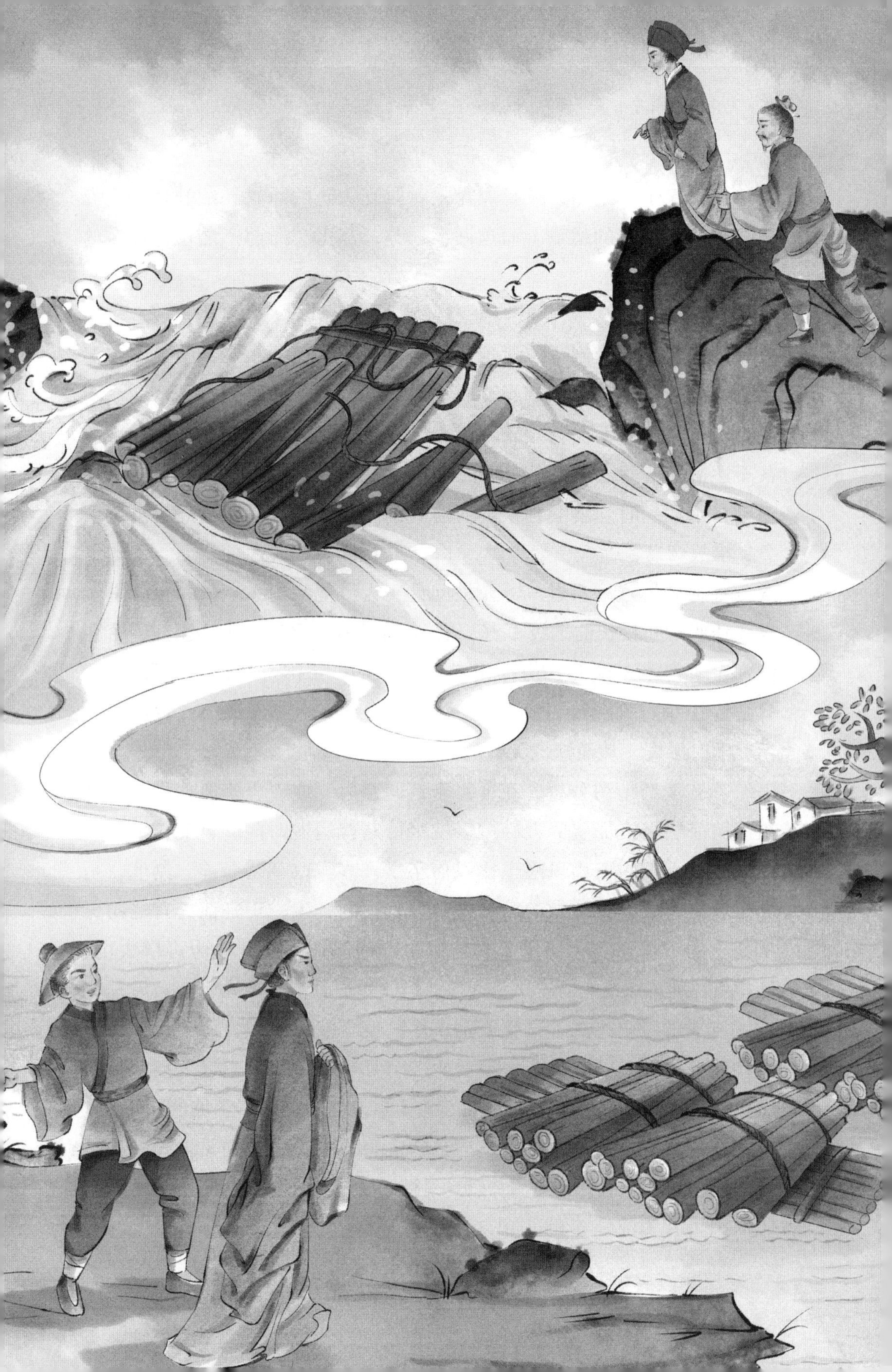

供皇家兴建土木之用；二是凤翔是对西夏边防的后勤补给基地，负责粮草等战略物资的运输。而这两大任务，都由"衙前"之役被征召的百姓义务完成。

"衙前"之役，是由政府征召百姓义务承担官府物资供给或运输的一种制度。而这一制度，对于百姓而言有百害而无一利。他们不仅要无偿付出劳务，还要承担运输途中的各种风险，如果物资在运输途中受损，还必须赔偿。百姓苦不堪言，因此倾家荡产者比比皆是，有的甚至还遭受牢狱之灾。在河水正常情况下，木筏的运输风险基本可控。遇到枯水期，时间就会延误。而遇到汛期，木筏进入黄河后，水流湍急，事故频发，途经三门峡时，木筏被掀翻更是家常便饭。

如何破解这一难题？苏东坡问计于人。他问遍了老校，也就是年老或任职时间较长的下级军官，他们说："木筏之害，本不至此，若在渭河、黄河水未涨时，由操筏者以时进止，安排发运，既节省费用，且危险还小。"而目前的问题是，官府下令从不考虑渭河、黄河的水情，随时派发，从而造成无数的灾难。

苏东坡经走访分析，在征得宋选同意后，便着手修改衙规，准许被"衙前"之役征召的百姓可以视水情选择运输时间。自此，事故大大减少，百姓的赔偿风险也比以前小了许多。改革"衙前"制度，是苏东坡出仕后为百姓做的第一件影响较大的实事。正是他为官之初勇于任事的责任担当，奠定了其仕宦生涯的基调，使其成为可堪大用、能担重任的栋梁之材。

凤翔虽历史悠久，文化底蕴丰厚，但自然灾害频发，不是洪水滔滔，就是久旱不雨。苏东坡来后两三个月不见雨雪，土地干涸，眼看庄稼就要枯死。旱情不仅让农夫心急如焚，也牵动着苏东坡的心。

在科技不发达的古代，遭遇自然灾害，除了祈求神灵，人们找不到其他办法。祈祷上苍，不仅是一件极为平常的事情，还是封建王朝体恤民情、关注民生的表现之一。据史料记载，两宋十八位皇帝中，有八位皇帝曾祈雨祷雪，以此表达福佑民生之情。苏东坡一生共经历了五位皇帝，其中仁宗、英宗、神宗和哲宗四位皇帝都有祈雨祷雪的记录。初出茅庐的苏东坡，面对眼前的旱情，也想到了祈雨。

苏东坡先是写好状子，呈递神明，祈求为百姓普降甘霖。接着他带上供品去凤翔城南的太白山太白庙求雨。三月初七和十六，曾下了点小雨，但不足以解庄稼之渴。人们认为久旱不雨的原因是太白山神的爵位到宋朝时从公爵降为了侯爵。为取悦山神，苏东坡赶紧撰写了《告封太白山明应公祝文》，请求朝廷恢复山神原来的爵位。

接着，宋选和苏东坡又斋戒三日，继续祈雨。巧合的是，十九日，久旱逢甘霖，恩泽普大地。两天之后，又连降三日大雨，大地滋润，万物复苏，百姓欢呼雀跃，纷纷向宋选和苏东坡表达感激之情。

百姓以各种方式欢庆甘霖普降。其实，最感欣慰的莫过于初出茅庐的苏东坡。为官一任，造福一方。为纪念这件喜事，苏东坡欣然将他官邸后花园的亭子起名为"喜雨亭"，并作《喜雨亭记》刻于亭上。其中有："五日不雨可乎？"曰："五日不雨则无麦。""十日不雨可乎？"曰："十日不雨则无禾。无麦无禾，岁且荐饥，狱讼繁兴，而盗贼滋炽……"

当人们游览杭州西湖时，总是不由自主地想起苏东坡"欲把西湖比西子，淡妆浓抹总相宜"的诗句。漫步在苏堤上，人们总会想起他为西湖所作的贡献。其实，与苏东坡结缘的第一个水利工程，不是杭州西湖，而是凤翔的东湖。

凤翔东门外五十米处有一湖泊，古称"饮凤池"，因周文王时瑞凤飞鸣过雍，在此饮水而得名。

这里有苏东坡的第一件水利杰作。

为了改善百姓的饮水和农田灌溉条件，美化自然环境，苏东坡组织民工疏浚河道，清淤扩湖，将凤翔城西北角的凤凰泉水，一支向东北引流，一支向南引流，形成护城河，两支水流最终汇入"饮凤池"。为了实现"涝则闭之蓄水，旱则泄之灌溉"的目标，"饮凤池"的水面，不仅在原有基础上扩大了十多倍，同时还修筑了君子亭、宛古亭、喜雨亭等亭台楼榭，湖里荷花成片，两岸垂柳成行，既解决了百姓的饮水和灌溉问题，又美化了环境，还为百姓休闲娱乐提供了好的去处，留下了传之千年的历史文化遗产。因"饮凤池"位于凤翔城东，故起名为"东湖"。

整治后的东湖，美不胜收，岸边柳枝摇曳，湖面荷竹辉映，建筑古朴典雅，是一座典型的具有关中特色的园林。林则徐和左宗棠途经凤翔时，都曾在苏东坡栽种的柳树旁植柳。

苏东坡在凤翔两年多的时间里，之所以取得"衙前"制度改革、祈雨赈灾、整治东湖等有目共睹的业绩，与他"奋厉有当世志"的理想和济世安民的抱负是分不开的。苏东坡曾在《策别训兵旅二》中直言："民者，天下之本。"他还在《次韵柳子玉过陈绝粮二首》（其二）中说："早岁便怀齐物志，微官敢有济时心。"他在《凤翔到任谢执政启》中也表达过：到任以来，日夜努力工作，虽然没有超凡的能力，但尽力减少差错。

一篇《喜雨亭记》中，苏东坡四次提到"民"。而比《喜雨亭记》更短小的《祷雨蟠溪祝文》和《凤翔太白山祈雨文》也分别四次提到"民"。可见"民"在其心中居于何等重要的位置。久旱不雨，他首先想到的是江山社稷和百姓苍生。从三篇文章中，我们可以粗略地看到一位刚刚步入仕途、忧国忧民的年轻官员的民本意识。

金杯银杯，不如老百姓的口碑。苏东坡在仕途开始的第一站，便以几件实事赢得了"苏贤良"的美誉。然而，这个赞誉后来也给他带来了不小的麻烦。

嘉祐八年（1063）正月，勤勉务实、提奖后辈的太守宋选被罢去凤翔知府一职，由京东转运使陈希亮接任。陈希亮，字公弼（bì），眉州青神人，是一位冷面严厉、不苟言笑、严苛刻板的官员。

苏东坡当时年轻气盛，恃才傲物，屡屡与这位新来的太守发生争执，几近水火不容。陈希亮一有机会就要"教训"一下这个锋芒毕露的政治新星。一是苏东坡撰写的公文，陈希亮总是要求改来改去，有时要修改几次方能通过；二是禁止人们称呼苏东坡为"苏贤良"；三是抓住苏东坡赌气不参加府宴，中元节也不过知府厅的把柄，上奏朝廷纠劾他，致使苏东坡被朝廷罚铜八斤。

一天，陈希亮在府衙内听到一衙役称呼"苏贤良"，气不打一处来，严厉呵斥道："府判官何贤良也？"不仅如此，他还命人责罚了衙役，打了板子。板子打在衙役身上，等于打在苏东坡的脸上，愤愤不平的他一直伺机反击。

很快机会来了。陈希亮在公馆里建造了一座凌虚台，可以在闲暇之余极目远望。平日里很不喜欢苏东坡的陈希亮，竟然请他为凌虚台作记。苏东坡认为这是报复陈太守的极好机会。他文思泉涌，挥笔作记，一气呵成。

> 物之废兴成毁，不可得而知也……尝试与公登台而望，其东则秦穆之祈年、橐（tuó）泉也，其南则汉武之长杨、五柞（zhà），而其北则隋之仁寿、唐之九成也。计其一时之盛，宏杰诡丽，坚固而不可动者，岂特百倍于台而已哉！然而数世之后，欲求其仿佛，而破瓦颓垣无复存者，既已化为禾黍荆棘丘墟陇亩矣，而况于此台欤……而或者欲以夸世而自足，则过矣。盖世有足恃者，而不在乎台之存亡也。

事物的兴衰总是无法预料的。登台远望，所能看到的是当年秦穆公的祈年、橐泉两座宫殿的遗址，汉武帝的长杨、五柞两座宫殿的遗迹，隋朝的仁寿宫，即唐朝时的九成宫遗址。它们曾一时兴盛，宏伟奇丽，坚固而不可动摇，何止百倍于区区一座高台呢？然而几百年之后，荡然无存。相比之下，这座高台又算什么呢？如果有人想要以高台夸耀于世而自我满足的话,那就错了。

让苏东坡意想不到的是,陈希亮读后一字未改,命人刻在石碑上。宋代邵博在《邵氏闻见后录》中记录了陈希亮看完《凌虚台记》后,与苏东坡进行了一番推心置腹的谈话。很显然,陈希亮平时之所以对苏东坡格外严厉,故意不给他好脸色看,是因为他年少就盛名在外,怕他把控不住,骄傲自满,将苏东坡当作自己的孙辈一样看待。

显然,《凌虚台记》和这次谈话,成为二人关系的转折点。次年,苏东坡在《凌虚台》诗中描绘的是一起欢快畅饮的画面。后来,苏东坡在《陈公弼传》中记述,自己在凤翔为官时,在其麾下两年,那时自己年少气盛,经常与其发生争执,口无遮拦,现在后悔不已。对于苏东坡这样年轻有为、才华横溢的官员而言,在其事业发展的过程中,能遇上像宋选和陈希亮这样风格迥异的上司,堪称幸事。

苏东坡虽然与这位新来的上司多有不和,也曾在《和子由闻子瞻将如终南太平宫溪堂读书》诗中大发牢骚,然而,他始终没有忘记自己的理想,魂牵梦绕的还是民生。这一年,为官不久的他,写就了两篇直陈国是、针砭时弊的大作。

《上韩魏公论场务书》一文,以其在凤翔所见"衙前"之役给百姓带来的伤害,请求朝廷施行宽大长久之政,并大胆提出了"以官榷(què)与民"的民本理念,希望取消官府专卖,还利于民。先裕民而后裕国,希望朝廷优先考虑百姓的需求,人民富裕了,国家才能富强。

而《思治论》一文更是站在治国理政的高度,指出时下"财之不丰、兵之不强、吏之不择"的三患之弊,并在《策别课百官一》中提出"课(考核)百官、安万民、厚货财、训兵旅"的对策,旨在改善吏治、缓和矛盾、充盈国库、增强军事实力。

从这三篇文章中,人们看到了他深切的忧国安民之心。

此外,在凤翔期间,苏东坡创作的《次韵子由论书》《次韵和子由闻予善射》等诗中,还表达了自己的从戎报国之志。

一舟两棺归故里

北宋吏治规定，文官三年一迁，武官五年一迁。治平元年（1064）十二月十七日，苏东坡在凤翔的三年任期届满，与同僚好友一一道别后，离开了凤翔。

苏东坡携家带眷返回京城，途经长安（今陕西省西安市）时，登骊山，游华清宫。骊山不仅风景秀丽，还见证了三起重大的历史事件：烽火戏诸侯，导致周幽王被杀，西周灭亡；奸臣赵高指鹿为马，操纵胡亥，致使秦朝沦亡；唐玄宗在位后期怠慢朝政、骄奢淫逸，引发安史之乱，成为唐朝由盛转衰的转折点。

入仕刚满三年的苏东坡以史为鉴，百结愁肠，忧心忡忡的心情在《骊山三绝句》中跃然而出。

秦始皇和唐玄宗都是历史上具有雄韬伟略的皇帝，一位统一了中国，一位开创了开元盛世，但因大兴土木、贪图享乐、腐化堕落等原因，导致人亡政息。历史的悲剧不断重演，君主们不念前车之鉴，怎么能责怪骊山是这些祸害的根源呢？

从长安到达华阴（今陕西省渭南市）时，已是寒冬腊月，道路泥泞，行进缓慢，苏东坡一家不得不在华阴守岁。翌年正月，苏东坡返回京师，与父亲和苏辙一家团聚。二月，即被安排在登闻鼓院任职。登闻鼓院属于谏官组织体系，其职责是受理官吏、百姓无法按照正常程序呈递皇帝的章奏表疏。官吏、百姓如有冤屈，皆可到鼓院击鼓进状。任命后不久，在制科考试后赞誉苏东坡兄弟有宰相之才的仁宗皇帝，于嘉祐八年（1063）三月驾崩于福宁殿，他的养子赵曙继位，是为英宗。

英宗久闻苏东坡文采斐然，拟循唐朝先例，将他召入翰林院，授知制诰，负责起草皇帝诏书。此等好事却遭到宰相韩琦的阻挠。据《宋史·苏轼传》记载，韩琦的说辞是，像苏东坡这样的大才，得到重用是迟早的事。但他现在年资尚浅，如果现在就委以重任，恐怕会引起天下士人的异议。不妨先多加锤炼，以备日后大用，届时大家都无话可说。

他建议安排苏东坡去馆阁任职，并且要经过此等职位所需的任职资格考试。皇帝不以为然地说："不知一个人的才干时，方通过考来测试，现在考他有何意义？"韩琦固执己见，英宗尽管不悦，还是勉强认可了他的方案。

君主与臣子之间的这番对话，不免外泄。欧阳修担心有与韩琦关系不融洽者，会借此搬弄是非，还特地向苏东坡作了解释。而年轻的苏东坡胸襟坦荡地说：这正是按照古代的君子之道在爱护人。但韩琦出于何种目的，史料中没有线索，难免引起后人的揣测。

韩琦作为一代名相，本是惜才爱才之人，且曾多次称赞过苏东坡的文采，对"三苏"也有过提携之举。韩琦此番的真实意图不知是否如其所说，但后来的史论家多有批评，认为号为名相的韩琦，对于出类拔萃的人才，仍墨守成规，太过官僚。然而，从英宗与韩琦的对话不难看出，一个人命运的改变，往往在瞬息之间。

治平二年（1065）二月，苏东坡以最高分通过学士院的考试，获得馆职。同月，被任命为殿中丞直史馆。失之东隅，收之桑榆。史馆任职官员，要轮流在宫中图书馆工作，这让苏东坡有机会遍览古籍珍本、名人手稿、名家书画，为他广读博览提供了极大的便利。

苏东坡回到京师任职，可以随侍父亲，为在京城陪伴父亲三年的苏辙外出任职提供了可能。三月，苏辙被任命为大名府推官，负责审理案件。

世事无常，这年五月，苏东坡二十七岁的妻子王弗病逝，遗有一子苏迈，年仅六岁。苏东坡与王弗的幸福婚姻，只存续了短暂的十一年时光。王弗饱读诗书，成熟机敏，善察人事，她与苏东坡性格互补，是苏东坡人生和事业的贤内助。

凤翔三年，是苏东坡第一次离开父亲履新远行。王弗不仅悉心照顾苏东坡的生活，还关心他的事业。王弗经常提醒他："父亲不在身边，凡事没人指点，不可以不谨慎。"每次苏东坡回到家中，她总要把一天发生的事情，一项一项从头至尾问个仔细，并常引用公公的话语来警醒丈夫。每次家中来客，王弗总是在屏风后面仔细旁听。客人离开后她会提醒丈夫："此人说话模棱两可，一味逢迎，你何用与这种人谈天？父亲常说有的朋友，不会长久，来得快，去得也快，要远离溜须拍马和奸佞之人。"事实证明，王弗的预言往往都比较灵验。

王弗知书达理，日常生活中她既乐于给丈夫提出建议，也善于劝诫。一年大雪，凤翔的宅院前积雪很深，而古柳树下足有一尺见方的地方没有积雪，而天晴后，这方土地又隆起数寸之高，苏东坡怀疑此地是古人窖藏丹药之处。因为丹药性热，故地面不仅不积雪，土地还隆起。苏东坡非常兴奋，扭头就去库房拿来铁锹，兴冲冲地打算开挖。王弗知道自己很难劝阻，便引用了程夫人在纱縠行老宅不让挖掘地下大瓮的故事，说："假使母亲大人在世，一定不让挖。"苏东坡听后，立即扔下了手中的工具。

苏东坡与王弗的婚姻生活虽然只有十一年，但这十一年，正是"三苏"在外求取功名，聚合无常，婆婆生病，家庭残破的困难时期。所以，苏洵心疼儿媳，嘱咐苏东坡将亡妻葬在婆婆坟茔旁，这在当时的家族观念里，是对逝者的一种肯定。

苏东坡对王弗真挚的爱，经久不衰。熙宁八年（1075），也就是王弗去世后的第十年，苏东坡当时在密州（今山东省潍坊市诸城市）任太守。正月二十日的那天夜里，他梦见了爱妻王弗，随即写下了一首"有声当彻天，有泪当彻泉"的悼亡词：

  十年生死两茫茫，不思量，自难忘。千里孤坟，无处话凄凉。纵使相逢应不识，尘满面，鬓如霜。 夜来幽梦忽还乡，小轩窗，正梳妆。相顾无言，惟有泪千行。料得年年肠断处，明月夜，短松冈。

从《诗经》开始，中国文学史上就已出现"悼亡诗"，而用词来写悼亡，则是苏东坡开的先河。

福无双至，祸不单行。次年的治平三年（1066）四月二十五日，苏洵去世，享年五十八岁，距离王弗去世不到一年。

苏洵去世，惊动朝野。英宗赐银一百两，绢一百匹，韩琦、欧阳修等人也赠以银两。苏东坡不为钱财所动，均婉言谢绝，只为父亲求赐官爵，以了遗愿。朝廷重臣纷纷前来吊唁，欧阳修、曾巩分别撰写墓志铭和致哀词。六月九日，朝廷特赠苏洵为"光禄寺丞"（官名），英宗敕有司具舟载其丧归于蜀。

六月，兄弟二人辞去官职，护送父亲和王弗的灵柩，由汴河进入淮河，转运河，入长江，然后逆流而上，穿过安徽。行至长江南岸武昌（今湖北省鄂州市）樊口时，落帆歇脚。苏东坡站在江边眺望对岸暮色中的黄州小镇，此时的他断不会想到十四年后，自己竟然会被贬谪于此，二十八年后，被贬惠州时，自己会以同样的线路再次穿过安徽全境。人生有时就是这样难料。

治平四年（1067）正月初八，就在他们一行穿越三峡时，噩耗传来，年仅三十六岁、一心想要重用苏东坡的英宗驾崩。有人说，妻子、父亲和英宗的接连去世，是苏东坡命运多舛、跌宕起伏人生的开端。

溯江而上，苦不堪言。进入西陵峡后，很长一段行程要靠岸上的纤夫拉纤，他们才能安抵故里眉山。

按照父亲生前的遗愿，同年八月，苏东坡兄弟俩合葬父母于武阳县安镇山下的"老翁井"附近，也就是现在的眉山市东坡区土地乡安镇山下。按照父亲的嘱咐，苏东坡将亡妻王弗葬于父母之墓的西北八步之远处。苏东坡在墓地附近为父亲建庙，庙内挂有父亲的遗像，并在周围种了很多松树，以示纪念，希望将来这里成为一片松树林。兄弟俩将这块墓地称作"东茔"，并委托堂兄苏不疑和好友杨济甫照看。

苏洵于物别无所好，仅收藏绘画而已。为此，苏东坡在凤翔闲暇之余登山临水、寻僧访道时，以其半年薪水购得四扇画圣吴道子所绘佛像门板，孝敬父亲。苏洵如获至宝，珍爱有加，视为一生中最为珍贵的藏品。

兄弟俩居丧期间，成都大慈寺惟简法师前来眉山看望，苏东坡将吴道子所画菩萨真迹的四扇门板，代父亲捐给了惟简所在的成都庙中，要求惟简兴建一大阁，专藏此珍品，并绘上父亲苏洵的画像，以作纪念。建阁约需经费百万，苏东坡捐了五万，并题写"精妙冠世"四字作为匾额。

熙宁元年（1068）七月，兄弟俩丁忧期满。十月，苏东坡续娶王弗的堂妹王闰之做继室。十年前，苏东坡回眉山为母亲守制期间，常去青神县岳父家，曾经和王闰之见过面。当时这个小堂妹就对这位京师来的堂姐夫十分景仰。

苏王两个家族对继续联姻都比较认同，不仅亲上加亲，彼此知根知底，而且比起其他人家的小姐，王弗的长辈更愿意让王弗的堂妹王闰之来当苏迈的继母。

尽管论才学，王闰之不如自己的堂姐王弗，论读懂苏东坡，她又比不上后来的王朝云，但她认同丈夫的为人，对他推崇备至，夫唱妇随。事实证明，这一结合非常正确。王闰之不仅一直视苏迈为己出，而且陪伴苏东坡历经繁华与坎坷，度过他一生中最为跌宕起伏的二十五年。她是苏东坡一生前后两位妻子、一名侍妾中相伴时间最长的一位。

十二月，苏东坡兄弟俩再度携家眷返京。临行前，同乡的亲朋好友前来送行，并在苏家纱縠行的宅院中种下一棵荔枝树，希望树木长大时，能见到他们回来省亲。然而，这次离开后，兄弟俩再也没回过眉山。二十二年后，苏东坡在杭州任职时，在《寄蔡子华》诗中表达了无限惆怅。

饱受争议的王安石变法

说到王安石变法，就得从"陈桥兵变"、北宋建国时谈起。公元960年，手握重兵的后周大将赵匡胤，在河南新乡陈桥驿"黄袍加身"，建立了北宋政权。此前，国家经历了唐安史之乱、黄巢起义和五代十国的军人割据，民生凋敝，积贫积弱。为防止后人效仿、军人篡权，北宋建国之初，就确立了崇文抑武、"与士大夫治天下"的国策。

然而，事与愿违，开国不久，外患不断，北宋屡战屡败，最终宋朝以输出大量白银，暂得相安。太宗赵光义曾两度亲征，燕京城下战败，被辽兵穷追不舍，幸得逃生，随行侍妾，皆沦为俘虏。而太宗驾崩，也是因股上中了两箭，旧伤复发所致。无奈之下，北宋与辽国签订澶（chán）渊之盟，北宋每年送辽岁币银十万两、绢二十万匹，来换取宋辽之间的短暂和平。

辽国危机刚刚平息，西北的党项族又迅速崛起，连年入侵。北宋不得不在边境囤积重兵，因此消耗了大量的财力物力。最终北宋和西夏达成协议，西夏向北宋称臣，其国主李元昊由北宋册封，而北宋每年提供银五万两、绢十三万匹、茶两万斤，节日再另行赏赐。北宋与西夏战争爆发后，辽国乘机大兵压境，迫使北宋每年对辽再增加银十万两岁币。

北宋国库空虚，再加上辽国和西夏侵扰勒索，更是雪上加霜，不堪承受。为此，朝野上下要求变革的呼声日益高涨。庆历三年（1043），仁宗任命范仲淹为参知政事，与韩琦、富弼等同时执政，开启了以发展生产、富国强兵、挽救宋朝政治危机为目的的庆历新政。

新政触犯了贵族和官僚集团的利益，导致变革遭遇重重阻挠而失败。庆历五年（1045）八月，范仲淹、韩琦、富弼、欧阳修等人相继被排斥出朝廷，各项变革被废止，庆历新政彻底失败。

治平三年（1066）十二月，英宗长子赵顼（xū）被立为太子，次年即位，是为神宗。赵顼为颖王时，就勤于思考，留心国事，且对太宗中箭这段国恨家仇记忆犹新。登基后，神宗雄心勃勃，有志于富国强兵，根除先朝未能解决的遗留问题。而令神宗尴尬的是，在他眼中满朝文武中墨守成规、耽于苟安的多，锐意进取、奋发有为的少。他认为，国家当下最大的困难是，拟举兵而兵不足，欲足兵而饷不济。因此，政事之先，理财为急。四月，汝州知州富弼觐见，当神宗问当前大事时，富弼这样说道："陛下即位不久，应当广布恩德、多施恩惠，最好二十年不谈用兵之事，也不宜重赏戍边有功官员，战事一起，祸福很难预料。"后来，神宗又多次问计于贤臣高士，几乎无人与其产生共鸣，共谋大计。正在神宗一筹莫展之际，忽然想起文彦博、欧阳修、司马光、吕公著和韩维等人多次推荐和赞扬有变革之志的王安石。

王安石，字介甫，生于天禧五年（1021）十一月十三日，抚州临川（今江西省抚州市）人，庆历二年（1042）进士，因封荆国公，世称王荆公。

王安石初仕扬州判官时，韩琦为太守，两人相处并不融洽。扬州任期届满，王安石在京师等待任命，时近两年，显然，顶头上司韩琦给出的评价，影响了他的仕途。二十八岁时，王安石任鄞县（今浙江省宁波市鄞州区）县令，之后历任群牧司判官、常州太守、三司[1]度支判官。三司掌管全国的财政，长官为三司使。

在地方任职期间，王安石体恤民情，关注民生，除弊兴利，在京师任三司度支判官时，埋头研究经济，在《上仁宗皇帝言事书》中提

---

[1] 三司：盐铁司、户部司、度支司的合称。

出了"因天下之力以生天下之财；取天下之财以供天下之费"的理财思想。也就是借助全天下的力量，来谋取全天下的财富，使用全天下的财富，来供给全天下的需求。显然，神宗的雄心勃勃与王安石的变法理念一拍即合。就像秦孝公得商鞅，刘备得诸葛亮，君圣臣贤，君臣遇合。

熙宁二年（1069）二月三日，神宗力排众议任命四十九岁的王安石为右谏议大夫、参知政事，正式步入大权在握的宰执行列，开始了轰轰烈烈的变法运动。宰执即宰相与执政之统称。为什么说力排众议呢？左相韩琦、相当于副宰相的参知政事唐介、老臣富弼和皇帝侍读孙固都反对重用王安石。这么多的人反对重用他，与其执拗的性格不无关系。

纵观王安石的一生，成也执拗，败也执拗。

其实，无论在当时还是在今天，王安石都是个有争议的人物。朝廷上下反对王安石当宰相的很多，而赞成他的，也不在少数。曾经在司马光眼中，王安石声名卓著，才学出众，乃治国之良臣、黎民之福音。

《宋史》对王安石有如此评价："而安石乃汲汲以财利兵革为先务，引用凶邪，排摈忠直，躁迫强戾，使天下之人，嚣然丧其乐生之心。"王安石一心追求财税和军队变革，优先处理这些事务，任用品行不佳之人，排斥忠良，他性格乖张暴戾，导致全天下的百姓失去了生活的乐趣，在社会上引起了强烈反响。《宋史》对王安石的评价，虽有失公允，但他的个性越来越强，性格也越来越执拗，以致昔日志同道合的朋友与他在政治上渐行渐远，甚至彻底决裂，则是不争的事实。其中，司马光最为典型，他对王安石的态度，从赞赏有加到猛烈抨击，前后也就数月光景。

王安石的变法主要集中在三个方面：为了富国，变革赋税之法；为了强兵，变革差役之法；为了取士，变革科举之法。为了有力推进变法，神宗采纳王安石的提议，在朝廷原有三司，即盐铁、户部和度支外，诏设"制置三司条例司"，作为主持变法的领导机构，由王安石和知枢密院陈旭（升之）共同负责。

王安石虽学富五车，精通经济，但性格偏执，评判人和事非此即彼，非黑即白，有"拗相公"之称。王安石在朝，倚仗神宗宠信，加之性格使然，独行其是，整个行政中枢几乎处于瘫痪状态。范仲淹的次子、参知政事范纯仁曾一针见血地指出：王安石简单粗暴地将朝廷大臣分为，意见不同者即"不肖"与意见相同者即"贤人"。当时有人用"生老病死苦"来评价中枢省的五位人物：王安石生，曾公亮老，富弼病，唐介死，赵抃（biàn）苦。当时的政治形势可见一斑。

为了高效推进变法，"制置三司条例司"招募了一批与苏东坡兄弟俩年龄相仿的政治新星，如曾布、吕惠卿、程颐、章惇等。

不知是命运的安排，还是偶然的巧合，三十四岁的苏东坡和三十一岁的苏辙恰好在这个当口，也就是熙宁二年（1069）二月王安石开始执政时，由眉山回到了京师。

像苏东坡这样的科举之星、青年才俊，却因王安石一直厌恶他的政见与自己不同，仅仅被安排了一个"判官告院"的闲差，也就是负责起草文官武官任命的凭信和皇帝对有功之臣及家族成员的荣誉封赠。这个部门隶属于吏部，主管官吏和将士的勋封与申诉等事务。而苏辙曾上过一道奏章，指出了冗吏、冗兵、冗费的问题。神宗御览后，即在延和殿召见，七天后苏辙被任命为"制置三司条例司"的检详官，负责机要文字。

王安石变法失败的原因很多，其中重要的一条就是，宋朝百姓的税负原本很重，熙宁时期全国每年的财税收入比唐朝高出二三十倍，而生产总额增加不多，继续增税的余地何在？若要在此基础上继续加税，无疑是搜刮、压榨百姓，这也是老成持重的旧臣对新法群起而攻之的重要原因。然而，王安石固执己见，又得到急于求成的神宗的袒护。

在"制置三司条例司"与吕惠卿共事一段时间后，苏辙与王安石、吕惠卿等人动辄发生争执，最后到了无法共事的地步。

苏辙无奈，只得上疏请求离开，获准任河南府留守推官。从史料来看，苏辙并未赴任，到第二年的正月初九，又被任命为省试点检试卷官。任职没到两个月，二月二十六日，张方平就任河南府知陈州（今河南省周口市淮阳区），他奏请将苏辙改任为陈州教授，神宗准奏，苏辙与张方平一同离开京师，去陈州赴任。

熙宁二年（1069）四月，朝廷发布诏书，要对科举的考试内容进行改革，要求相关官员在一月内提出书面意见。

苏东坡深知诗赋主要测试考生的才华，而经义策论则主要靠死记硬背。他每当遇有不惬意之事，便觉得"如食中有蝇，吐之乃已"。在各机构臣僚的一片赞同声中，苏东坡坚决反对科举制度改革。

神宗阅后，甚为重视，当日召见苏东坡，神宗开门见山地问道："当下政令的得失在哪里？即便是我的过失，你也可以明确指出来。"苏东坡直言不讳地说："陛下天生具有文武之才，不担心陛下不明察，不担心陛下不勤奋，不担心陛下不果断，但担心陛下求治太急迫，听取建议太广，提拔的人太多。"苏东坡一语中的，神宗听得先是悚然一惊，随后为之动容地说："卿三言，朕当熟思之。"召见后，苏东坡兴奋不已，从来对人不设防的他，竟然将对话内容告诉了好友。王安石知悉后，大为不悦。

六月二十七日，神宗诏令举荐御史台的谏官。当时还在朝为官的张方平力荐李大临和苏东坡，然而，神宗只任命了李大临。十月六日，神宗又命司马光推荐谏官，司马光岂敢怠慢，第二天就推荐了陈荐、苏东坡、王元规和赵彦若四人，并强调苏东坡"制策考试成绩优等，文学知识丰厚，认清形势，通晓事务，敢于直言不讳"。但由于王安石的反对，进入朝廷中枢的机会再次与苏东坡失之交臂。

神宗虽然专信王安石，推进变法，但并不等于他不认可苏东坡的能力和才华。其实，综合起来看，神宗对苏东坡的认知和情感是复杂的，他既欣赏苏东坡的文才，认可他致君尧舜的拳拳之心，但对他所持的治国方略和对变法的态度，并不认可。然而，这并不影响神宗在某些方面对苏东坡的器重。八月十四日，神宗任命苏东坡为乡试考试官。明知苏东坡反对变法，神宗仍然决定此次考试由他出题。显然，神宗对科举考试变革还在摇摆不定之中。

苏东坡原本对变法就持反对态度，且对王安石独断大权的做法极为不满，他借题发挥出了一道带有冷嘲热讽意味的反对独断的策问考题。《论独断》的乡试考题，彻底激怒了王安石。变法的最大支持者是神宗，苏东坡的这道试题等于影射神宗和王安石在变法过程中不顾众人反对而独断专行。

但神宗对苏东坡的爱才、惜才之心尚存。十一月初，神宗又想任命苏东坡和孙觉为修起居注（官名）。神宗也与当年的英宗跟韩琦商量一样，亦在下诏前召王安石相商。王安石当即反对。修起居注是皇帝身边的侍从近臣，王安石怎么能让苏东坡这个反对变法之人整日守在皇帝身边！

谈话之后，神宗打消了原先的念头。十一月十六日诏令发布时，蔡延庆和孙觉同为修起居注。于是苏东坡再次失去了进入朝廷中枢的机会。

后来，苏东坡被任命为开封府推官。有人揣测这样做的目的：一是让他远离朝政，失去升迁的机会，防止神宗再生新的动议；二是让他忙于繁杂的具体事务，免得区区八品小官横议国事。开封府设左右厅，每厅有推官一名，分日轮流审判案件。

苏东坡走马上任时，已临近熙宁三年（1070）的上元节。为增加节日气氛，神宗打算在宫中举办规模宏大的灯会。不日开封府接到谕旨，要限价收购浙江制作的花灯四千余盏，于是开封府将市面上的浙江花灯全部控制，禁止个人买卖。百姓和商家都敢怒不敢言。苏东坡知道后，立即上疏，他在《谏买浙灯状》中直言劝谏。

十余日后，神宗下诏废止了购买浙江花灯的前命。此事不仅让苏东坡惊喜过望，更让他坚信神宗是一位从善如流的好皇帝。既然如此，作为有血性、有良知和以致君尧舜为理想的朝廷命官，怎么能对当下混乱的时政、百姓的苦难视而不见、充耳不闻呢？

于是苏东坡接着又上一疏。他在《上神宗皇帝书》中写道："臣之所欲言者三，愿陛下结人心、厚风俗、存纪纲而已。"苏东坡将矛头直接指向新法。"结人心"，主要是从民心满意与否的角度，逐一否定农田水利、免役、青苗等新法。"厚风俗"，主要是从政治学的基本理论和正反两方面的案例出发，否定新法的所谓"富国强兵"说。"存纪纲"，则主要从维护朝廷纲纪的角度，劝谏神宗保护提出反对意见的官吏。他接着提出了"人之寿夭在元气，国之长短在风俗"的重要论断。而上疏的中心思想是，朝廷解决当下问题的最好办法，就是"罢制置三司条例司"。

令苏东坡大失所望的是，这封长达近万字的奏疏，并没有如上一次那样得到回应。这不足为怪，神宗不仅是变法初衷的提出者，也是变法的决策者、推动者，且变法使国库丰盈，为此，王安石深得神宗信任，影响力如日中天。王安石知悉苏东坡上疏后，劝说神宗以"独断"面对反对意见。在此情形下，就连时任翰林学士兼侍读、右谏议大夫的司马光，也请求外任。

开封府推官，本是一份公务繁忙的差事，需要处理京城内外大量的民事官司。苏东坡这位才华横溢的文学家、艺术家，竟然在处理民事纠纷上也表现出罕有的精明和干练，事务处理得井井有条，繁杂的审判并不耽误他给朝廷建言献策。特别是在担任开封府推官期间，他耳闻目睹了因肆意推行新政，给百姓带来的灾难和痛苦。

"文死谏，武死战"，历来是我国古代官吏忠君报国的最高境界。苏东坡的个性大家都知道，是开弓没有回头箭，他决定"以蝼蚁之命，试雷霆之威"，冒着削职为民甚至牢狱之灾、身首异处的极大风险，再次为民请命，他要替天下哀苦无告的百姓，说出他们的艰难和悲惨。对于苏东坡而言，可以说民为邦本、忧国忧民的理念，早已植根于心灵，融入其骨髓，而更加难能可贵之处，是知其不可为而为之。陆游在《跋东坡帖》中说："公不以一身祸福，易其忧国之心，千载之下，生气凛然。"

熙宁三年（1070）二月，苏东坡在《再上皇帝书》中直言不讳地表示：当下推行的新政，都不是治国安邦之道，小范围施行则小败，大范围施行则大败，如果不惜代价全面深入地推行，那么祸乱、衰败将随之而来。王安石读后，大为不满，视苏东坡为推行新法的主要障碍。

苏东坡自少信奉儒学，对法家的抨击历来言辞激烈。他在凤翔拜谒孔庙，观看石鼓及其他七处遗物景观时，写作《石鼓歌》以抒怀，对法家的态度初见端倪。后来他更是将商鞅以苛法治秦、桑弘羊以理财佐汉视为破国亡宗之术。尽管后世谬加称道，而苏东坡却认为"二子之名在天下，如蛆蝇粪秽也，言之则污口舌，书之则污简牍"。意为他们声名狼藉，说起他们都嫌污了口舌，写下来则污了简牍。因此，他旗帜鲜明地反对变法。

熙宁三年，朝廷设省试之考，也就是"春闱""礼闱"。神宗本想再次任命苏东坡为考官，由于变法派的阻挠，神宗遂任命吕惠卿为初考官，宋敏求为覆考官，苏东坡和李大临为殿试编排官。阅卷中，苏东坡与吕惠卿又因在通篇对新法献媚的叶祖洽考卷成绩的确定上，发生激烈争执。

同年六月，神宗再一次召集百官讨论"两制举谏官"人选，满朝议论颇为一致：当今傅尧俞、苏轼最适合做谏官。按照神宗的诏令，翰林学士兼侍读、礼部侍郎范镇再度推荐苏东坡和孔文仲为谏官。

苏东坡一而再、再而三地反对变法，让王安石不惜亲自出马，召见苏东坡的程姓表弟。十多年前，苏东坡的姐姐嫁到程家后不久，被虐待至死，苏洵怒不可遏，采取了一系列报复措施，并断绝了两家的关系。知道王安石询问的意图后，程姓表弟说苏东坡当年送父亲和妻子棺椁回眉山时，船上装了不少的私盐和苏木。

八月五日，王安石的亲戚、御史知杂事谢景温弹劾苏东坡。谢景温的妹妹为王安石弟弟王安礼之妻。奏疏称苏东坡兄弟俩当年乘船运送父亲和王弗灵柩回眉山时，滥用职权，差借官兵，偷运私盐、苏木等。神宗接奏后龙颜大怒。六日，御史台摆开阵势分八路沿途侦查，试图从船夫、兵卒处打开缺口。侦查中获悉，苏东坡兄弟俩在途中邂逅时任天章阁待制的李师中，便有人示意他作伪证。李师中曾在史馆与苏东坡共事，是位有气节的士大夫，岂肯助纣为虐。

此事激怒了正在寻求外任的司马光。司马光素以心平气和而著称，他来到垂拱殿求见神宗。皇帝对他说："似乎苏轼人品欠佳，卿对他评价是不是过高？"司马光答道："陛下是指有人控告他吗？我对他很了解。王安石素来厌恶苏轼，陛下岂会不知道？王安石让姻亲谢景温为鹰犬攻击苏轼。我哪里能为了保全自己，而听之任之。就算苏东坡不好，难道不比不为母亲守制、禽兽不如的李定要贤良？王安石喜欢他，竟然还想任命他为御史台的谏官。"这个被司马光称为"禽兽不如"之人，就是十年后炮制"乌台诗案"、迫害苏东坡的主谋之一李定。范镇也上疏为苏东坡辩解："苏轼于治平中丧父，韩琦赠银三百两，欧阳修赠二百两，都被婉拒，而现在言官弹劾他舟中夹带私盐贩卖，能得多少？岂有不受赠银而冒险私贩，博取蝇头小利之理？"

苏东坡出了如此"大事"，任谏官之事必然泡汤。范镇一气之下请求辞官，他在上疏中写道："臣言青苗不见听，一宜去；荐苏轼、孔文仲不见用，二宜去。"

范镇虽然"如愿以偿"获准退休，但仍坚持自己的政见，朝野为之钦佩。苏东坡更是去范镇家表示祝贺："公虽退，而名益重矣。"

清者自清，苏东坡对于弹劾不屑一顾，任凭御史台调查，连修表自辩也不做。折腾了半年多，苏东坡贩卖私盐一案，终以查无实据，不了了之。原本抱着致君尧舜、匡时济世的理想抱负出仕，而宦海十年，感慨良多，尤其是变法之后，越来越感觉到宦海浮沉，步步惊心，加之欧阳修、司马光、张方平、范纯仁、刘攽、范镇等老臣、重臣皆因反对变法，纷纷离开京师，苏东坡自知新党掌控的朝廷绝非久留之地，还不如外放地方为百姓做点实事，践行自己以民为本的初衷。

不久，苏东坡便上疏请求外放，后来被任命为杭州通判。

济世安民、致君尧舜，刚正不阿、不畏强权，为民请命、不计后果，命运多舛、旷达乐观，应该代表了苏东坡的理想追求和与生俱来的鲜明个性。面对神宗力推的如火如荼的变法浪潮，欧阳修等老臣不再发声，司马光退居洛阳，"自是绝口不论事"。其实，司马光将其园子取名为"独乐"是有深刻内涵的，且司马光也曾在神宗面前公开承认，自己"敢言不如苏轼"。

熙宁四年（1071）七月，苏东坡携家人前往杭州赴任。苏东坡离开京师的时间，与司马光去洛阳的时间几乎一致。

同在馆阁共事、与苏东坡相识于凤翔、有着莫逆之交的表兄文同，对于苏东坡是非分明、言语过激的行为，并不认同。在为苏东坡送行时，苦口相劝，告诫他"北客若来休问事，西湖虽好莫吟诗"。

"三苏"和王安石的过节

不少人将王安石、苏东坡之争局限于变法阶段和对于变法的态度不同上。固然，二人的矛盾和他们对于变法的截然不同的态度密切相关，除此之外，还有一些别的因素也值得考究，冰冻三尺非一日之寒。

苏东坡与王安石在思想、政治和文学方面的对立与争执，是北宋以来士大夫阶层津津乐道的热门话题之一。"三苏"是一个不可分割的整体，要探讨王、苏之争这一话题，必须从"三苏"进入京城前后的至和时期和嘉祐时期谈起。

在崇文抑武政策的影响下，北宋大臣即使外任地方，也都高度重视选拔挖掘在野遗贤。"三苏"就是朝廷重臣礼部侍郎张方平改任益州太守时发现的杰出人才。张方平，字安道，号乐全居士，南京应天府人。说到"三苏"与张方平的交集，就不能越过雷简夫其人。

雷简夫，字太简，同州郃（hé）阳（今陕西省渭南市合阳县）人。苏洵与雷简夫庆历七年（1047）订交于九江。苏洵在《忆山送人》诗中写道："昨闻庐山郡，太守雷君贤。往求与识面，复见山郁蟠。"张方平坐镇益州的同年秋天，雷简夫由阆中知州改任雅州（今四川省雅安市）知州。雷简夫非常欣赏苏洵的《洪范论》《史论》。约至和二年（1055），苏洵带着苏东坡兄弟俩前往雅州，拜会雷简夫。雷简夫被苏东坡兄弟俩的文韬武略、旷世奇才所倾倒，赞扬他们有王佐之才，当即给益州的张方平写信推荐。

不久，"三苏"便带着雷简夫的推荐信，来到益州拜谒一代名儒张方平。此前，张方平对苏洵的才学已有耳闻，今又读了苏洵带来的《权书》《衡论》等文章，感叹其志向远大，甚至赞赏其有司马迁一样的笔力。张方平当即保荐他为益州学官。而张方平初见苏东坡时，惊为天上的麒麟。张方平认为苏东坡兄弟俩从乡举，未免大材小用，鼓励他们走选拔天下青年才俊制科考试之路。

在益州与张方平分别后，"三苏"再次来到雅州。甘为人梯、爱才若渴的雷简夫听说"三苏"要去京师发展，就给韩琦和欧阳修写举荐信。他在给欧阳修的信中说起用苏洵，自己无能为力，也不是职责所在。但是如果知道了苏洵这个人才，却不举荐给当政者，就成了历史的罪人！

"千里马常有，而伯乐不常有。"从嘉祐元年（1056）到嘉祐六年（1061），雷简夫五次极力举荐"三苏"，对他们彰显才华、步入政坛，起到了举足轻重的作用。雷简夫推荐"三苏"的善举,充分体现了这位旷世伯乐的卓越眼光和高尚情怀。

苏洵采纳了张方平的建议,决定赴京一搏。嘉祐元年初,苏洵带着两个儿子进京赶考。路过益州拜谒张方平时,张方平对苏洵的推荐还是没有收到京师的任何反馈,张方平大感气愤,并表示了对欧阳修的不满。

欧阳修,字永叔,号醉翁,晚年号六一居士,吉州庐陵永丰(今江西省吉安市永丰县)人,时为翰林学士,以求贤若渴名满天下。因此,张方平认为苏洵的才学,只有通过欧阳修认可才能得到施展空间。虽然,张方平与欧阳修政治立场不同,庆历初时,两人之间也曾有芥蒂,但为了苏洵不被埋没,张方平捐弃前嫌给欧阳修写了一封情真意切的推荐信。而后来,欧阳修也丝毫没有因为是张方平的推荐,而对苏洵冷眼旁观。张方平和欧阳修两位士大夫的风范,值得称许。

此外,张方平对"三苏"不仅竭力推荐,而且还慷慨解囊,资助了他们去汴京的部分盘缠。

赘述了这么多,就是为了说明张方平对"三苏"恩重如山。而张方平与王安石曾有过很不愉快的交集,这或多或少会影响苏洵对王安石的看法,也极有可能让苏洵对王安石有了先入为主的偏见。

张方平很可能是"熙宁变法"前,极少数反感王安石的朝廷重臣之一。早在元祐年间,张方平曾与王安石为同僚,共同监督地方的贡举考试。当时他就对王安石的性格偏执和变革主张极为不满。双方相处不洽,闹到老死不相往来的地步。或许"三苏"就是在益州拜谒张方平时首次听到王安石的名字。而林语堂则认为,张方平一定把早年与王安石的交往经历告诉过苏洵,于是二人对王安石极为厌恶,更因为王安石穿着习惯的"矫揉造作"、不近人情,令苏洵对其反感更深。

的确,现实生活中的王安石是个怪人。如果说有一种理想主义者,指的是不关注自己起居饮食和仪容仪表的人,那讲的就是王安石这样的人。他日常须发杂乱，服饰肮脏，仪表邋遢。一个人如果把自己的思想精力都集中于江山社稷和富国强兵，自然不会关心其他方面的。

两个与王安石有关的故事可以说明这一点。

有一天，朋友们告诉王安石的夫人，说王安石爱吃鹿肉丝，吃饭时他不吃其他菜，竟然将一盘鹿肉丝一扫而光。王安石的夫人笑着说："那一定是鹿肉丝摆在了他的面前，你们明天把其他的菜摆在同一位置，看看会是怎么样。"朋友们第二天照此办理，王安石依旧只吃面前的菜，离得最远的鹿肉丝他全然不知。第二个故事讲的是他身上的长袍基本不换。一天，朋友们与他一起去澡堂，在他出浴池前，偷偷地拿了一件干净的长袍，换掉了他脱下的脏袍子。王安石果然不知，穿上就走。

"三苏"来到京师进入士大夫阶层后，欧阳修曾劝苏洵与杰出名士王安石交往，但苏洵却说："我知道这个人，凡是不近人情者，很少有不为天下之患。"显然，苏洵不愿意结交这样一位朋友。苏洵刚来京师不久，王安石尚未得到重用，苏洵是如何知道王安石的？可能是受了张方平的影响。显然，他在此前已对王安石存在很深的偏见。其实，王安石也未必想交苏洵这个朋友。

首先，王安石对"三苏"的为学偏见颇深。王安石认为"三苏"所学是春秋战国时代的霸术，"三苏"就像苏秦、张仪那样的策士，通过游说改变君主的决策，精通各种策略和辩论技巧。这和他所倡导的王道政治截然相反，王道政治强调以道德和仁义为治国的根本，主张君主应该以德治国。因此，每当有人提起苏氏，王安石总是表露出不屑一顾的神态，认为他们都是"纵横策士之流"。苏东坡参加制科考试时，王安石为翰林院知制诰，推崇经义之学的他，公开表明不喜欢苏东坡文章中的策士气息，曾对吕公著、韩维说如果他是考官，就不录取苏东坡。

当苏辙不再担任"制置三司条例司"的检详官时，神宗原本想由苏东坡来接替这个位置，王安石否定的态度，让神宗打消了自己的念头。毕竟王安石为熙宁变法的顶层设计者和具体操刀人，一切为了变法，一切服从变法，王安石的做法顺理成章。

其次，王安石与苏洵政见不同。苏洵喜欢谈兵，嘉祐初来到京师，由于北宋对西夏李元昊的战事不顺，一时苏洵大肆谈论自己的文章。王安石时为知制诰，非常不喜欢苏洵的言论，多次当众诋毁，苏洵也怀恨在心。由此可见，政见不同，是王安石与苏洵之间的矛盾之一。

再次，王安石因《贾谊论》而对苏东坡的人品产生怀疑。王安石特别不喜欢苏东坡"贤良进卷"中的《贾谊论》。自司马迁《史记》以来，贾谊一直被当作怀才不遇的代表人物。而苏东坡眼光独到，在肯定贾谊才学的同时，又分析出气量不够是其人生悲剧的主要原因。苏东坡为贾谊设想的路径是：与周勃等老臣搞好关系，从而获得他们的支持。有人认为，苏东坡为贾谊设计的路径，其实正是自己的想法与所为。当时，苏东坡深得韩琦、欧阳修、富弼、司马光等老臣的赏识和关爱，晁氏、韩氏和王氏等京城的世家大族都与"三苏"结交。

王安石对"三苏"在京师主动结交欧阳修、韩琦等权贵的做法相当反感。他认为，这不是君子所为。庆历二年（1042）王安石考中进士后，有意与京城的权贵保持距离，好友曾巩将其引荐给欧阳修，欧阳公对他赏识器重，他也只是礼节性地交往。

苏洵与王安石互不待见，存有隔阂，可能还有一个原因。嘉祐元年（1056）九月，裴煜（yù）（如晦）即将履新吴江知县，欧阳修设宴为其饯行，梅尧臣、王安石、苏洵等参加。席间分韵赋诗，王安石分得"然"字韵，苏洵分得"而"字韵。王安石作了《席上赋得然字送裴如晦宰吴江》一诗后，不知何故，又用"而"字韵，赋诗两首，且明显好于苏洵之作。吟诗本就不是苏洵的强项，苏洵是如何反应的，史料没有记载。苏洵与王安石结怨未必就始于此次诗歌唱和。学术流派不同和政见之争，早就决定了他们之间的不和。

综上所述，后来"三苏"与王安石之间发生的诸事，也就不足为怪了。

嘉祐六年（1061），朝廷任命苏东坡为凤翔府签书判官。苏辙本被任命为商州军事推官。然而知制诰王安石当制，认为苏辙在对策中偏袒宰相却专攻人主（皇帝），拒绝为其撰写任命制书。宋代知制诰有"封还词头"的权力，即如果他认为"词头"不合法度，不论这个"词头"是皇帝还是宰相的意思，他都可以拒绝起草诏书。通过拒绝撰制，来表达自己反对这一任命。但"封还词头"的反对方式，未必奏效，因为担任知制诰的有若干人，只要皇帝和宰相任命的初衷不变，起草制书的事完全可以由其他知制诰来完成。

苏辙后来的任命就是由知制诰沈遘起草的，他对苏辙的看法与王安石大相径庭，他还特别强调苏辙考试中表现出的"爱君"的一面。

宋人非常看重馆职，任馆职者，都为朝廷所储备的英才，是未来公卿贤相的后备人选。苏东坡本是直史馆职位中的高等，将其改任为开封府的推官，据说是有人烦他以区区小官横议国事。

来而不往非礼也，"三苏"岂是等闲之辈，他们以各种方式表达了对王安石的不满。

由于王安石的延宕，朝廷对苏辙的任命拖延了一年，来年七月，诰命才下。子由意气消耗殆尽，非常郁闷，便以父亲身边无人侍奉为由，辞不赴任。他的辞官养亲，等于在用行动发声，表明自己无意贪恋官位，在考卷中针砭时弊的目的，不是为了讨好宰相，同时也变相对王安石的"封还词头"作了回击。

嘉祐八年（1063）八月，王安石母亲吴氏在京城去世。京师士大夫皆前往吊唁，唯独苏洵不去。非但不去，几乎就在同时，苏洵撰写了名篇《辨奸论》，对王安石进行有力反击。

苏洵在文章开篇就说明，了解一个人的性格很难，即便聪明人也常常上当受骗。苏洵认为，如果不是主子昏庸，王衍和卢杞这两个人哪里会有单独搞乱天下的本事？而时下北宋竟然出现了一个不仅具有卢杞的丑陋与阴险，还兼有王衍的辩才之人。

苏洵谈古论今，指桑骂槐所刻画的"不近人情""囚首丧面而谈《诗》《书》之人"，非常契合宋人笔记中对王安石言谈举止的描写。但如果说王安石刻意如此，骗取名声，则言过其实。南宋朱熹虽然政见与王安石不同，但他认为王安石是一个没有把世俗的事放在心上的人。其实，就连苏东坡兄弟俩对其父《辨奸论》中的有些指责，也不完全认同。可见苏洵的性格中亦有执拗和偏激之处。然而，时隔不久，在后来的王安石变法中受到打压排挤的旧党人士看来，苏洵很有先见之明。

对"三苏"恩重如山的张方平，更是别出心裁，借题发挥，在为苏洵撰写的墓表中，将《辨奸论》原原本本地抄了一遍。由此可见张方平对王安石的敌意之深。而王安石对张方平也是恨入骨髓。

苏洵墓表撰写完成后，苏东坡曾写《谢张太保撰先人墓碣书》对张方平表示感谢。

由于苏洵的《辨奸论》没有公开发表，只有张方平等少数几个人看过，加之史料没有系统归纳记载王安石与"三苏"之间矛盾的起始原委，因而很多人无法理解他们之间的相互仇视和针锋相对，所以有人怀疑《辨奸论》并非出自苏洵之手，而是王安石变法实施后，旧党中有人冒充苏洵的名义撰写此文诋毁王安石。

但这个怀疑，起码有三个问题解释不通：一是变法时，乃至相当长的一段时间内，除苏洵去世外，王安石、苏东坡和苏辙都还在世，如果有人假借苏洵名义伪造《辨奸论》，怎么可能不被他们戳穿？二是《辨奸论》、张方平撰写的苏洵墓表和苏东坡的谢书，相互支撑印证，几乎无懈可击。三是苏洵的《嘉祐集》、张方平的《乐全集》和苏东坡的《东坡集》，分别收录了《辨奸论》、墓表和谢书，三个集子的出版时间、翻刻历史和流传途径都不相同，哪个伪造者能如此手眼通天呢？

无独有偶，三年后，也就是治平三年（1066），苏洵去世，京城士大夫也都前往吊唁，独独少了王安石。

综上所述，我们大致可以厘清王安石与"三苏"之间恩恩怨怨的来龙去脉。不知是不是巧合，王安石和苏东坡之间有着不可思议的三个十五年：王安石生于1021年，苏东坡生于1036年；王安石1042年考中进士，苏东坡1057年考中进士；王安石1086年去世，苏东坡1101年去世。三个十五年，或许隐藏着这两位大家之间，从冤家到政敌、再从政敌到相逢一笑泯恩仇的神奇密码。

第五章

以民为本,勤政爱民

王安石与苏东坡在变法问题上虽然政见不合，但二者忠君爱民的初衷是一致的。一个是忠实奉行"忠君报国"的实用主义者，一个是坚定践行"民贵君轻"理念的民本主义者。二者之所以有激烈的政见之争，主要是因为他们所秉承的教义不同。王安石主持修撰《三经新义》中的《周官新义》，是其变法的重要思想基础，试图通过调节国家财政收支，建立起能够提供充足有效公共产品的财政体制。

苏东坡则认为王安石变法的本质就是"与民争利"，而他所秉承的是孟子的教义。孟子说："民为贵，社稷次之，君为轻。""民贵君轻"是孟子仁政学说的核心要义。孔子思想亦非常明确："百姓足，君孰与不足？百姓不足，君孰与足？"其实，以民为本，富民强国，不仅是儒家思想的精髓，道家、墨家的著作中都蕴含着"民为邦本"的主张。

两年多如火如荼的变法，让苏东坡意识到时下的京城，绝非实现自己理想的处所。与其在京师施展不开，还不如到地方为民办点实事。苏东坡正是怀着"民贵君轻"的教义，来到了他地方为官的第二站——杭州。

三年走吴越，踏遍千重山

熙宁四年（1071）七月初，三十六岁的苏东坡带着几分不甘和忧虑，冒着炎热离开汴京。途中，他停留的第一站是陈州，这里不仅是中华文明的发祥地之一，也是汴京走蔡河进入淮河的必经之地。苏东坡在此停留，一是拜访苏家的贵人、自己的恩师、时任陈州太守的张方平，二是看望时为州学教授的弟弟苏辙。

苏东坡停留的第二站是颍州（今安徽省阜阳市），在这里，他看望了对"三苏"有知遇之恩的文坛领袖欧阳修。欧阳修早年曾任颍州太守，辞官后在此隐居。苏东坡到达当日，恰逢欧阳修生日，他与一群文人雅士在颍州西湖上把酒临风，吟诗唱和，共庆文坛盟主的生日。临别时，欧阳修特意将自己在杭州的好友惠勤僧人介绍给苏东坡。

离开颍州后，苏东坡入淮河，经洪泽湖，转运河，途经安徽的涡（wō）口（今怀远县）、寿州（今寿县）、濠州（今凤阳县），江苏的扬州、润州（今镇江市）和苏州，于十一月二十八日抵达杭州。

杭州，古称临安、钱塘，位于浙江北部、杭州湾西端，钱塘江下游、京杭大运河南端，西湖之边、吴山之下。早在八千多年前，就有人类在此繁衍生息，五千多年前的良渚文化被称为"中华文明的曙光"。自秦设县治以来，已有两千多年的历史。北宋时期，杭州被称为"东南第一州"。仁宗皇帝用"地有湖山美，东南第一州"来赞美杭州。

这是苏东坡第一次踏上杭州的土地，他将在这里担任通判一职。古代通判，是为防止地方州府长官大权专断而设，掌管粮运、农田、水利和诉讼等事务，品衔虽然低于州府长官，但与州府长官联合签署公文，并对后者有监察责任。

江南是国家经济的命脉，而杭州又是江南的第一都市，在富国强兵的变法总目标下，王安石要天下生财，充裕国库，必然全力督促杭州这个大宋最为富裕的地区积极推行新政。因此，苏东坡虽然远离京师的权力中心，避开了变法之争，但依然避不开新法的困扰。其时青苗、免役、方田、保甲、市易诸法，都先后颁布实施。一时间，城乡慌乱，百姓骚动，尤以青苗法的流弊最为严重。

青苗法的本意是为贫困农民生产提供资金便利，在全国范围内实行由政府主导的农业信贷，使农民免受富人的盘剥。每年在播种和青黄不接时，由政府向农民贷款，半年息为二分，分别在夏、秋两税时归还。然而，理想很丰满，现实很骨感，本意是为了扶持农业生产，但在现实操作中官吏无视农民是否需要或自愿,强行推销贷款。

封建社会农民的生活自给自足,何曾见过这么多的现钱。一些农村的年轻人既没文化,又不懂得物力维艰,而又贪图享乐。这些年轻人怀揣青苗贷款,来到城里挥霍。苏东坡心想,如果不是官府滥贷青苗钱,农民们也不会因为还不起钱而倾家荡产,甚至招致牢狱之灾。他在《山村五绝》(其四)中愤然写道:"杖藜(lí)裹饭去匆匆,过眼青钱转手空。赢得儿童语音好,一年强半在城中。"这些年轻人匆匆进城去拿青苗贷款,转眼间便空空如也。一年有半年时间在城里晃悠,小孩子们倒是学了几句城里话。

到了收获季节,前来收取利息或讨债的官吏蜂拥而至,前期强迫农民贷款的官吏,现在忙着抓捕逾期还不出贷款的农户。农户十户编为一保,十保编为一大保,一户欠账外逃,其他农户就要受到牵连,农民真是苦不堪言。

审判囚犯,是州府通判的重要职责。而当时被抓进监狱的犯人,多为还不起青苗贷款的农民、私贩盐茶酒帛等物资的商贩。原本这些人在新法施行前,日子还过得去,可如今却沦为阶下囚。短短两年的时间里,州县监狱人满为患。抓了这么多人,犯盐法者还止不住,什么原因?恰恰说明盐法触动了百姓的生计。因私盐而获罪者,已为数众多,何况青苗、免役等诸法呢?

苏东坡在京师时就反对新政,可如今公堂高坐,自己还要签署这些内心并不认同的判词。这对于性格刚毅、从不首鼠两端的苏东坡而言,是何等的揪心和煎熬。

"得一官不荣,失一官不辱,勿说一官无用,地方全靠一官。"熙宁五年(1072)春,公道正派的太守沈立调往京师,百姓依依不舍。陈襄自陈州以尚书刑部郎中移知杭州。陈襄,字述古,福建侯官(今福建省福州市闽侯县)人。陈襄亦是王安石变法的反对者,指出王安石的变法不过是管仲、商鞅之术,圣世不宜施行,望贬斥王安石、吕惠卿以谢天下。不久，陈襄就被调离了京师。

熙宁五年（1072）秋，太守陈襄刚到杭州，即问民疾苦，百姓纷纷反映，六口井不治理，没有水喝。陈襄说，有他在，百姓还能没水喝？城市的繁荣与水资源息息相关，杭州当然也不例外。沧海变桑田，才有了杭州，因地处海滨，所以水是咸苦的。

杭州居民的饮水问题，得从唐代谈起。中唐以前，杭州"居民稀少"。建中二年（781），天才少年李泌在杭州任刺史时，在城区内外建造了六口大井，将钱塘湖（今西湖）周边群山所出的淡水和西湖的淡水引入井中，基本解决了城里居民的饮水问题。这六口井分别是：相国井、西井、金牛池、方井、白龟池、小方井。

"杭州之有西湖，如人之有眉目"，这是苏东坡对杭州与西湖关系的比喻。西湖的开挖，最早始于长庆年间（821—824）。白居易任杭州刺史时，适逢杭州旱灾，而西湖又严重淤积，出现葑（fēng）田[1]数十顷，蓄水量大幅下降，严重影响当地百姓的生活和农作。白居易治湖浚井，在钱塘门与武林门之间，用石头构筑蓄水池，隔绝江水与湖水，工程竣工后，不仅解决了百姓的饮水问题，而且湖水还可以灌溉大面积的稻田。为此，白居易撰写了《钱塘湖石记》。

嘉祐年间（1056—1063），六井中的金牛池久已枯废，太守沈遘在城南美俗坊又重开一井，补全了六井的数量，此井人称"沈公井"。

为了尽快解决百姓的饮水问题，陈襄和苏东坡立即命仲文、子珪、如正和思坦等四位僧人负责整治。出于职责和兴趣所在，苏东坡几乎参与了整治的全过程。工程竣工后，应太守陈襄之邀，苏东坡挥毫写下《钱塘六井记》，详述工程的始末缘由，石刻立于六井之一的相国井亭中。

人们可能好奇：为什么是由僧人来负责整治呢？社会公益事业是

---

[1] 葑田：湖泽中葑菱积聚处，年久腐化变为泥土，水涸成田。

宋代佛教功能不可分割的组成部分，并作为高僧评判的重要标准之一。宋代佛教公益事业门类繁多：道路、桥梁、水利的兴建与维护；养老、济贫、赈灾、慈幼、医疗等救济事业；公共坟场、义冢、浴室的兴建、运营、维护等。这些项目的投资和运维，是十分困难的事情，不仅需要资金，还要长期维护。在宋代，委托佛寺僧侣负责长期维护或运营，各级政府、社会和民众相应给予佛寺资金等方面的资助。常见的办法是免除佛寺的苛捐杂税，地方政府或民众捐助，赠予佛寺田产，地租收入归佛寺僧侣支配用度。在这种制度下，宋代涌现出一批著名的僧侣身份的桥梁和建筑专家。

六井修复的第二年，江浙一带再发旱灾，周边各地都在为饮水而发愁，而钱塘百姓井水不断，杭州顺利度过了干旱。

"三年走吴越，踏遍千重山。"这是苏东坡在杭州三年为民务实工作状态的真实写照。翌年初，苏东坡开始负责监督青苗、免役、市易等新法在杭州各地的施行。不久，他又负责监督水利和盐法的执行。七月起，苏东坡还巡视了余杭、临安、新城、无锡等县。

由两浙发运使报告，杭州、越州（今浙江省绍兴市）和湖州三地，盐法执行不力，导致盐的公卖收益不足。于是，朝廷委派卢秉"提举两浙盐事"，捉拿盐贩，督导盐事。

杭州仁和县的汤村有赫山、岩门两个盐场，为了确保官盐的运输，卢秉决定在该村开挖一条运盐河。苏东坡在被派去巡行各县的同时，还要监督运盐河的工程进度。一千多名百姓被征召服役，他们不得不丢下自家的农活，冒雨奋战在挖河工地上。民工们苦不堪言，苏东坡心里也是愤愤不平，挥笔写下《汤村开运盐河雨中督役》，用诗歌来反映劳动人民的疾苦。

苏东坡从运盐河工地回到杭州不久，又被派往湖州协助漕司视察太湖的堤岸工程。湖州位于太湖南岸，距杭州约一百六十里，苏东坡一去又是将近半年。时任湖州知州孙觉，字莘老，高邮人，是苏东坡在京师时的老友。此次,苏东坡湖州之行的一大重要收获是始知孙觉的女婿黄庭坚。苏东坡对黄庭坚的诗文赞叹不绝。

熙宁六年(1073)初,苏东坡又巡视富阳、新城二县。当他来到新城山村,既赞美"竹篱茅屋趁溪斜,春入山村处处花"的景色,也发出了"烟雨蒙蒙鸡犬声,有生何处不安生"的感慨。原本山野小民的生活平常而简朴,没有过高的奢求,倘若不是盐法峻急,百姓又怎么会卖牛纳税、卖牛买刀,干起贩运私盐的营生呢?沿海产盐,可由于官府的专卖制度,盐价飙升,城乡百姓长期淡食,面对这些善良无助的山中小民,苏东坡心生悲悯:"岂是闻韶(sháo)解忘味,迩来三月食无盐。"说明百姓不会因为听了韶乐就忘记饭菜的味道,而是山里的百姓无盐下锅。

巡视期间,苏东坡还结交了沉静清介的谦谦君子新城县令晁端友。晁端友,字君成,巨野(今山东省菏泽市巨野县)人。苏东坡《新城道中》中"细雨足时茶户喜,乱山深处长官清"的诗句,便是赞美晁端友的为官之道。

此次巡视中,晁端友的儿子晁补之也终于有机会拜见了鼎鼎大名的苏东坡。据记载,晁补之,敏而好学,博闻强记,于文无所不能。十七岁时,晁补之随父来到杭州,见钱塘山川风物之丽,著《七述》以谒州通判苏东坡。苏东坡读之叹曰:"这都是我心里想写的,却已被你写尽,我可以搁笔了!"称其文博辩隽伟,绝人远甚,必显于世,由是知名。在"苏门四学士"中,晁补之是入苏门最早的,时年二十二岁。

是年秋,两浙、淮南地区遭受严重自然灾害,百姓冬粮无以为继。朝廷先后两次赐两浙、淮南东路粮三万石和五万石,可见灾情相当严重。十一月,苏东坡奉命赴常州、润州、苏州、秀州(今浙江省嘉兴市)一带放粮,救济灾民。他以一颗超乎寻常的济民之心,专注于辛劳繁杂的赈灾事务,一去就是好几十天。寒冬腊月,水陆兼程,"踏遍江南南岸山",苏东坡一直在常、润、苏、秀之间奔波着。

忙碌的时光,总是过得很快,一转眼,除夕已至。苏东坡独自一人在常州城外运河边泊船歇息。城里的万家灯火、欢天喜地,与城外的残灯孤舟、形单影只,形成强烈的反差。苏东坡思绪万千,辗转难眠,他索性挑灯披衣,一口气写成了《除夜野宿常州城外二首》。

其一

行歌野哭两堪悲,远火低星渐向微。
病眼不眠非守岁,乡音无伴苦思归。
重衾脚冷知霜重,新沐头轻感发稀。
多谢残灯不嫌客,孤舟一夜许相依。

其二

南来三见岁云徂(cú),直恐终身走道途。
老去怕看新历日,退归拟学旧桃符。
烟花已作青春意,霜雪偏寻病客须。
但把穷愁博长健,不辞最后饮屠苏。

其一表达苏东坡彻夜未眠并非为了守岁,而是在为民间疾苦忧虑;其二写出了他离开朝廷已三个年头,不能践行其政治抱负的感慨。

这是苏东坡来杭州后过的第三个除夕,也是他杭州通判任上的最后一个除夕。因公赈灾放粮,适逢除夕、春节,喜爱热闹交友的他,宁愿孑然一身,也不叨扰地方官吏,唯恐影响他人团圆守岁,这是何等的修为与境界。后来,常州百姓为纪念苏东坡,在泊舟处建了"舣(yǐ)舟亭"。

来年夏,朝廷将太守陈襄与应天府太守杨绘对调。杨绘,字元素,号先白，绵竹（今四川省德阳市绵竹市）人。

杨绘到任不久，京东、河北地区再次发生蝗灾，蔓延至淮浙，苏东坡又赴临安、临平、於潜、新城等地，督导抗灾。铺天盖地的蝗虫发出的噪声，竟能盖过如千军万马奔腾而来的钱塘江大潮的声音，蝗虫一旦落下，千顷良田，立刻被卷光，其危害令人不寒而栗。

在杭州任上，苏东坡先后与三任太守合作共事。他与沈立合作愉快，与陈襄亲如兄弟，与杨绘一见如故。三年间，他配合三任太守，造福于民，尽力将新法给百姓带来的伤害降到最低。由此可见，健康和谐的人际关系和融洽的工作氛围，也是官吏履职尽责、造福百姓的重要条件。

苏东坡怀揣"民贵君轻"、以民为本的思想，又有强烈的忧民爱民情怀。短短千日，以杭州为中心，苏东坡的足迹遍布周边数州。在泽被黎民的同时，他也在文学作品中为饱受新法之苦的百姓发声。为了黎民百姓，苏东坡早把离开京师时表兄文同"北客若来休问事，西湖虽好莫吟诗"的忠告抛到了九霄云外。他在《山村五绝》《吴中田妇叹》《鸦种麦行》《八月十五日看潮五绝》等诗文中屡屡针砭时事，讥讽新贵，抨击新政，这为后来的"乌台诗案"埋下了伏笔。

熙宁七年（1074）秋，苏东坡在杭州的三年任期即将届满，而当时朝廷的情况比他三年前离开时更加诡谲。是年四月，因一连串的天灾人祸，加之郑侠绘画反映大批难民逃往京西的《流民图》，神宗同意了王安石的请辞，由韩绛、吕惠卿和曾布三人共同执政。吕惠卿与曾布很快发生内讧，不久曾布落败，被排挤出中枢。韩绛碌碌无为，很快便大权旁落。吕惠卿本因迎合王安石的变法而得到提携和重用，大权独揽后，为防止王安石东山再起，不惜在神宗面前诋毁王安石。

有鉴于京师污浊的政治环境，苏东坡杭州三年任期届满，便主动向朝廷申请调动，请求继续外任。

想到与弟弟苏辙的上次见面，还是在颍州恩师欧阳修家，算起来兄弟俩已三年未见。因苏辙已在济南任职，故苏东坡请求朝廷能安排个靠近济南的差事。当年五月，他如愿以偿，朝廷任命苏轼以太常博士直史馆权知密州军州事。密州距离济南约五百里。

九月，苏东坡带着眷恋与不舍离开了杭州。他首先来到湖州会晤太守李常。李常，字公择，建昌（今江西省九江市永修县）人，苏东坡的至交、诗友。与苏东坡同舟来湖州的有杭州太守杨绘、北宋著名词人张先和北宋文学家陈舜俞，张先和陈舜俞都是乌程县（今浙江省湖州市）人，与苏东坡交往甚笃。李常尽地主之谊，并邀本地人刘述（孝叔）作陪，不亦乐乎。时已八十五岁高龄的张先，兴致甚高，赋《定风波令》，即著名的"六客词"。

离开湖州后，过京口，到达海州（今江苏省连云港市），苏东坡本想借此工作变动的机会，从海州前往济南看望弟弟苏辙和刚出生的侄子虎儿，但由于时入冬季，从海州到济南的必经之路青河已经结冰停航，苏东坡的济南之行只得作罢。

密州喜迎苏太守

熙宁七年（1074）十二月初三（一说十一月初三），苏东坡抵达被他称为"桑麻之野"的密州。密州位于山东半岛的西南，潍（wéi）河上游的东岸。北宋时期的密州，是防御之州。

苏东坡抵达密州时，早已过了秋收秋种的时节，可他进入州境后，满眼看到的都是百姓在田头劳作的身影。苏东坡随即下车察看，百姓正忙于捕杀蝗虫，捕杀队伍延绵不断，长达二百余里。

当苏东坡询问灾情时，谁知当地竟有昏官回答："蝗不为灾。"甚至有人信口雌黄地说："为民除草。"真是尸位素餐、昏庸透顶。前不久，苏东坡在杭州时就目睹过蝗灾。杭州的蝗灾只不过是京东蝗虫的余波而已,尚且如此严重,而京东的官吏却大言不惭地说"蝗不为灾"。苏东坡愤然道:"京东竟然有人妄言蝗不为灾,想欺骗谁呢?坐观不救居心何在!"

苏东坡到任后不久,便上奏朝廷,报告蝗虫灾情,请求免除秋税,或搁置青苗钱,以资救灾。他一边上奏朝廷,一边深入田间地头,问计于民,最终决定用火烧或深埋的办法来抗击蝗虫灾害。为了调动农民捕杀蝗虫的积极性,他动用部分粮食用于奖励。不仅如此,苏东坡还率先垂范,带领百姓投身消灭蝗虫的战斗。

干旱过后,必有蝗灾,这是苏东坡从老农那儿获得的知识。而密州滨海多风,更不像江南地区水网密布,干旱如家常便饭。当地百姓非常相信常山的山神。常山位于密州南约二十里,因山形如一只卧虎,原名卧虎山,后因城里人常到此山祈雨,且常常灵验,遂更名为常山。

到任密州后的次年四月,干旱蝗灾相继肆虐,苏东坡心急如焚。他以太守身份向当地的山神陈述灾情,讲明道理,斋戒沐浴,写下祭文。天公作美,不久之后就下了一场大雨。

不料一场大雨之后,五月干旱又卷土再来。苏东坡不辞辛劳,再赴常山祈雨,并向山神许愿重修庙宇。

庙门之西南十五步,有一泉水名雩(yú)泉。雩泉一年四季泉水不断,周边百姓的饮水灌溉,都靠该泉。苏东坡认为常山祈雨之所以灵验,也都仰仗雩泉。为此,他作《雩泉记》以述心怀,并刻石立碑于泉边,提醒自己时刻要关心百姓疾苦。十月,常山庙宇落成,苏东坡前来祭神。

回城途中,苏东坡在铁沟会猎,豪情万丈,写下了名篇《江城子·密州出猎》。

老夫聊发少年狂,左牵黄,右擎苍,锦帽貂裘,千骑卷平冈。

为报倾城随太守，亲射虎，看孙郎。　　酒酣胸胆尚开张。鬓微霜，又何妨！持节云中，何日遣冯唐？会挽雕弓如满月，西北望，射天狼。

这是苏东坡的第一首豪放词，通过描写狩猎的壮观场面，引经据典表达了自己抗击外侵、杀敌报国的志向，抒发了兴国安邦、渴望报效朝廷的豪情壮志。

苏东坡在密州任上也就待了两年多，大约八百天，其间曾六上常山，五次祈雨抗旱，其敬业爱民之心，可见一斑。

苏东坡为民祈雨还远不止凤翔和密州两地，他在杭州、徐州和颍州等地亦有祈雨记载。元祐六年（1091）八月苏东坡出任颍州太守时，当地正遭遇干旱之灾、饥荒之危，苏东坡著名的《颍州祈雨诗帖》就创作于这段时间。《颍州祈雨诗帖》不仅是我国书法史上的瑰宝，也是苏东坡忧民、为民的佐证。

苏东坡在地方任职时，已清楚地认识到，关注民生，农业丰收，仅靠神明保佑是不够的。因此，他在多地祈雨祷雪的同时，也非常重视水利工程的建设。在密州时，苏东坡发动百姓在城南数里外建筑了十里长堤引水。他的《满江红·东武会流杯亭》序可以作证。

密州不仅蝗灾、旱灾频发，而且盗贼横行。他在刚来密州时的《论河北京东盗贼状》中早就对当地形势作了研判。

自古以来，京东地区民风剽悍，盗贼肆虐，《水浒传》中替天行道、好汉聚集的水泊梁山，就位于鲁西南。苏东坡上书文彦博，明确提出治盗必须标本兼治，铲除盗贼滋生的土壤。对于盗贼要分清主从，区别对待，分而治之。对于少数罪大恶极的凶残之党，要严惩不贷，杀一儆百。

《宋史·苏轼传》记载了他在密州智斗悍卒的故事。熙宁八年（1075）春，密州境内有一帮强盗横行乡野，四处抢劫。安抚转运使对此高度关切，派出三班使郭啸率领悍卒数十人，前来缉拿。谁知这帮悍卒仗势欺人，横行霸道，其凶残程度超过了盗贼，他们甚至用禁物诬陷百姓，借机敲诈，因而激怒了当地百姓，双方发生血腥斗杀后，悍卒们畏罪潜逃，躲进山里，百姓气愤地称悍卒为"匪卒"。

其间有百姓到衙门投诉，而苏东坡却一反平常亲民、爱民的常态，故意将他们的状子扔在地上说道："必不至此。"那些逃窜的散兵悍卒，听到这个消息后，不再潜逃，又聚合在一起。苏东坡设计将郭啸等悍卒一举拿下。在大量的人证物证面前，悍卒们只得如实招供，认罪服法。苏东坡诗中"磨刀入谷追穷寇"，指的就是此事。

苏东坡来到密州后为第一个元宵节创作《蝶恋花·密州上元》。

灯火钱塘三五夜。明月如霜，照见人如画。帐底吹笙香吐麝，此般风味应无价。　寂寞山城人老也。击鼓吹箫，乍入农桑社。火冷灯稀霜露下，昏昏雪意云垂野。

此词采用对比的手法，淋漓尽致地描写了杭州与密州的巨大落差。一边灯火璀璨，歌舞升平；一边灯火阑珊，寂寞寥落。

苏东坡落寞与忧心，并非因为两地生活的巨大反差，而是对密州百姓的艰辛和不易感同身受。

密州是真的穷得叮当响，不要说当地的百姓食不果腹，就连作为太守的苏东坡也是"斋厨索然，日食杞菊"。苏东坡在《后杞菊赋》中记叙自己为官十九年，家里日益贫困，衣食穿着，还不如从前。来到密州后，以为粗茶淡饭总是能吃饱的，哪知厨房里冰锅冷灶，因此整日愁眉苦脸。每天与通判刘廷式（一说刘庭式）沿着城墙，在荒废的园圃里寻找枸杞和菊花来吃，摸着肚子相对大笑。当然，《后杞菊赋》是一篇"自嘲"文，颇具诙谐意味，表达了苏东坡豁达的人生态度。作为一方主官，又是文人雅士，带领同僚采撷觅食，令人感叹，同时也让人不由得为苏东坡亲民、自律的品格所深深折服。

但凡事都有两面性，枸杞和野菊都是中草药，枸杞树为落叶灌木，除了果实外，皮和根与野菊一起食用，具有清热解毒、滋肾补肝、润肺明目等药效和强身健体之功效。食用一年后，苏东坡的体质显著增强，白发渐渐变黑，时常发作的眼疾也明显好转。

一天，苏东坡和通判刘廷式等同僚在古城废圃采摘时，偶然发现枸杞树下有一弃婴，已奄奄一息，他赶紧将弃婴抱回府里抚养。

事后，当地人告诉苏东坡，由于连年灾荒，百姓穷苦不堪，甚至连自己的亲生骨肉都养不活，生下不久便包裹好，弃于相对醒目之处，希望好心人抱回去抚养。作为密州的主官，苏东坡的心情异常沉重。于是，他命州府官员到野外搜救弃婴，自己每天也亲自外出巡视。几天时间，州府中就收留了近四十名弃婴。

为了解决弃婴问题，苏东坡一方面压缩官府开支，拨出专款购买粮食，送给困难家庭，希望他们至少能把婴儿抚养到一周岁。他这么做的初衷是，久而久之，母子生情，父母再穷，也割舍不开。后来的情况，正如苏东坡所料，此后密州的弃婴大幅减少。另一方面，苏东坡带头捐款，并动员城里富人捐赠，成立了一支马队，专门寻找弃婴的父母。实在寻觅不到父母的弃婴，就将他们寄养在百姓家中，由官府每月给予一定的粮食补贴。被贬黄州后，戴罪之身的苏东坡仍然关注社会公益事业，当他获悉岳鄂一带有溺婴恶俗时，专门给官员写信，在《与朱鄂州书》中除了建议对溺婴者绳之以法外，还介绍了他当年在密州的成功做法，供主政者参考。

若干年后，也就是元丰八年（1085）六月，朝廷任命苏东坡为登州（今山东省烟台市蓬莱区）知州，赴任途中经过密州时，太守霍翔特意在苏东坡在任时设计建筑的超然台设宴款待。官方的礼遇固然让苏东坡非常开心，更让他高兴的是百姓对他的爱戴。昔日被搭救的弃婴已渐渐长大，得知苏东坡到来，纷纷前来叩谢他当年的救命之恩。

"以济物为心，应不计劳逸。"苏东坡在与友人通信中，如此表述其在密州主政时的精神面貌和工作状态，也就是以救助他人、服务社会为己任，从不应计较个人的辛劳和安逸。在密州两年多一点的时间里，苏东坡怀抱匡济百姓之心，以顽强的毅力、干练的风格、高超的能力，抗击蝗灾、祈雨救旱、收养弃婴、剿灭悍卒、重视教育，做了大量攸关民生的工作。

当地的主要矛盾解决后，苏东坡亦显现其天生乐观、热爱生活的本性与情致，派人到安丘、高密的深山砍伐木材，修缮久已荒芜的州衙庭园和年久失修的官舍。工程中，苏东坡发现庭园北面有一废弃的城台，此处视野开阔，风景壮观，站在城台上，常山、马耳山、卢山、潍河等尽收眼底，他顺便稍加设计修葺，此处便成了登高望远的休闲之地。苏辙取《老子》"虽有荣观，燕处超然"之义，建议取名为"超然台"，并作《超然台赋》。苏东坡作《超然台记》。熙宁九年（1076）的中秋佳节，苏东坡在超然台上创作了千古名篇《水调歌头·中秋》。

苏东坡十分重视历史文化的发掘。密州为盖公故里。西汉时期的盖公，善治黄老之术，从学者甚众，是黄老学说的集大成者。初为丞相的曹参，亲历战乱之余民不聊生的苦难，四处寻访治国安民之策。盖公认为治理国家贵在清静无为，这样人民自然会安定。后来曹参用其与民安息之道，国家大治。应该说西汉的长治久安与崇尚"清静无为"的黄老学说不无关系。苏东坡对其与民休息的国家治理思想推崇备至。为此，苏东坡还在州衙庭园内黄堂之北，专门建了盖公堂，警示自己忧民、惠民，让百姓休养生息，并作《盖公堂记》。他在文中以"三易医而疾愈甚"来嘲讽朝廷的用人乱象。

此时，朝中局势再起变化。熙宁八年（1075）二月，王安石奉诏火速进京，再度执政，并大胆起用进士及第的儿子王雱（pāng）。王雱精明强干，擅长作书论事，但年少气盛。为了进一步扳倒吕惠卿，王雱背着父亲指使御史中丞邓绾弹劾吕惠卿。结果是打蛇不成，反被蛇咬，吕惠卿反告王安石欺君。其实，吕惠卿早就在搜集留存对王安石不利的证据。早年他们在讨论某件政事时，因还没有考虑成熟，王安石便写信给吕惠卿，嘱咐他先不要将此事禀报皇上。而此时吕惠卿便将此信呈上。王安石责怪儿子行事莽撞，三十三岁的王雱，从此闷闷不乐，不久患背疽而亡。王安石万念俱灰，再度请辞。来年十月，王安石隐居金陵（今江苏省南京市）。吴充、王珪进入中枢。

苏东坡选择来密州的初衷，是为了靠近已在济南任职的弟弟苏辙，可以相互走动和照应。但密州的天灾人祸和纷繁复杂的政务工作，让苏东坡在两年多的时间里，竟然没有余暇去济南与弟弟一家会面。这也从侧面反映出苏东坡的责任心、使命感和敬业精神。

尽管密州自然禀赋不佳，贫穷落后，但历史悠久，文化底蕴丰厚。密州是苏东坡首次担任地方主官之地，两年多的工作生活经历，为苏东坡提供了文学创作的素材，尤其是超然的心态和精神的力量，激发了他的创作灵感，助力他迎来了文学创作的第一个高峰期，作品数量多、质量高。

苏东坡留世的文学作品中有二百零九篇是在密州期间创作的，其中诗歌一百二十七首、词十八阕、文章六十四篇。脍炙人口、经久不衰的有：《江城子·乙卯正月二十日夜记梦》（"十年生死两茫茫"），《江城子·密州出猎》（"老夫聊发少年狂"），《水调歌头·中秋》（"明月几时有"），《望江南·超然台作》（"休对故人思故国"），等等。

更为重要的是，仕途上的失意，变法中的烦恼，情绪上的苦闷和生活上的落差，并没有压垮苏东坡，反而为他日后"也无风雨也无晴""一蓑烟雨任平生"的人生境界的形成奠定了基础。

经过两年多的艰辛努力，"蝗旱相仍""盗贼渐炽"的局面大为改观，大片荒弃的农田开始恢复生产。密州在苏东坡的悉心治理下，呈现出多年来少有的安定富庶的局面。他在《超然台记》中十分欣喜和自豪地作了阐述，想到刚到之时，连年收成不好，盗贼到处都是，案件也是多不胜数，而厨房里空空如也，每天只能靠枸杞和菊花充饥，但过了一年后，没想到面腴体丰，头发白的地方也一天一天变黑了。他说喜欢这里淳朴的民风。一个心中装着黎民百姓的官吏，政绩卓著，落笔生辉，连上苍都会眷顾。

熙宁九年（1076）十一月（一说十月中旬），苏东坡接到了以祠部员外郎直史馆知河中府的任命。

十二月，孔宗翰来代，苏东坡在与这位继任者唱和的《和孔郎中荆林马上见寄》中写道："秋禾不满眼，宿麦种亦稀。永愧此邦人，芒刺在肤肌。平生五千卷，一字不救饥。"字里行间，都体现了苏东坡对密州百姓的关爱之情、恻隐之心和歉疚之意，从中不难感受到他是如何恪尽职守、如何心中装着百姓冷暖的，充分体现了苏东坡的民本主义精神和虚怀若谷的人格魅力。

密州百姓对苏东坡的崇敬爱戴之心，如滔滔江水，连绵不绝。后来，密州百姓重修超然台时，为纪念苏东坡对密州的杰出贡献，建立祠堂，取名苏公祠。

翌年正月，大雪纷飞，寒风凛冽，苏东坡一家踏上旅途。快到济南时，齐州知州、好友李常已派人相迎。苏辙虽然去年冬天匆匆去了京师未归，寄寓京师郊外好友范镇的东园，但其三个儿子已早早在风雪中迎候。兄弟两家人已阔别多年，一朝相聚，其乐融融。

二月上旬，苏东坡一家继续赶路，前往河中府。兄弟二人相约在澶濮（pú）之间的路上会合，然后一起去河中。自颍州一别，兄弟俩有近七年没有相见了。计划不如变化，兄弟俩一行走到赵匡胤黄袍加身之地陈桥驿时，苏东坡又接到了朝廷的诏命，改知徐州，兄弟俩只得掉转马头。

四月二十一日，苏东坡抵达徐州。

惟愿一识"苏徐州"

"我独不愿万户侯,惟愿一识苏徐州",这是"苏门四学士"之一的秦观《别子瞻》一诗中的诗句,表达了他对恩师苏东坡的无比崇敬之情。

徐州,也称彭城,古为华夏九州之一,地处苏、鲁、豫、皖四省交界处,一向为军事要冲,乃兵家必争之地。徐州地处华北平原的东南部,先秦以来,汴泗交流,大运河穿城而过。宋代建炎二年(1128)起,黄河经徐州夺汴、泗入海,灾情不断,此为后话。

苏东坡到任还不到三个月,就遇上黄河在澶州曹村(今河南省濮阳市附近)决口。此地为宋真宗时北宋与辽"澶渊之盟"的签约地。七月十七日黄河决口后,凶猛的洪水四处涌流。

面对危情，苏东坡一方面组织劳力准备土石、树干和干草等防汛物资，另一方面抽调水性好的民众组成水上救援队，将居住在偏远山林的百姓和流落在城外的难民赶紧转至城内。汛情发展正如苏东坡所料，眼看就要殃及徐州。情急之下，苏东坡赶紧动员数千民工日夜轮班，加固城墙。为了减轻洪水对城墙的直接冲击，苏东坡派人将几百艘公船、私船，用缆绳系在城墙下的浪高水急之处。

八月二十一日，洪水伴随雷雨如期而至，情势非常严峻，徐州城墙告急。徐州城南两山环绕，洪水自然而然就汇集在其他三面。放眼望去，一片汪洋，若城墙决口，整个徐州城无疑将葬身水下。

情势危急，人心惶惶，城中富人纷纷收拾细软，争相外逃。苏东坡获悉后，立即赶到南城门劝阻："富民若出，民心动摇，吾谁与守。"并保证："吾在是，水决不能败城。"

劝回富人们后，苏东坡集中民智，寻求抗洪之法。有长者告诉他："徐州城屡遭水患，但也不是逢水必破，数十年前的天禧年间，洪水来犯时，就是因为筑了两道防水的堤坝，保住了城池。一道从小市门外沿城壕向南，一直连到戏马台的山麓；另一道从新墙门外沿城壕西折，一直连到城下南京门之北。"

苏东坡觉得历史经验值得借鉴，他下令紧急征召五千民工。为了与洪水争时间、抢速度，他又头戴斗笠，拄着拐棍，深一脚浅一脚地赶到武卫营求助。禁军直属朝廷，地方主官本无权调遣。好在武卫营卒长识大体、顾大局，他对苏东坡说："太守也不避水，这正是我等效命之秋。"说完，他就率领兵卒手持工具赶往工地。

苏东坡身先士卒，与城存亡，从容应对。他吃住在城头上临时搭建的工棚里，日夜不离开抗洪前线一步。人心齐，泰山移，不到一个月的时间，一道长达九百八十四丈、高一丈、厚二丈的防洪大堤筑成。

到了九月二十一日，水深二丈八尺九寸，洪水竟高出城内街道达一丈九寸，幸好大堤筑成。但持续大雨，还是险象环生，苏东坡丝毫不敢松懈，他日夜在城墙上巡视，指令官员分兵把守，及时处理险情。

徐州城就这样在洪水的威胁下，度过了艰难的七十多个日夜。十月初五，洪水才开始消退。十月十三日，黄河一条支流在澶州复入故道，往东在靠近海州处流入大海。至此，围困徐州的洪水全部退去，提心吊胆的日子终于过去。

老百姓为了感激这位与城共存亡、指挥有方的好太守，纷纷杀猪宰羊，前来慰问。苏东坡实在推辞不掉，只好接受下来，然后在他的指点下烧成大块红烧肉，回赠前来慰问和参与抗洪的百姓。百姓对这酥香美味、肥而不腻的大肉赞不绝口，起名为"回赠肉"，其实，这就是一直流传至今的名菜"东坡肉"的雏形。"东坡肉"起源于徐州，成熟于黄州，扬名于杭州。

元丰元年（1078）二月初，神宗皇帝闻奏后大喜，下诏嘉奖苏东坡。

前事不忘，后事之师。黄河泛滥，家常便饭，苏东坡开始谋划修筑新的大堤，以备不测。

上奏朝廷后，苏东坡积极筹备，并打算年底动工，可到了来年正月，还是杳无音信。他猜想是不是因为石头大坝耗资巨大，而迟迟没有准奏。于是他减少了预算，改用木材，再次上奏，并致信时为国史编修的好友刘攽，请他从中斡旋。可见苏东坡忧民爱民，用心良苦。

这一次，朝廷很快准奏。苏东坡立即实施筑堤工程，并于当年八月竣工。徐州城外筑起了一道长七百九十丈的护城长堤，后人亲切地称之为"苏堤"。

为了纪念抗洪胜利，苏东坡在建筑大堤的同时，在城东门兴建了一座三十多米高的楼阁。新建楼阁外墙涂以黄色，取名为"黄楼"。在五行相克的"理论"里，黄属土，土克水，苏东坡期望以"黄楼"保徐州城一方平安。

黄楼竣工前，苏东坡原想以黄楼建设始末撰写一篇记文。而苏辙因故不能前来参加落成典礼，特撰《黄楼赋》作为贺礼，盛赞徐州抗洪功绩及黄楼壮观景色。苏东坡阅后，感觉苏辙的构思与自己的想法大致相同，没有再写之必要，遂决定兄弟联袂，亲自书写苏辙的《黄楼赋》刻石。

苏东坡书写此碑时，官伎马盼盼在一旁侍候。马盼盼秀外慧中，敏而好学，平时喜欢临摹苏东坡的书法，颇得几分形似。苏东坡书写中，有事离开。马盼盼一时兴起，竟提起笔来接下去写了"山川开合"四字。苏东坡回来看到后哈哈大笑，稍作润色，不再重写，故流传下来的《黄楼赋》碑帖中，"山川开合"这四个字是马盼盼和苏东坡合写的。

却说重阳节这天，苏东坡在新建的黄楼上举行盛大酒会，庆贺抗洪胜利和黄楼落成。"苏门四学士"黄庭坚、秦观、晁补之、张耒（lěi）齐聚徐州，诗人王巩、诗僧道潜等文人雅士近百人吟诗作赋，挥毫泼墨，盛况空前。苏东坡赋诗《九日黄楼作》，再现了一年前那场惊心动魄、关乎生死存亡的抗洪抢险场面。

苏东坡在与"苏门四学士"的交往中有一个现象值得关注。"苏门四学士"都曾受到苏东坡的栽培、奖掖和荐拔，也是苏东坡最早将黄庭坚、秦观、晁补之和张耒四位的名字并提，四人虽然深受苏东坡的影响，却没有一个人在文学上完全步他的后尘。黄诗瘦劲，是两宋最大诗歌流派"江西诗派"的盟主；秦词婉约，与柳永并称"秦柳"，与周邦彦并称"周秦"，是婉约派的大家；晁文凝练、流畅，风格近似柳宗元；张诗学白居易，风格平易舒坦。特别是黄诗秦词，都与苏东坡大异其趣。他们景仰苏东坡，从学于他，不仅可以文风不同，还可以自由地对苏东坡的文学提出批评，如黄庭坚就曾在《答洪驹父书》中写道："东坡文章妙天下，其短处在好骂。"门生对老师可以自由地提出批评，恰恰表明了苏东坡的雅量和民主作风。

天公不作美，洪水过去，又遇春旱，苏东坡作《起伏龙行》诗，赴城东二十里外的石潭祈雨。天遂人愿，喜降甘霖，庄稼恢复了生机。按照惯例，苏东坡又带领一干人马前去石潭还愿。看到百姓安居祥和，庄稼长势喜人，苏东坡欣然写下《浣溪沙·软草平莎过雨新》，作品以农村、农民为主题，以路上的耳闻目睹和感悟为内容，充满了浓郁的乡土气息。"使君元是此中人"的顿悟，体现了他作为士大夫的"人民性"，虽然是徐州太守，但他没有忘记自己的农民出身。这或许部分诠释了"东坡热"经久不衰的原因。

徐州矿产资源丰厚，盛产花岗石和铁，冶炼技术也比较发达，徐州刀剑名闻天下。火力强弱是冶炼技术的重要因素，而"彭城旧无石炭"，烧木炭冶炼，火力大打折扣。苏东坡听说徐州地下蕴藏石炭，就派人各处寻找。苏东坡所说的石炭，其实就是煤炭。同年十二月，在徐州西南白土镇之北发现了煤矿。有铁又有煤，自此徐州打造出来的兵器，锋利超过了以往。煤矿的发现和开采，不仅解决了冶炼过程中的火力问题，同时也大大提高了与百姓生活密切相关的燃料质量。这是已知关于江苏煤炭最早的历史记载，自此开启了徐州近千年的煤炭产业发展史。

苏东坡在徐州不仅抗洪救灾，修筑防洪大堤，开采煤矿，提升冶炼技术，他还十分关注囚犯的疾病治疗，充分体现了他的博爱。

元丰二年（1079）三月初，苏东坡接到朝廷任命改任湖州知州。至此，苏东坡在徐州任职两年还差一个月。苏东坡离任时，百姓依依不舍，前来送行的百姓络绎不绝，父老乡亲满怀深情地说："如果没有太守，前年我们都成了水里的鱼鳖了。"苏东坡不贪天功为己有，谦逊地说："水来非吾过，去亦非吾功。"

相见时难别亦难，即将离别患难与共的百姓和同僚，苏东坡百感交集，欲语还休。他深情地写下了《江城子·恨别》。

天涯流落思无穷。既相逢，却匆匆。携手佳人，和泪折残红。

为问东风余几许？春纵在，与谁同！　　隋堤三月水溶溶。背归鸿，去吴中。回首彭城，清泗与淮通。寄我相思千点泪，流不到，楚江东。

苏东坡在词中抒发了他对徐州风物人情的无限留恋之情，离愁别绪涌上心头。苏东坡正是怀着这样的心情，离开了他任职二十三个月的徐州。这段时间，他终日勤奋谨慎，不敢懈怠。

赴任途中，三月十日，苏东坡到达南京应天府，在此停留，是为了拜谒恩师张方平和会晤弟弟苏辙。此时，张方平为应天府留守（官名），苏辙为应天府的判官。因病，苏东坡在苏辙家调养了半个月。

苏东坡路过扬州，时为扬州知州的同乡老友鲜于侁（shēn）（子骏），在平山堂设宴接待苏东坡。平山堂始建于庆历八年（1048），时任扬州知府的欧阳修，极其欣赏这里的清幽古朴，建堂于此。在此堂上，江南诸山，尽收眼底，似与堂平，平山堂因此而得名。苏东坡身临其境，睹物思人，缅怀恩师，作《西江月·平山堂》。

四月渡过淮河，经高邮，至无锡，到达秀州时，苏东坡专程前往白牛村陈舜俞灵柩前哭祭，并撰写祭文，称其"多其才能，盖已兼百人之器"。仁宗在位四十一年，通过制科考试的仅十五人，嘉祐四年（1059），陈舜俞考取制科第一名。他为官清廉，不善逢迎，熙宁三年（1070），还仅是个山阴（今浙江省绍兴市）知县。因上疏反对和拒绝施行青苗法，被贬为监南康军（今江西省庐山市）酒税，大为不悦，回归故里，郁郁而终于白牛村。

由于经历相似，志同道合，苏东坡的祭文情真意切。祭祀完毕后，苏东坡黯然神伤地继续向湖州进发。

第六章

"乌台诗案"始末

从金榜题名到文坛盟主，从踌躇满志到踏入仕途，从任职京师到主政一方，不知不觉中，苏东坡已人到中年。既然变法后的京师暂时无法实现自己的理想，倒不如远离朝堂，继续外任，既能体恤民情，又能造福一方。而令苏东坡始料未及的是，已经退而求其次了，可到任湖州不久，他还是遭遇了人生的至暗时刻，成为宋朝开国以来第一桩文字狱"乌台诗案"的受害者。

湖州谢表惹祸端

湖州，因湖得名，地处苏、浙、皖三省交会处，东邻嘉兴，南接杭州，西连安徽的宣城，北濒太湖，与江苏的苏州、无锡隔湖相望。湖州历史悠久，距今有两千三百多年的历史。

元丰二年（1079）四月二十日，苏东坡抵达湖州，时年四十四岁。湖州对于苏东坡而言，并不陌生，这是他第三次来到湖州。第一次是熙宁五年（1072）冬，苏东坡在杭州任通判时，受两浙转运使的差遣，帮助湖州知州孙觉勘察改造堤岸，治理水患；第二次是熙宁七年（1074）九月，他离开杭州前往密州时，路过湖州，与时任知州李常、诗友张先等六人相会。

湖州民风淳朴，文化底蕴丰厚，苏东坡对湖州印象颇佳。到任不久，曾在苏氏门下求学的王适、王遹（yù）兄弟，追随苏东坡来到湖州。"乌台诗案"发生后，正是这兄弟俩重情重义，不怕受牵连，帮助师母王闰之整理行装，护送苏家老小二十多口，投靠在应天府任职的苏辙。

苏东坡来到湖州后，依照惯例，给神宗皇帝上了谢表。他在谢表中，说自己没有什么政绩可言，感叹皇恩浩荡。接着写道："知其愚不适时，难以追陪新进；察其老不生事，或能牧养小民。"苏东坡自嘲地说，自己并不聪明，又不合时宜，自然比不上那些快速升迁的后辈。也许皇帝看他年纪较大，且不会惹是生非，在地方上关心照顾百姓还是可以的。

该谢表中确实带有一些讽刺和戏谑的意味，但比起以往，用词要缓和很多。而令苏东坡万万没有想到的是，他的这篇例行公事的谢恩表章却为新党政敌提供了陷害他的极好机会，成为"乌台诗案"的导火索。

说起"乌台诗案"，沈括是一个无法回避的人物，虽然"乌台诗案"发生时，他已离开京师，但苏辙将他称为"乌台诗案"的始作俑者。

沈括，字存中，《宋史·沈括传》称他"博学善文，于天文、方志、律历、音乐、医药、卜算，无所不通，皆有所论著"。他又把平日与宾客谈论的事记录下来，写成《笔谈》，流传于世。在中国历史上，沈括是自汉代张衡后，第二个正史有传的科学家，因晚年著有《梦溪笔谈》而闻名天下。英国科学史家李约瑟在《中国科学技术史》中称该书为"中国科学史上的里程碑"。这些都是沈括展现给世人的光鲜的一面，而在现实政治生活层面却颇有争议。李一冰在《苏东坡新传》中指出，这与他才能卓越而早年甚不得意有极大的关系。

沈括生于官宦之家，幼年勤奋好学，随父宦游州县，见过不少世面。三十二岁进士及第后，旋即被京师的光怪陆离、冠盖荣华所惑。熙宁元年（1068），他还只是王安石身边的一个小助手，曾参与过"制置三司条例司"的工作。当时，王安石位高权重，风头正劲，沈括有心攀附，竭力拥护和推动变法，王安石也非常倚重他的才能，可是不久，王安石改变了对他的看法。保甲法实施前，神宗有意委任沈括专主其事，而王安石直接对神宗说："沈括壬人（小人），不可亲近。"

几年后，也就是熙宁六年（1073），沈括开始时来运转，先是入馆阁，后又为两浙路察访使，贵为钦差大臣了。沈括和苏东坡曾在馆阁一同共事，两人政见不合，尤其是在对青苗法的看法上。巡察江南水利前，神宗对沈括说："苏轼通判杭州，卿其善遇之。"神宗皇帝希望沈括要善待苏东坡。

沈括到杭州后的第一件事，就是去找苏东坡"叙旧"，苏东坡尽地主之谊热情款待，席间当然也会交流彼此的新作。临别前，沈括为了表示对苏东坡的敬重和对其新作的欣赏，"恳求"手录近诗。苏东坡从无防人之心，欣然同意。

回到京师后，沈括除了极力赞扬青苗法、农田水利法等新法外，就是将苏东坡诗集中他认为有问题的诗句圈出来，逐处加以笺注后，附在察访报告里，一并呈送皇帝。其中就包括后来"乌台诗案"中引起祸患的《山村五绝》《咏桧》《吴中田妇叹》等，告苏东坡"词皆讪怼"。幸运的是，神宗置之不理。但满朝的人，都知道此事。

沈括怎么也没料到，他带回的苏东坡诗集，神宗却手不释卷。苏东坡知道沈括所为后，并没太放在心上，倒是友人刘恕戏曰："不忧进了也。"意思是不愁没人把他的作品呈给皇帝御览了。

王安石二次罢相后，吴充继任。此时，沈括已为掌管全国财政的三司使。他发现吴充处处都显出与王安石不同，为了迎合宰相，就秘密条陈诋毁新法，献于吴充，而吴充则密呈神宗。

六年后，李定、舒亶（dǎn）等人密谋诬陷苏东坡，炮制"乌台诗案"时所玩弄的手法，完全是沈括当年手段的再现。苏辙在《为兄轼下狱上书》中说"向者曾经臣僚缴进"，而臣僚指的就是沈括。

宰相王珪看过苏东坡《湖州谢上表》后，冷笑着对同为新党的奸臣蔡确说："绝妙好词，奇文共赏。"蔡确对王珪的意图立刻心领神会，大声附和道："一道谢表，亦富文采。"

"新进"一词,在当时指代那些不学无术、阿谀奉承、投机钻营的小人。蔡确心虚,对号入座,便与王珪联手使出借刀杀人的把戏。他们深知李定与苏东坡素来不和,而定期编印的朝廷公报尚需时日,便命人抄录一份交给李定。

李定,江苏扬州人,在当时也称得上是个"名人"。李定少时受学于王安石,熙宁二年(1069),经黄庭坚的岳父、秦观的老师孙觉推荐,以秀州军事判官召来京师。因李定对青苗法赞许有加,王安石大喜过望,将他引荐给神宗。神宗拟破格提拔重用,但宰相婉拒了其知谏院的任命。

李定生母仇氏改嫁后去世,他假装不知,拒不服丧,被司马光痛斥为"不服母丧,禽兽之不如"。御史陈荐弹劾李定:李定为泾县主簿时,闻母仇氏死,匿不服丧。中书舍人知制诰宋敏求、李大临、苏颂,因拒绝起草李定监察御史的任命被免职,被誉为"熙宁三舍人"。御史林旦、薛昌朝、范育对李定的任命也提出不同意见。

恰在此时,发生了一件与李定的不孝形成鲜明反差的事情。长安大尹(官名)钱明逸奏报,朱寿昌,扬州天长(今安徽省滁州市天长市)人,曾任岳州、阆州、广德军知州,其父朱巽曾任工部侍郎,其生母刘氏为朱巽之妾。朱寿昌三岁时,刘氏被朱巽遗弃,母子间杳无音信五十年。朱寿昌宦游四方,多方寻母未果。熙宁三年(1070),他辞别家人,弃官入秦,刺血书佛经,沿途散发,祈求遇见,行至同州(今陕西省渭南市大荔县),终于与母重逢,生母刘氏其时已过古稀之年,遂精心奉养。三年后,母亡。

神宗以为至孝,召见朱寿昌,适逢群攻李定不服母丧之时,李定颇为不爽,王安石也颜面无光。

此事本来与苏东坡没有太多牵连,但士大夫们出于伦理正义之感,纷纷写诗褒奖颂扬朱寿昌的孝道德行,并汇编成册。这类事情苏东坡岂能缺席,他也写诗赞许。该诗通篇赞扬朱寿昌的孝行,但其中"此事今无古或闻"和"西河郡守谁复讥"这两句,被人附会为讽刺王安石袒护不孝之人,李定如芒刺在背,怀恨在心,因而与苏东坡结下了梁子。

李定见到苏东坡的湖州谢表后,如获至宝,觉得自己报仇雪恨的机会终于来了。他立即与舒亶、何正臣两位御史密谋,二人一见"新进"二字,就火冒三丈,说着就要以谤讪君上、讥讽大臣、大逆不道等罪名上奏章弹劾。李定善于权谋,他老谋深算地说:"苏东坡乃当今名士,深得皇上和一些公卿的赏识,打虎不死,反被虎伤,务要一击毙命。"他们商定轮番弹劾苏东坡,希望以此迫使尚义而好名的神宗皇帝就范。

元丰二年(1079)六月二十七日,按照约定,首先由时任监察御史里行何正臣发难,指责苏东坡湖州谢上表中"知其愚不适时,难以追陪新进;察其老不生事,或能牧养小民"等句"愚弄朝廷,妄自尊大"。

李定料定神宗也会像对待沈括当年的举报一样,置之不理。他技高一筹,这次采用的是轮番围剿。几天后,同为监察御史里行舒亶的弹劾文字又到了神宗的手中。

舒亶弹劾的开篇,仅是与何正臣做了个呼应,而下文则是节选苏东坡过往可以附会为"谤讪君上"的语句,试图罗织为"大不敬"的杀头之罪,以此来激怒神宗。比如:陛下推行青苗法,苏东坡则说"赢得儿童语音好,一年强半在城中";陛下实行官盐法,苏东坡则说"岂是闻韶忘解味,迩来三月食无盐";陛下兴修水利,苏东坡则说"东海若知明主意,应教斥卤[1]变桑田";陛下明法以课试群吏,苏东坡则说"读书万卷不读律,致君尧舜知无术";等等。为了显示其弹劾有根有据,舒亶还将印刷发行的苏东坡诗三卷呈上。

---

[1] 斥卤:含有过多的盐碱成分,不宜耕种的土地。

何正臣和舒亶的两份弹劾，正如李定等人所料，并没有激怒圣上，只是批交中书复议。

国子博士李宜之，一个默默无闻的小官吏，为捞取政治资本也来插上一手。他认为，若能参与一件整垮名人的大案，无疑可为自己增光。于是，他的举报信也到了皇帝的面前。李宜之的奏状是拿苏东坡撰写的《灵璧张氏园亭记》中"古之君子，不必仕，不必不仕。必仕则忘其身，必不仕则忘其君"发难，指责苏东坡是教天下之人，必无进之心，以乱取士之法……

俗话说，三人成虎。李定不愧是玩弄权术的高手。神宗开始将信将疑了。紧接着李定压轴，拿出他的撒手锏，在七月二日的札子中进一步向神宗进言，说苏东坡至少犯下四项可废之罪，也就是四项杀头之罪。接着又说，皇上对苏东坡宽容已久，希望其改过自新，但他死不悔改。另一个当杀的理由是：虽然苏轼所写诗词荒谬浅薄，但伤风败俗，蛊惑人心，全国影响甚大，几乎人人都会背诵他的诗词。

李定说苏东坡的诗词全国影响甚大，还真不是凭空捏造的。宋代印刷术的普及，极大地加快了知识传播速度，丰富了传世方式。杭州当时是全国三大刻版印书中心之一，杭州出版商抓住商机，开版雕印了《苏子瞻学士钱塘集》。据说当时市场反响很好，出版商不断加印，到了元丰元年（1078），出版商又推出了《元丰续添苏子瞻学士钱塘集》。而恰恰就是这本增订版的《钱塘集》，成为"乌台诗案"的主要"罪证"。"乌台诗案"当然不是我国历史上最早的文字狱，但确实是第一件以印刷出版物为"罪证"的文字狱。

李定深知神宗的喜好和痛点，札子所言，极尽挑拨离间之能事，把苏东坡讽刺和谤讪的对象全都附会成指向神宗。神宗被深深刺痛，何况在他之前已有三个弹劾奏折。十天不到的时间里，接连四份弹劾，神宗再精明，也难免落入李定等人精心设计的圈套。神宗随即下旨，由御史台彻底查究，并禀报结果。

李定等人的阴谋之所以得逞，除了他们技高一筹，很重要的原因是熙宁和元丰时期的政治情势发生了重大变化。

熙宁二年（1069）开始变法，至熙宁九年（1076），主要由王安石执政，其中熙宁七年罢相，八年复出，九年再度罢相，后由神宗亲自主政，1078年改年号为元丰。因此，熙宁时期，苏东坡诗文中针对变法时，虽然言辞激烈，但讥讽和谤讪的对象是王安石；而元丰时期，苏东坡的言辞和语气要比原先缓和很多，但批评和嘲弄的对象却变成了皇帝。

苏东坡恰恰疏忽了这一点，而李定正是抓住了这个要害。这或许正是为什么熙宁时期沈括陷害未成，而元丰时期李定等人阴谋得逞的关键。

苏辙在《为兄轼下狱上书》中也佐证了这一点。苏辙承认苏东坡在任杭州通判和密州知州时，曾写讽刺诗文，但后来就已改正。他之所以将苏东坡的改正之举选在熙宁后期和元丰初期，就是要在时点上把王安石执政和神宗亲政区分开来。苏辙意在表明苏东坡讥讽、谤讪的对象是王安石，而不是皇帝，一旦神宗亲政，苏东坡便再无"语或轻发"之举。尽管苏辙选择的这个时点与事实并不相符，因为御史台的审问和苏东坡的供述，也涉及不少苏东坡元丰初期的诗文，但他显然比其兄长懂得熙宁与元丰时期的政治环境和言论氛围发生了根本变化。可谓用心良苦。

其实，除了熙宁和元丰时期的政治情势发生了重大变化和李定等人采用轮番围剿的战术外，神宗作出此种决定，还有其他原因：一是熙宁变法以来，新法的流弊不断显现，且水灾、旱灾、蝗灾、地震等自然灾害接连发生，不仅反对变法者将这些自然灾害与变法联系起来，而且神宗本人也心存疑虑，他屡下罪己诏，并多次避正殿、减膳食来表明自己对上天的敬畏之心。二是反对变法的保守派虽已全部逐出京师，但反对新政的声音此起彼伏，特别是郑侠的《流民图》，让神宗惊心怵目。元丰初期时，他已缺少了登基之初的那份自信，逐渐变得刚愎自用，明知新法的种种弊端，也决不容忍他人的批评。当他的弟弟岐王赵颢向他哭泣进谏时，他竟然恶言相向："是我败坏了国事吗？那么你来做皇帝好了！"连对自己弟弟的进谏都是如此态度，岂能容忍官吏的指桑骂槐或严厉批评？神宗对于苏东坡反对新法的态度甚是不悦。

御史台接到圣旨后，请求神宗选人参与查处，神宗指定了知谏院张璪（zǎo）和御史中丞李定。

张璪与苏东坡不仅同科及第，而且曾为同僚。苏东坡在凤翔任签判时，张璪为法曹，关系融洽。张璪离任时，苏东坡曾作《稼说》赠行，与其共勉。

知人知面不知心，凤翔时的苏东坡怎么也不会想到，他的这位进士同年，本性奸邪。这些年来，张璪在京师非常活跃，起初追随王安石，很快依附吕惠卿，又深得右相王珪的器重。由于王珪的竭力推荐，四五年间，就当上了参知政事、中书侍郎。后来随着时局的变化，他又成为章惇的朋党，谄媚蔡确，且与舒亶过从甚密，屡屡充当打手，大兴牢狱。

此次奉命参与此案，正是他邀功请赏的难得机会，遂与李定等奸人联手，必欲置苏东坡于死地。

李定、舒亶等人之所以要炮制"乌台诗案"，王珪、蔡确等推波助澜，是为了削弱保守派的潜在势力，生怕司马光、苏东坡等保守派人士重返朝堂。王珪本是一个庸碌无为的"三旨相公"，即上朝时请圣旨，朝堂上领圣旨，退朝后传圣旨，好不容易爬上相位，所有威胁到他权位的人，都是他的敌人。但司马光隐居洛阳，著书立说，免谈国事，政敌们无从下手。而苏东坡率性而为，"自投罗网"，且王安石曾公开指责苏东坡为司马光反对新政的幕后智囊。对苏东坡开刀，可以杀鸡儆猴，杀一儆百。李定原本就是借着鼓吹和支持变法才青云直上，剿灭苏东坡对他而言，公仇私仇皆报，一举两得。

李定接到神宗诏派后，随即奏请先罢免苏东坡湖州的现职，并请派员逮捕。此项任务落到了太常博士皇甫僎（zhuàn）的身上。

欲加之罪，何患无辞

元丰二年（1079）五月二十日，苏东坡到任湖州，七月二十八日，即被押解到京师，在湖州仅待了两个月零八天。在这短短的时间里，他几乎走遍了湖州的山山水水，他两上乌程县的卞山黄龙洞祈雨祷晴，并赋诗《和孙同年卞山龙洞祷晴》，刻石置黄龙洞中。

驸马都尉王诜（shēn），最早获悉御史台派人来湖州逮捕苏东坡的消息。他为人仗义，又是苏东坡的至交，连夜派人快马加鞭，通知当时在应天府任职的苏辙。王诜后来因为"泄露密命"，成为"乌台诗案"中受处罚最重的人犯之一。若不是驸马这个"护身符"，难免牢狱之灾。

苏辙获悉后，心急如焚，火速派人赶往湖州，好让哥哥有个心理准备。

而另一方面，皇甫僎得到旨令后，携他的儿子和御史台的两名台卒即刻出发，沿途不断换乘驿站快马，若不是皇甫僎的儿子在润州突然生病，耽误了半天，苏辙的信使是不可能抢在他们之前到达湖州的。

苏东坡得知消息时犹如晴天霹雳，但还不知自己究竟犯了何罪。稍事平静后，苏东坡抓紧做了两件事，一是提笔给苏辙写信，托他照看一家老小；二是将州里事务移交给通判祖无颇，由他代理知州一职。

皇甫僎一行穷凶极恶、杀气腾腾地来到州厅，州衙上下人心惶惶。皇甫僎装腔作势，许久都不开口，而两名台卒则一左一右，白衣青巾，凶神恶煞。他们对苏东坡毫不客气，拿出绳子将他绑了起来。家人见此情景，号哭相随，湖州百姓闻之落泪。是福不是祸，是祸躲不过，此时的苏东坡临危不乱，为了安慰家人，给他们讲述了他在洛阳时，李简夫讲过的一个故事：

唐真宗东封还都时，一路寻访天下隐士，听说杞人杨朴善写诗，请来相见。因杨朴不愿在朝为官，故谎称自己不会写诗。皇帝问："卿临行有人赠诗否？"杨朴回答说："臣妻一首云：更休落拓耽杯酒，且莫猖狂爱咏诗。今日捉将官里去，这回断送老头皮。"唐真宗听后哈哈大笑，放他回家了。

故事讲完后，苏东坡便笑着调侃夫人："你是不是也要送我一首诗啊？"夫人凄然一笑，苏东坡赶紧快步出门，长子苏迈紧随其后。州衙上下被恐怖的气氛所笼罩，祖无颇等都惊恐地躲闪一旁，不敢相送，只有弟子王适、王遹兄弟一直送至郊外。湖州百姓争相目送，市河两岸、骆驼桥上摆满了香案，为亲民安民的太守祈祷平安，很多人泪下如雨。飞英寺的众僧也为他诵经祈福。

苏东坡由水路押往京师，儿子苏迈在河岸徒步紧随。行至太湖鲈乡亭下，停船修舵。当晚风高浪急，月色如昼，事发突然，来势汹汹，苏东坡陷入沉思。唯恐连累亲朋好友，他甚至想双眼一闭，纵身入水，一了百了。只可惜吏卒看管严密，没有轻生机会。此后的行程，看守更加严密，苏东坡再也没有自我了断的机会了。

苏东坡湖州被捕的消息传出后，曾与他有过诗文唱和的官员惶惶不可终日，避之唯恐不及。唯独时为扬州太守的鲜于侁铮铮铁骨，抱一腔浩然正气。消息传到扬州时，亲朋好友劝他应赶紧先把与苏东坡来往的书信诗词烧掉，否则会惹火烧身。鲜于侁说："欺君负友，吾不忍为。"八月初，苏东坡被押解到扬州时，鲜于侁不怕牵连，请求见面，先是遭到皇甫僎的拒绝，后又被政敌举报。苏东坡曾赞誉鲜于侁是"上不害法，中不废亲，下不伤民"的好官，对朝廷不枉法，对亲友不徇私，对百姓不伤害。

苏东坡被押解后，夫人王闰之在王适、王遹兄弟俩的帮助下，连忙收拾行李，带着一家二十多口由水路前往子由家寄寓。

八月十八日，苏东坡被押到京城后，关押在御史台的监狱里。御史台又称"乌台"，是京城唯一坐南朝北的官衙。得名"乌台"，一是因为御史台四周种满柏树，乌鸦以柏树为家，筑巢而居，数以千计，御史台自汉代以来就别称"乌台"；二是暗指御史们都是乌鸦嘴。苏东坡因诗文获罪，由御史台审理，故称"乌台诗案"。

苏东坡被关押在"知杂南庑（wǔ）"的一间独立牢房，而"知杂南庑"关押的都是重刑犯。犯人进了这里，死多活少，因此有"知杂南庑鬼门关，十囚进去九不还"之说。苏东坡的这间囚房犹如一口百尺深井，不仅阴暗潮湿，而且投足之间手脚都会碰到墙壁，房顶上的天窗还没有一片席子大。

入狱两天后，审讯开始。主审的李定和张璪上来就问苏东坡五代以内有没有"誓书铁券"。苏东坡心里明白，按照北宋的规矩，一般罪犯，只问三代，只有死囚才问五代。凡是持有皇帝所赐"誓书铁券"的功臣之家，五代以内的子孙可以赦免死罪。显然，御史台的这帮家伙是要将他往死里整。

治罪当然要有证据，何况李定等人欲置之死地的是誉满天下的苏东坡。御史台的审讯者们在搜集证据方面，也是下足了功夫。何正臣缴进的是坊间销售的苏东坡诗集的木版印本，而舒亶交来的是苏东坡的"印行四册"和《元丰续添苏子瞻学士钱塘集》。这三种为市面上的通行刊本。御史台认为苏东坡的诗文散落在相关人士手中，尚未刊印的，肯定还有很多。于是他们就逼迫苏东坡交代尚未刊印诗文的下落。苏东坡唯恐连累他人，所以审讯中他都尽量隐瞒。他们料定苏东坡不会如实招供，因此就行文有关州府，向此案的各个关系人搜寻证据。在如此恐怖的情况下，绝大多数人都不敢隐匿不报，即便片言只语，也都逐一上缴。

即便有人冒险藏着掖着，御史台也会依据有关线索深究下去。据说苏东坡曾将《汤村开运盐河雨中督役》一诗寄给王诜，王诜倚仗特殊身份，起初不予理会，于是相关人员就找王诜核查，王诜再不敢隐瞒，只好交出。仅就此诗，苏东坡就被足足审问了五天。

审讯过程中，御史们认为苏东坡没有如实交代的，都会继续追查，直至"水落石出"。关于苏东坡与黄庭坚的诗文和书信往来，他们认为苏东坡的口供，"其间有隐讳未尽"，于是就向在北京的黄庭坚行文，获得手稿原件后再审。诗中"顾我如苦李，全生依路傍"，以及《祭文与可文》中"道之不行，哀我无徒。岂无友朋，逝莫告余"，统统被认定为谤讪朝政的证据。

为了最终能说服神宗给苏东坡定罪，李定等人在审问过程中还移花接木，指鹿为马。李定等人深知，只有将苏东坡指控为"谤讪君上"，才能将其定为"大逆不道"的死罪。

勘查《司马君实独乐园》诗时，指责苏东坡此前的供述不实。而诗中"先生独何事，四海望陶冶。儿童诵君实，走卒知司马"，被御史们解读为，天下苍生都盼望司马光执政，陶冶天下，意在讽刺当下的执政者。李定等人的目的，是要激怒神宗和宰相，不仅要给苏东坡治罪，还要将司马光裹挟进来，一石二鸟。

勘查《送范景仁游洛中》诗时，肆意解读苏东坡"小人真暗事，闲退岂公难"的诗意，目的是要将范镇拉扯进来。

李定等人在审理中故意牵扯司马光、范镇等老臣，是要借"乌台诗案"进一步打击保守派，让他们彻底失去重新进入权力中心的机会，可谓费尽心机。

类似这样的勘问笔录，在南宋朋九万编印的《东坡乌台诗案》一书中不胜枚举。

苏东坡诗文颇多，像这样逐字逐句刨根问底的审问，旷日持久，且必欲威逼苏东坡承认他们的曲解，否则没完没了。审讯者采用的就是车轮大战、疲劳审问的把戏，如若不认，他们还会侮辱谩骂，即便你意志坚韧，体格强壮，到头来也只得屈打成招。据记载，该案证据涉及的苏东坡诗文就达一百多篇。在审讯期间，苏东坡被迫写下四十多份供状，计两万多字。

审讯过程中，苏东坡受尽了刑讯逼供和非人待遇。当时与苏东坡仅一墙之隔的老臣苏颂，可以清楚地听到李定等御史们在审问中侮辱斥骂，没日没夜，耳不忍闻。他曾写下这样的诗句："却怜比户吴兴守，诟辱通宵不忍闻。"可见当时的"乌台"审问有多么恐怖。吴兴，即湖州。

苏东坡总算熬过了没日没夜、不讲人性的勘问审讯。

为了表示慎重，神宗还派遣发运三司度支副使陈睦去监狱录问。十一月三十日，陈睦确认没有翻供后，该案进入判决阶段。

宋代的审讯和判决由两个不同的官署分别负责，这是两宋独特的刑事司法制度。比如开封府有推官负责审讯，还有判官负责判决。具体到苏东坡一案，就是御史台负责审讯，大理寺负责定罪量刑，审刑院复议后，最后上奏神宗皇帝圣裁。

御史台将审讯结果移交大理寺定罪量刑。大理寺认定苏东坡所犯罪行，应当判处两年徒刑，但适逢朝廷大赦，他应该获得赦免。

御史台对大理寺的判决极为不满，甚至是恼羞成怒。李定连忙上书神宗，坚决反对赦免，坚持认为罪当该杀。舒亶也再次上奏，不仅强调苏东坡所犯罪行十恶不赦，还丧心病狂地要求一并诛杀收受苏东坡讥讽朝政诗文的官吏。为了加大反对赦免的力度，御史台在十二月份继续审讯苏东坡，以便罗织更多的罪状。

御史台和大理寺意见严重对立，承担复核职责的审刑院的意见至关重要，所幸的是，审刑院顶住御史台的压力，态度鲜明地支持大理寺的判决，强调朝廷赦令的法律效力。

苏东坡身陷囹圄（líng yǔ），无法知晓案情的进展情况，更不知道最终结果是死是活，于是他与每天送饭的长子苏迈暗中有个约定。据宋朝叶梦得《避暑录话》记载，如果情况与预期的差不多，送饭时，只送菜和肉，如果情况不妙的话，把菜和肉换成鱼。苏迈每日皆按此约定送饭。

个把月后，苏迈带的盘缠即将耗尽，要离开京师几日，去外地向亲友借钱，便把送饭的任务委托给了一位亲戚。由于走得匆忙，苏迈忘记把父子俩的约定告诉这位亲戚。这天，亲戚好心送来了可口的熏鱼，苏东坡见后，大为震惊，预感凶多吉少。他仰天长叹，心有不甘，胸怀理想的自己竟然成了党争的牺牲品，如蝼蚁一般死得不明不白。可人为刀俎，我为鱼肉，再有不甘和怨恨，也只能面对，于是考虑起后事。当晚他写下了两首情真意切、感人泪下的诀别诗《狱中寄子由二首》。

其一

圣主如天万物春，小臣愚暗自亡身。
百年未满先偿债，十口无归更累人。
是处青山可埋骨，他时夜雨独伤神。
与君今世为兄弟，又结来生未了因。

其二

柏台霜气夜凄凄，风动琅珰月向低。
梦绕云山心似鹿，魂惊汤火命如鸡。
眼中犀角真吾子，身后牛衣愧老妻。
百岁神游定何处，桐乡知葬浙江西。

两首诗情真意切，意境凄凉，既表达了对君主的忠贞，又体现了对弟弟和妻儿的眷念。"与君今世为兄弟，又结来生未了因"，成为千古名句。

两首诗写好了，可如何才能从戒备森严的大牢转交到苏辙手上呢？所幸有一名叫梁成的狱卒，极富仁爱之心，且早就景仰苏东坡的人格与文采，他隐约觉得苏东坡这次身陷囹圄是受奸人陷害。苏东坡狱中的生活起居，他都尽可能悉心照料。梁成知道四川人有每天晚上用热水泡脚的习惯，自苏东坡入狱后，就每晚都为他烧热水。

梁成慨然应允下来，并将两首诗转交苏辙。而苏辙阅后，并未收下，又退还给了梁成，据说他是希望皇帝能看到苏东坡的一片赤诚之心。果然不出苏辙所料，神宗阅后甚为满意，他在诗中看到了一个罪臣的忠诚和悔过，看到了一个丈夫、父亲和兄长的情意和担当。

多方施救，终逃一劫

苏东坡被羁押御史台的大牢后，营救行动也迅速展开。与苏东坡关系最亲，也是最早获知消息的，当然是弟弟苏辙。苏辙在苏东坡被捕入狱后，即上书神宗。

苏辙的上书，首先，叙述兄弟二人相依为命的手足之情，并说明苏东坡由于秉性愚直，好谈古今得失，轻议时政。其次，表明其兄对此已有悔悟之意，感恩皇帝的宽恕之情，接着引用苏东坡的原话，表达他报效朝廷的志向和改过自新的愿望。最后，乞请皇帝免去自己的官职，为兄赎罪。全文情真意切，既遵君臣之义，又念兄弟之情，文字质朴，严谨感人。

与苏辙同在应天府的张方平，几乎同时知道苏东坡被捕的消息。作为苏东坡的前辈和恩师，他是绝对不会袖手旁观的。在苏东坡被押解经过应天府后，张方平也立即上疏神宗。不过阴差阳错，张方平的上疏，没能呈给神宗。张方平原想将自己的上疏附在京递的公文中一起进呈，官府不敢，他只得安排儿子张恕赴京城向登闻鼓院投进。不料这位公子愚钝且懦怯，到了院门前，畏首畏尾，徘徊不前，最终未敢呈上。

苏东坡出事后，以直言敢谏闻名的老臣范镇，知道消息也很早。御史台知道范镇与苏东坡过从甚密，本以为能从他这里获得很多苏东坡的罪证，不料范镇不仅对搜集证据不予理睬，还上书皇帝施救。家人生怕老人受到牵连，竭力劝阻，可他义无反顾，仗义执言。

当时的氛围对苏东坡而言，极为严峻。与苏东坡平日交好的朋友，人人自危，大多噤若寒蝉，但仍有挺身而出、仗义执言者，除了范镇、张方平外，王安石的亲家、当朝宰相吴充就是一位。他以曹操能容忍祢（mí）衡来规劝神宗皇帝。

祢衡为东汉末年名士，恃才傲物。孔融向曹操举荐了祢衡，而他称病不去。曹操封他为鼓手，想要羞辱他，却反而被他裸身击鼓而羞辱。后来祢衡对曹操又多有狂言，曹操碍于他的才气和声誉，没有杀他，把他送给了刘表。

神宗明确表示他没有其他意思，只是要把事情搞清楚而已，很快就会将苏东坡释放。

李定等人如此构陷苏东坡，就连三年前已经罢相、隐居金陵不问世事的王安石，亦抛开政见之争，上书神宗："岂有圣世而杀才士者乎？"

王安石的弟弟王安礼，时为直舍人院、同修起居注，也抛开政见，直言不讳。李定知道王安礼为人豪爽，性格中稍有些玩世不恭，怕他在皇帝面前仗义执言，事先曾警告他："苏轼那么锐利地讥议新法，反对的是你家大哥，你可别为他说好话。"

王安礼压根儿就不理睬他。有一天，他对神宗劝谏道："自古大度之主，不以言语定罪。一旦定罪，恐怕后世会说陛下不能容才。"

在一干施救人员中，仁宗皇后，也就是神宗的祖母，慈圣光献皇后曹氏，应该是苏东坡的最大救星。"乌台诗案"之初，太皇太后已在病中，看到神宗接连几天都不太高兴，便问何故。

当得知苏东坡身陷囹圄时，太皇太后流泪说道："苏东坡因为诗文入狱，一定是仇人中伤所致。再说诗文的过失微乎其微。我的病情已经这样了，不能再有冤案来有害和谐。"神宗原本秉守孝道，听了太皇太后的话语，也动情地流下了眼泪。

十月间，太皇太后病情加重，当她获悉神宗欲大赦天下为其祈祷时说："不须赦天下凶恶，但放了苏轼就足矣。"十月十五日，神宗降诏："死罪囚流以下，一律开释。"遗憾的是，大赦未能挽救太皇太后的生命，她五天后就逝世了。

按照神宗诏令，苏东坡只要不是死罪，理所当然应在开释之列。李定、舒亶等人眼看功败垂成，岂肯善罢甘休，唯有进一步激怒神宗，将苏东坡整成大逆不道的死罪。他们从苏东坡的诗集中，挑出《王复秀才所居双桧二首》（其二）在神宗面前挑拨离间。于是右相王珪在几个御史的蛊惑下，以苏东坡双桧诗中有"根到九泉无曲处，世间惟有蛰龙知"为证，在神宗面前陷害苏东坡，称他有谋反之意。

其实，这首诗原本是苏东坡熙宁五年在杭州时，写给钱塘中医王复之作，而王复大门前面种了两棵桧树，苏东坡以赞美这两棵古树来暗指他对王复的景仰。

神宗看了苏东坡的这首诗后，不以为然地说："诗人之词，安可如此论？彼自咏桧，何与朕事？""自古称龙者很多，如荀氏八龙、孔明卧龙，难道都是人君吗？"

退朝后，章惇责问王珪说："相公难道是要灭苏氏一族吗？"王珪辩解道："这是舒亶说的。"章惇气愤地大叫道："舒亶的口水你也吃吗？"

此时的章惇还是苏东坡的挚友，两人在变法问题上虽政见不合，分属对立的两个政治阵营，但从"乌台诗案"中章惇的言行来看，他还是很念旧情、良知未泯的。两人何时结怨、因何结怨？章惇后来为何欲置苏东坡于死地而后快？文献无证。

但林语堂在《苏东坡传》中还是隐约给出了线索："（元祐初期）有许多事故发生，使苏东坡的政敌受到刺激，不得不对他做殊死战。这次战斗，说公平话，实在是由苏东坡的弟弟子由所引起的。苏子由在此一批新人当政之始，自外地来京为右司谏，他心想有责任刷新朝政，清除所有那些骑墙派以及与王安石有过从的残余政客。他使恶迹昭彰的吕惠卿遭贬谪出京，总算成功，蔡确、蔡京、章惇也暂时降职，但是这几个降职的官僚，后来却力谋再起。子由也用十道奏章之多弹劾了朔党的一个领导人物，直到此人遭到罢黜。他曾把朔党都以'饭袋'称之。"

细细推敲琢磨以上内容，不难看出，就连在《苏东坡传》中一直"偏袒"苏家的林语堂也认定，这次战斗是由苏辙引起的。《栾城集》中收录了苏辙《乞黜降韩缜状》《乞罢章惇知枢密院状》《再乞责降蔡京状》等。林语堂文中提及的朔党领导人物应为韩缜。韩家为官宦世家，在京都的关系盘根错节。后来，苏东坡和苏辙也因得罪韩家而付出很大的代价。

有野史说，章惇虽为人豪爽，但心胸极其狭窄，因苏辙曾弹劾过他，朝廷之上他与苏辙发生龃龉时，苏东坡三缄其口，便怀恨在心，因而迁怒于他昔日的好友。这也许是两人关系不睦的导火索。

有不少人怀疑，可能是苏东坡写给章惇的一封书信，成为他们关系恶化的开端。元祐元年（1086）二月间，章惇因免役法在殿上与司马光发生激烈争论，他言语冲动、态度豪横，甚至口出狂言："它日安能奉陪吃剑！"太皇太后大怒，训斥章惇。而章惇早就对她垂帘听政后的所作所为大为不满，一气之下顶撞了高太后，因此当月即被罢官，以正议郎知汝州。时年五十二岁的章惇，以方便照顾在杭州的八十岁的老父亲为由，一再上表请求改知扬州，但都被拒绝。章惇离开京城时，苏东坡给他写了一封信，也就是《归安丘园帖》。这封信写于腊月二十七,七年前的腊月二十九,苏东坡在若干人的施救下,刚刚走出御史台的大狱,大年初一被押解去黄州。他在信中以一如既往的幽默风格安慰对方,而性格刚烈、怒火中烧的章惇,则误解了苏东坡的善意。因为两个人对待仕途跌宕起伏的态度和认知存在本质的差异。

就在"乌台诗案"进入尾声,苏东坡吉凶未卜之际,还发生了一件趣事。一天晚上,夜鼓打后,苏东坡正打算就寝,忽然一个人走进牢房,二话不说,扔下一个小箱子当枕头,倒地就睡。苏东坡以为是新来的狱友,没去多想,自己躺下也很快就睡着了。大约四更时分,神秘狱友推醒苏东坡后说:"恭喜学士!恭喜学士!"戴罪之身,身陷囹圄,喜从何来?苏东坡翻过身问他什么意思。他说:"安心熟寝就好。"说完,拎着小箱子神神叨叨地走了。

数年后,苏东坡告诉朋友说:"后来我才知道,狱案结奏后,舒亶这帮人还在皇上面前竭力攻讦,非欲置我于死地不可,可皇上却无深罪之意,秘密派遣一个小太监来,察看我的起居情状,恰好我熟睡,鼻息如雷,他就以所见驰报皇上。"神宗对左右之人说道:"朕知苏轼胸中无事者。"

应该说,神宗不失为颇有理性的君主,综合两个方面截然相反的意见,十二月二十九日,神宗对"乌台诗案"作出圣裁:"责授检校水部员外郎、黄州团练副使、本州安置,不得签书公事。令御史台差人转押前去。"

神宗认可大理寺和审刑院的判决,同意遵循法律,适用朝廷恩赦法免罪,而他法外动用皇帝的特责权,给予苏东坡以惩处。

受到"乌台诗案"牵连的官吏众多,其中三人受处罚最重。第一个是驸马都尉王诜,除因泄露机密外,身为皇亲竟然不主动将此等毁谤朝廷的诗文交出,且与苏东坡时常交换礼物,官降两级,勒令停职。

第二个是苏东坡的好友王巩,王巩是两代宰相家的贵族子弟,他在此案中最为无辜和冤枉,也是处理最重的人之一,处罚竟然重过了主犯。他并没有从苏东坡那里得到任何毁谤诗文，只是二人经常宴游，交往甚密，因其在秘书省供职，被指私下与苏东坡聊起过他和神宗皇帝的谈话内容，因此被贬到宾州（今广西壮族自治区南宁市宾阳县）监盐酒税务。宾州比黄州更远、更荒凉，距离京师三千三百多里。御史们这样处理王巩，是出于个人恩怨，挟嫌报复而已。他们原本想借此好好整整张方平，可张方平敢说敢为，且三朝元老，不太好惹。作为张方平的女婿，王巩就成了替罪羊。王巩平日生活奢靡，养尊处优，而这次他被贬最远，责罚最重，苏东坡一直深感内疚，不同场合多次提及王巩被贬都是"拜他所赐"。被贬三年，王巩的情况非常糟糕，一子死于贬谪之地，一子死于家里，王巩自己也几次差点病死。

第三个是时为应天府判官的苏辙。他曾奏请朝廷赦免兄长，自愿纳还自己的一切官职为兄长赎罪，冀免兄长一死。从案情和证据来看，一般认为苏辙并没有收到苏东坡什么言辞激烈的毁谤诗文，但因兄弟关系，他也没能幸免，受到降职处分，贬监筠州盐酒税务，离苏东坡的贬谪地黄州，约一百六十里。

收受过讥讽诗文而不申缴的张方平、李清臣各罚铜三十斤，司马光、范镇、刘攽、曾巩、黄庭坚、钱世雄等二十人各罚铜二十斤。

苏东坡于八月十八日入狱，十二月二十九日出狱，被囚一百三十多天。亦有史料记载出狱时间为十二月二十八日。走出阴云笼罩、寒气逼人的大牢。

至此，北宋开国以来的第一起文字狱终于落下帷幕。该案的发生，严重破坏了北宋的政治生态，从最初的广开言路，逐渐演变成以道德为名的党同伐异，本应纠察官吏之奸邪、肃正朝廷纲纪的御史台，沦为攻讦政敌、排除异己的工具。

十年后的"车盖亭诗案"，是北宋发生的另一起著名的文字狱，只不过案件的主角变成了新党的领袖人物、由宰相贬为安州（今湖北省孝感市安陆市）知州的蔡确。蔡确游览安州车盖亭时，一气写下十首

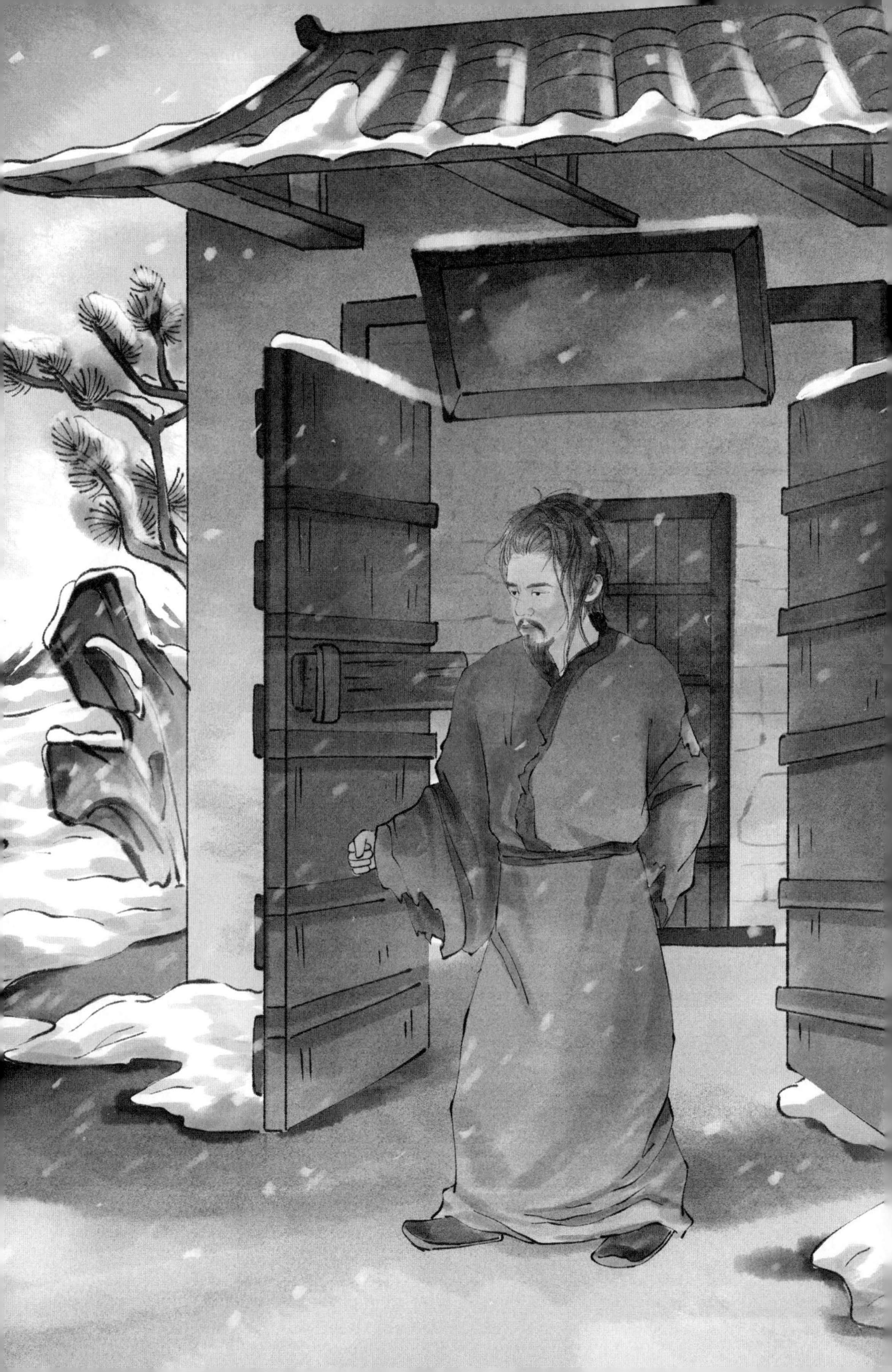

绝句，其中一首引用了唐朝郝处俊谏高宗传位武后的典故，被定为讪谤。蔡确被贬至岭南新州（今广东省云浮市新兴县），后死于贬所。"车盖亭诗案"是北宋以来打击面最广、打击力度最大的文字狱。旧党利用高太后对蔡确等新党人士的不满，对新党诸多人物进行了一次较大规模的清洗。这也就不难理解绍圣年间新党重新掌权后，章惇等人对苏东坡等旧党人士的疯狂报复了。

　　从"乌台诗案"和"车盖亭诗案"这两起文字狱来看，新党、旧党之间的矛盾发生了质的变化，已从政见之争，转变为结党营私、诛除异己。从这个意义上讲，神宗、哲宗和以他们为核心的北宋王朝是"乌台诗案"和"车盖亭诗案"的最大输家。

第七章

从苏轼到苏东坡

苏东坡的宦海生涯跌宕起伏，但"乌台诗案"无疑是其人生的重大转折点，他由此进入了人生的第一个低谷。从"奋厉有当世志"的少年，科举脱颖而出的精英，奋发有为、政绩显赫的良吏，到被贬黄州，命运轨迹形成巨大落差。四年多来的贬谪生活，使其思想产生了裂变。从初来黄州时的孤独凄凉、苦闷惆怅，表现出逃避现实、消极避世的价值取向，到旷达释然、随遇而安，重现不甘沉寂、忧国忧民的济世情怀，苏东坡经历了从苦闷到直面、从直面到省悟、从省悟到超越的心路历程。通过儒释道的兼收并蓄，苏东坡的思想境界和精神层面，几乎达到超然状态，实现了从苏轼到苏东坡的人生蜕变，文学创作也进入巅峰时期。

贬谪黄州

苏东坡入狱时还是初秋，而出狱时，已是岁末。仅仅隔了除夕一天，元丰三年（1080）正月初一，苏东坡和长子苏迈便在御史台差役的押解下，匆忙离开京师前往贬谪地黄州，时年四十五岁。当时的汴京城中，家家户户张灯结彩喜迎新年，而苏东坡父子二人却在严冬踏上了凄苦的旅途。

贬谪，是我国古代对有过错或犯罪的官吏最为常见的惩罚方式，除了官衔降低多少的差别之外，朝廷还以贬谪地的远近程度区别责罚的轻重。在宋代，被贬官吏基本属于"三无"人员：无职权、无俸禄、无期限。

贬谪对于官吏而言，无疑是一场灾难，但久而久之却形成了贬官文化。柳宗元的《永州八记》、范仲淹的《岳阳楼记》、欧阳修的《醉翁亭记》和苏东坡的"前后赤壁赋"都创作于谪居地。同为贬官的白居易、韩愈和柳宗元对江州、潮州、柳州的社会发展，尤其是文化繁荣，都发挥了不可替代的作用，也成就了我国文学史上的一座座丰碑。

一曲清歌满樽酒，人生何处不相逢。正月初十，苏东坡与弟弟苏辙在陈州文家相会，与文家共同筹划了文同灵柩回蜀的办法，也商定了苏东坡家眷到黄州的方案。正月十四，兄弟二人分手后，苏东坡在差役的押解下，策马向黄州进发。行至蔡州（今河南省驻马店市汝南县），遭遇大雪，道路泥泞，北风飕飕，其中辛苦，自不待言。一行人在新息（今河南省信阳市息县）渡过淮河。从湖州到京城，从入狱到出狱，从京师到被贬黄州，长子苏迈一直陪伴左右。苏东坡在《过淮》诗中对儿子赞赏有加。

随后，一行人渡关山，过麻城。在岐亭以北二十五里的地方苏东坡偶遇好友陈慥。陈慥，字季常，他为人慷慨，嗜酒好剑，有江湖豪杰之气，是苏东坡在凤翔时的后任知州陈希亮的幼子，此时他正在麻城的岐亭山上过着求仙问道的隐士生活。虽然苏东坡起初与陈希亮相处并不融洽，但与陈季常却非常投缘。尽管苏东坡是戴罪之身，陈季常还是非常热情地邀请苏东坡父子到他家中盘桓几日，全家上下为此忙得热火朝天。

苏东坡被贬时，陈季常已隐居此地，且声名显赫。陈季常后来成为苏东坡在黄州最要好的朋友。苏东坡在黄州期间，陈季常前来看望多达七次。

苏陈关系好到什么程度呢？好到苏东坡可以随时随地和他开玩笑。相传陈季常的妻子柳氏非常剽悍，且爱吃醋。每逢陈季常请客，如召歌伎侑酒，柳氏就会拿起木杖，把照壁敲得砰砰响，嘴上还大呼小叫，客人们吓得落荒而逃，弄得陈季常在宾客面前很没有面子。苏东坡在《寄吴德仁兼简陈季常》一诗中将此形容为"河东狮吼"。

可是据史料记载，陈季常本是放意自恣的豪杰，悠然自在，且艳福不浅，那么"河东狮吼"从何而来？林语堂是这么认为的："我想可能的理由是陈季常的太太一定嗓门很高，苏东坡只是拿他开个玩笑而已。"

针对苏东坡逢人便讲笑话、见人就起外号的个性，北宋著名史学家、文学家范祖禹曾认真地劝说，告诫他"戏谑不可过分"。范祖禹的告诫并非没有道理。刘贡父晚年患病，胡须眉毛全都脱落，鼻梁断塌。有一天，苏东坡等几个朋友一起小酌，席间各引古人语相戏。苏东坡戏谑刘贡父道："大风起兮眉飞扬，安得壮士兮守鼻梁。"话音刚落，一座大笑，如此嘲弄，刘贡父感到难堪，非常生气。好在这种戏谑并未影响挚友间的关系。

经过整整一个月的跋涉，苏东坡于元丰三年（1080）二月初一到达黄州。

黄州，位于长江以北，汉口下游约六十里，为荆楚之门户。既为贬所，贫穷与萧条不言而喻。

来到黄州后，苏东坡首先向时任知州的陈轼报到。陈轼，字君式，临川人，生于仕宦之家。陈轼为人仗义，不怕牵连，给落难黄州的苏东坡以慰藉和温暖。他先是将苏东坡安置到定惠院（一作定慧院）里暂住，父子俩"随僧蔬食"，陈轼经常前来探望，为解决苏东坡家眷来到后的居住问题，随后他又命人将城南的官驿临皋亭修葺一新。

人生何处不相逢。说来也巧，苏东坡非常敬重的刺血写经、千里寻母的大孝子朱寿昌，时在与黄州隔江相望的武昌任鄂州太守。朱寿昌感念他与苏东坡的友情，也常常派人送来酒食。

同年七月，陈君式以朝奉大夫致仕归乡，苏东坡为表感激之情，挥毫泼墨书写西汉李陵（少卿）赠苏武的三首诗送给他。苏东坡在诗后题跋中婉转道出了书写他人之诗赠予的原委。显然，"乌台诗案"的阴影，令其心有余悸。

陈轼离任后，徐大受出知黄州。徐大受，字君猷（yóu），东海建安（今福建省南平市建瓯市）人，生于官宦世家。苏东坡与徐君猷因志趣相投，共同语言甚多，两人一见如故。后来苏东坡曾说："我刚到黄州，举目无亲，君猷待我如亲兄弟，这份情谊怎么能忘记呢？"

一年节令中，宋人最重视的是寒食节和重阳节。是岁重阳佳节，徐君猷邀请苏东坡相聚涵辉楼，涵辉楼时为黄州的四大名楼之一。微醺时，应徐君猷之请，苏东坡填词《南乡子·重九涵辉楼呈徐君猷》一首。词中"万事到头都是梦，休休，明日黄花蝶也愁"表达了他内心的无限惆怅。

当年十二月二日，徐君猷顶着小雪，冒着严寒，携酒带菜来到苏东坡的住地看望他。面对徐君猷的关爱，苏东坡席间填词《浣溪沙》三首，第二天大雪纷飞，酒醒后，苏东坡兴致陡增，又填两首。第五首"但令人饱我愁无"，体现了苏东坡虽身处逆境仍关怀天下苍生的民本思想。

每到寒食和重阳，徐君猷总会在黄州的涵辉楼或栖霞楼设宴款待苏东坡，共度佳节。

离开黄州前，徐君猷邀请苏东坡再游安国寺，苏东坡的老乡，也是苏东坡儿子的家庭教师巢谷一同前往。游到苏、徐二人经常游饮的竹林中的小亭时，安国寺和尚继连为竹间亭请名，感念徐君猷在黄州政绩斐然，百姓交口称赞，苏东坡为亭起名曰"遗爱亭"，并作《遗爱亭记》。他在文中高度赞扬徐君猷为政清静、无为而治的黄老之风。此前，苏东坡已在《少年游·端午赠黄守徐君猷》中，称赞他治理有方的清平政绩。

徐君猷履新湖南不到半年，因病去世。噩耗传来，苏东坡悲痛欲绝，作《徐君猷挽词》和《祭徐君猷文》，表达自己的无尽哀思。

风云变幻莫测，人生百态难料。"乌台诗案"让苏东坡的人生发生了天翻地覆的变化，从事业有成、好评如潮的地方主官到御史台的阶下囚，从经历生死未卜、严刑审讯的囚犯到逃过一劫、贬谪偏远之地的戴罪之身，这样巨大的落差，对于任何人而言，都会造成巨大的心理阴影。苏东坡自不能例外。

还在御史台的大牢时，苏东坡就开始了他的自我救赎之路。他在《御史台榆、槐、竹、柏四首》之《竹》中，以御史台前的竹子，作为他的精神寄托。风雪中处于恶劣环境下的竹子，虽然有些孤寂冷落，但始终保持着昂首凛然的姿态。作者看似在咏竹子柔韧刚毅的崇高品格，实则抒写自己的刚正不阿，宁可受尽摧残，也不接受污辱的傲骨。但从苏东坡来到黄州后的思想变化、心路历程来看，这仅仅是他自我救赎的开始。

尽管来黄州前，苏东坡思想上已有所准备，来到后又有黄州太守陈君式、徐君猷和鄂州太守朱寿昌的关照，但初来黄州的苏东坡，在较长一段时间里还是陷入了孤独寂寞和茫然。

来到黄州后，日常生活的困难，尚可以克服解决，精神上的创痛却难以抚平。面对全新的人生，他既不能效仿陶渊明挂冠而去，又改变不了"皇恩浩荡"的朝廷决定。对他而言，既无法选择，也逃避不了，只有坦然面对和接受考验。这对于怀抱致君尧舜、济世救民理想，追求高雅、情感丰富的苏东坡来说，不是一道可以轻而易举跨过的坎儿。

知易行难，这个道理不仅适用于普通人，苏东坡这样的大家也不例外。初到黄州时，他的思想情感还是掀起不小的波澜。"畏蛇不下榻，睡足吾无求"，这是苏东坡在陈州时宽慰弟弟苏辙的话。来到黄州后，他白天呼呼大睡，晚上一个人才悄悄到寺外溜达一下。

苏东坡初到黄州、寓居定惠院时作《卜算子·黄州定慧院寓居作》这首词。

缺月挂疏桐，漏断人初静。谁见幽人独往来，缥缈孤鸿影。
惊起却回头，有恨无人省。拣尽寒枝不肯栖，寂寞沙洲冷。

"缺月""幽人""孤鸿""寒枝"等，这些孤寂意象，清晰地反映出他凄凉的心境。

由于"乌台诗案"牵连了那么多人，初来黄州时，苏东坡的一些亲友避之唯恐不及，他也不敢轻易拜访附近的朋友，就连给朋友写信都要字斟句酌，且再三叮嘱注意保密或阅后销毁，以免连累他人，殃及无辜。他在《与章子厚参政书二首》中写道："轼自得罪以来，不敢复与人事，虽骨肉至亲，未肯有一字往来……初到，一见太守，自余杜门不出。闲居未免看书，惟佛经以遣日，不复近笔砚矣。"闲居只有佛经可以打发时光，不敢再碰笔墨纸砚了。

苏东坡在《答李端叔书》中写道："自得罪后，不敢作文字。此书虽非文，然信笔书意，不觉累幅，亦不须示人。必喻此意。"

苏东坡初到黄州时一度为能够混迹于渔樵、不被人认出而庆幸，以一天不讲一句话而得意。这个时期，反映苏东坡惊恐和凄寂心境的诗词俯拾皆是："幽人无事不出门，偶逐东风转良夜"（《定惠院寓居月夜偶出》）；"昏昏觉还卧，展转无由足。强起出门行，孤梦犹可续"（《二月二十六日，雨中熟睡，至晚，强起出门，还作此诗，意思殊昏昏也》）；"饥寒未至且安居，忧患已空犹梦怕"（《次韵前篇》）……这些作品，无不透露出经历"乌台诗案"后，苏东坡内心的惊恐、孤寂与痛苦。

定惠院住持颙师见苏东坡整日闷闷不乐、郁郁寡欢，便在寺院的竹林中修筑了一间木屋，取名啸轩，供苏东坡修身养性。

在众多关于苏东坡的传记作品中，笔者尤爱林语堂的《苏东坡传》和李一冰的《苏东坡新传》。林语堂称苏东坡是个不可救药的乐天派，从他的书中更多看到的是"一蓑烟雨任平生""也无风雨也无晴"的苏东坡。而李一冰不像林语堂那么理想浪漫，他既看到了横空出世、天资聪慧的苏东坡，看到了"上可陪玉皇大帝，下可陪卑田院乞儿"的苏东坡，也看到了狱中受尽凌辱、做好轻生打算的苏东坡，更看到了劫后余生、多次被贬，从孤寂凄凉中逐步走向坚韧刚毅、豁达洒脱的苏东坡。

是人总会有七情六欲，总会有喜怒哀乐，苏东坡自不例外。从苏东坡初到黄州时的书信、诗词内容来看，痛楚、苦闷、孤独、凄寂比比皆是。如此看来，似乎李一冰笔下的苏东坡，更趋近真实。读者需要看到一个活生生的苏东坡，既要他的有滋有味，也要他的有血有肉，更需要一个既食人间烟火，又有喜怒哀乐，一半烟火、一半清欢的苏东坡。

"东坡居士"的由来

陈州一别，已近半年。回到应天府后，苏辙快速办完工作交接，即携自己和兄长的家眷由水路离开，到达九江后，他便安排自家眷口在此等候，自己则亲自护送哥哥的二十余口家眷，由水路前往黄州。

五月二十七日黎明，苏东坡乘船到距黄州二十里远的市集巴河口迎接。夫人王闰之及家眷来到后，自然不便继续住在定惠院。五月二十九日，一家老小住进了官府驿站临皋亭，临皋亭在回车院中，而回车院为三司巡视黄州时所住的官邸。按理说，像苏东坡这样被贬谪的罪官，是不可以在此居住的。所幸有鄂州太守朱寿昌的斡旋，黄州太守陈君式的关爱，苏东坡一家才得以安居于此。

临皋亭本不宽敞，而苏东坡家眷又多，几乎到了难以安置的地步。同年夏天，陈季常要来黄州时，苏东坡为安排其住宿曾大伤脑筋。但无论如何，一家人终于团聚，且条件比寓居定惠院时强了许多。临皋亭虽然狭小拥挤，但这儿的风景极佳，亭下八十余步，便是滔滔江水。

精神生活固然重要，物质基础亦不可或缺。现实的贬谪生活远比预想的要严峻、残酷得多。

苏东坡被贬黄州后，没有俸禄可言，只有一份微乎其微的实物配给可领。从嘉祐六年（1061）任凤翔签判时起，至元丰二年（1079）在湖州知州任上被逮捕时止，他为官近二十年，由于常年在外任职，又不善持家理财，几乎没有什么积蓄。他在《次韵和王巩六首》（其五）中写道："若问我贫天所赋，不因迁谪始囊空。"

一大家子人来到黄州后，嗷嗷待哺，钱从何来？无奈之下，苏东坡想起了他在湖州相识的隐士贾收（耘老）。贾耘老，家贫好酒，在苕溪上面建造了一座水阁隐居，日子过得很苦，可他摸索出一套如何过好清贫日子的方法。忧虑之余，苏东坡也效仿贾耘老，限定家用每日不得超过百五十，每月初便取出四千五百钱，分为三十串，挂在屋梁上，早晨用画叉挑取一块，随即将叉子藏去。纵然当天的钱不够用，也绝不寅吃卯粮。如有结余，就存在竹筒里，用于招待宾客。如此窘境，他在给秦观和王定国的信中都曾描述过。

即便如此节俭，家里仅有的一点钱也只够维持一年左右，就算再会持筹握算，也难以避免坐吃山空的窘境。仅靠节流，对苏家而言，显然是解决不了根本问题的，重要的是开源。在农耕社会中，对于一个没有俸禄的贬谪官员而言，要想解决一大家子的生计问题，首选当然是拥有一块自己的土地。那时的苏东坡迫切希望能够有一块自由支配的田地，做一个不辞辛劳、躬耕自给的农夫。苏东坡的这个梦，友人马梦得帮他圆了。

新年二月，马梦得来黄州时，看到苏东坡如此窘迫，便主动替他向当地政府申请，获批得到了黄州东城门外约五十亩官府练兵的废弃营地，供苏家无偿耕种，以解决他家捉襟见肘的生活窘境。

世事难料，苏东坡自己也没有想到，他早年厌恶官场的尔虞我诈，曾有弃官为农的念头。在被贬黄州后的生活压力下，这一想法竟然变成了现实。

获得耕地让一筹莫展的苏东坡喜出望外。因为，以他当时的身份和经济状况,不可能凭一己之力买下这块地。这块荒地本无地名,因地处黄州东城门外一百余步,地势东高西低,还因苏东坡所喜爱的白居易被贬忠州刺史时,写有《东坡种花二首》,并留有《步东坡》的诗,且忠州、黄州都是贬谪之地,更为巧合的是两地皆在城东,因此,苏东坡将这块地命名为"东坡",自称"东坡居士"。

唐宋以来,文人、士大夫都喜欢以"居士"自称,以示高雅和超凡脱俗,如李白自称"青莲居士"、白居易自称"香山居士",又如欧阳修号"六一居士"、张方平号"乐全居士"、李清照号"易安居士"。后来,"东坡居士"的名号大大超过了他的本名苏轼,人们更习惯、更亲切地称他为"苏东坡"。

尽管东坡是一片满布草棘、瓦砾的荒地,土地并不肥沃,若不是戴罪之身、生计所迫,谁会在乎这块贫瘠的土地?但苏东坡深知来之不易,倍加珍惜,获得批准后,即带领全家老小拓荒,早出晚归,往来于临皋亭和东坡地块间。

苏东坡虽然不懂农耕,但统筹谋划、合理布局可是他的强项。他环顾地块四周,目测高低,很快一幅蓝图在他心中绘制而成。地势较低的地方,种植粳稻和麦子;东面那片平地栽上栗树和枣树;其他地方种植黄桑和蔬菜;哪里打井,哪里筑坝,他都规划在胸。他还要预留一块视野比较好的空地,等条件成熟时建筑一幢安家的宅子。谋划完成后,苏东坡的心情顿时畅快起来,仿佛一片片绿油油的稻田,一串串金黄色的麦穗,一茬茬新鲜的瓜果蔬菜,已展现在他的眼前。这不是一块荒地,而是希望的田野。

真是喜从天降,枯草烧尽后,童子兴奋不已地来报,竟然发现了一口暗井。苏东坡立马察看,原来这口井中的水源来自岭背的一道清泉,由于久旱不雨,泉水不足,水位较低,没有流下岭来。这可把苏东坡高兴坏了。一夜忽降大雨,次日清晨便有泉水沿着旧道流经东坡田地,到柯氏林园附近,汇聚成了约十亩方圆的池塘,东坡田里的灌溉用水算是有了着落。

为了开荒种地，苏东坡还购买了耕牛，添置了农具，从现在起，他就是一位名副其实的农夫了。躬耕自种，虽然辛苦，但苏东坡的心里却很踏实，他正一步一步地走出"乌台诗案"的阴影。"腐儒粗粝支百年，力耕不受众目怜。"他不需要别人的怜悯和救济，他要自力更生，自食其力。

苏东坡垦荒种地的消息不胫而走，除马梦得外，黄州小有名气的潘丙、郭遘和古耕道也伸出援助之手。

等到荒地整成农田可以种植，时已深秋，种稻时节已过，只能先种麦子。自出仕以来，苏东坡一直是靠朝廷的俸禄养家糊口，不知农家的艰辛和农耕的基本知识。所幸他人缘好，一位热心肠的老农悉心指导：麦苗出芽后，不要任其生长，若想有个好收成，就得让牛羊吃掉初生的麦苗，等到春天时再生长的麦苗会更加茂盛。

来到黄州的第二年，对于苏东坡而言是双喜临门。一是麦子喜获丰收，果树长势喜人，蔬菜自给有余，土地整理和农田灌溉等基础设施基本到位。二是他所心仪的朝云已长大成人，正式成为他的侍妾。

元丰六年（1083）九月二十七日，四十八岁的苏东坡又喜得贵子，朝云给他生了第四子，名为遁儿。在"洗三"之日，也就是婴儿出生后的第三日举行的沐浴仪式上，苏东坡曾写下自嘲诗《洗儿戏作》："人皆养子望聪明，我被聪明误一生。惟愿孩儿愚且鲁，无灾无难到公卿。"

农耕时期，耕牛是最为贵重的生产资料，也是减轻农家劳动强度的主要帮手。一次，苏家的耕牛得了重病，濒临死亡，兽医束手无策，幸好夫人王闰之见过此病，且有一味单方，竟然奇迹般地治好了耕牛的疾病。苏东坡大喜过望，写信告诉了章惇。拓荒东坡的同年冬季，苏东坡又在东坡地块的附近，为自己选好了一块地势较高、视野开阔的建房之地。此地原为养鹿场，距东坡地块四百多步。在友人们的帮助下，苏东坡领着家人按照自己的喜好和构想，在元丰五年（1082）二月，建起了拥有五个房间的安乐窝。因房子竣工时大雪纷飞，堂屋墙壁四周都是苏东坡自己所绘的雪景，故取名为"雪堂"。他自书"东坡雪堂"作为匾额。后来大凡有远道朋友来访，苏东坡都安排他们在此下榻。

元丰五年（1082）三月，当时还默默无闻、后来成为著名书画家的米芾（fú），前来黄州拜会苏东坡。在刚竣工的雪堂，苏米二人热议书画艺术和诗道。也是在这里，苏东坡将珍藏的画圣吴道子的《释迦佛图》拿出来供客人欣赏。还是在这里，苏东坡酒酣时濡笔弄墨，面壁而立，悬肘作画，赠予米芾，是为订交之始，后来二人成为挚友。苏东坡当时画的是墨竹，竹竿从地而起一口气直到竹梢。米芾非常惊讶："何不一节一节画呢？"苏东坡富有禅机地回答道："你何时看见竹子是一节节长出的呢？"

"东坡雪堂"落成的同年十月，江西临川的蔡承禧被任命为淮南转运副使，黄州恰好是他的辖区。蔡承禧，字景繁，欧阳修的门生，颇为有趣的是，嘉祐二年（1057）他与父亲蔡元导同登进士，与苏东坡兄弟俩亦为同年。蔡承禧重情重义，是月巡视黄州时，眼见临皋亭年久失修，四处漏雨，且比较拥挤，就提议时任黄州太守的杨寀（cài）在临皋亭附近水路驿站的高坡上，为苏家建三间瓦房。

元丰六年（1083）五月，三间瓦房在临皋亭南侧建成，苏东坡将其取名为"南堂"。"南堂"面朝大江，适宜消夏。三间房屋对于苏东坡而言，不仅是贫而暴富，而且非常适用。这"南堂"做了客室、卧房、书斋和丹室，苏东坡兴奋地写下了《南堂五首》。他对蔡承禧更是感激不尽。

来到黄州后的生活，对苏东坡而言，是孤独凄寂的，又是辛劳踏实的。他在给友人孔毅甫的诗中写道："去年东坡拾瓦砾，自种黄桑三百尺。今年刈草盖雪堂，日炙风吹面如墨。""良农惜地力，幸此十年荒。桑柘[1]（zhè）未及成，一麦庶可望。"这是《东坡八首》（其五）的内容，丰收的喜悦不仅冲淡了家贫窘迫的忧愁，耕耘的劳作也缓解了"乌台诗案"和贬谪生活带来的孤寂与烦恼。

苏东坡每天与家人往返于临皋亭与东坡之间，经过黄泥坂，路过承天寺，总共不到一里地，途中他经常吟诵陶渊明的《归去来兮辞》，日复一日的劳作逐渐给他带来了快乐，他也越来越陶醉于日出而作、日入而息的田园生活了。

一日，苏东坡大醉，他将陶渊明的《归去来兮辞》改编成《黄泥坂词》。

苏东坡和陶渊明虽然归田和躬耕的原因有所不同，但两人都以旷达的态度对待人生的逆境。

然而，人的心态和思想感情，总是随着年龄、身体和客观环境的变化而产生一定的波动。看似心态和情绪都已调整得比较好的苏东坡，在来到黄州后第三个寒食节，心灵深处还是掀起了不小的波澜。

寒食节，是中华民族的传统节日，始于春秋时期，清明节前一二日。寒食节禁烟火，只吃冷食，曾被称为中国民间的第一大祭日，是汉族传统节日中唯一以饮食习俗来命名的节日。随着岁月的变迁，寒食节渐渐地融入了清明节。

元丰五年（1082）的寒食节，阴雨绵绵，江水暴涨，几乎与临皋亭的地面齐平，房屋多处漏雨，家里更是冰锅冷灶。拓荒东坡，建筑雪堂，苏东坡积劳成疾，痔疮复发，卧床不起，苦不堪言。家里家外的凄凉情景令其心寒，想着一大家子跟着自己受苦受难，苏东坡百感交集，他强忍病痛，研墨挥毫，作《寒食雨二首》，记下窘境。

---

1 桑柘：桑木与柘木。

其一

自我来黄州，已过三寒食。
年年欲惜春，春去不容惜。
今年又苦雨，两月秋萧瑟。
卧闻海棠花，泥污燕脂雪。
暗中偷负去，夜半真有力。
何殊病少年，病起头已白。

其二

春江欲入户，雨势来不已。
小屋如渔舟，蒙蒙水云里。
空庖（páo）煮寒菜，破灶烧湿苇。
那知是寒食，但见乌衔纸。
君门深九重，坟墓在万里。
也拟哭途穷，死灰吹不起。

诗中苦雨、萧瑟、空庖、寒菜、破灶、坟墓等阴郁凄寂的意象，传达出作者内心的悲凉和凄苦。苏东坡当时的处境确实令人揪心，但所幸的是，这一《寒食帖》与王羲之的《兰亭序》、颜真卿的《祭侄文稿》并称为"天下三大行书"。

一蓑烟雨任平生

日常生活固然现实和骨感，而苏东坡的精神追求和情感世界与常人相比，则是异常丰富而敏感的。"乌台诗案"后，经过一段时间的调适和辛勤劳作，初来黄州时的惊恐、孤寂、凄凉等明显好转，他开始思考人生的价值和意义。

刚到黄州的当年六月，苏东坡在《别弟诗》中，曾形容自己的生命就像爬在旋转中的磨盘上的蝼蚁，又像旋风中的羽毛。苏东坡开始反思自己的个性，思考如何才能得到心灵的真正安宁。"物我相忘，身心皆空"是苏东坡所要追求的精神境界，而学道礼佛、厚自养炼和焚香默坐，则是他在黄州时的自我调适之法。其实，苏东坡涉足儒释道，远远早于黄州时期。

儒家思想作为我国封建社会的主流思想，一直延续了两千多年，而苏东坡恰好又生于儒家思想和文化底蕴深厚的家庭。父亲苏洵穷究四书五经、诸子百家，贯穿古今，文风纵横恣意，其《六国论》议论古今，借古讽今，是儒家风范的典型体现。母亲程氏受过良好的文化熏陶，苏洵游学期间，操持家务和两个儿子的教育，都由她一人承担。程夫人在重视文化教育的同时，特别注重儒家思想的学习教育和家风家教的养成。十一岁时，苏东坡进入寿昌书院，系统学习儒家思想。苏东坡正是在这样的家庭背景、学校氛围和社会环境下成长的，儒家思想无疑是其人生态度的主流。

王安石变法时，苏东坡不畏权势，反对新法，后来司马光为相时，他又"不识时务"，反对尽废新法。苏东坡不计个人得失的所作所为，其实是儒家以人为本、仁政爱民思想在其身上的彰显。先后被贬黄州、惠州、儋（dān）州后，苏东坡仍然不遗余力地关注民生，充分说明儒家的仁爱思想已深入他的灵魂。

佛教早期对于苏东坡的影响，既有地域因素，也有家庭原因。从地域关系来说，巴蜀是我国最早传播佛教的地区之一，信众甚广，高僧辈出。祖父苏序乐善好施，远近闻名。相传苏东坡的外祖父程文应年轻时外出，遭遇蜀乱，没有盘缠回家，危难之时得到十六位僧人的救助，才得以回到家乡。事后为了报恩，程文应曾尽力寻访，但始终未果，于是他就怀疑是阿罗汉搭救了自己，从此便在家中供奉着十六尊罗汉。

苏东坡一生中有很多僧人朋友，从目前的史料来看，最早的僧人朋友应该是成都大慈寺的惟度、惟简两位法师。至和二年（1055），"三苏"在成都拜谒张方平时，乘便游览了大慈寺，拜会了两位法师。嘉祐四年（1059），苏东坡兄弟俩为母亲程氏守孝期满，即将离开眉山回到京师前，再次前往成都大慈寺，拜访两位法师。

惟度、惟简两位法师，事佛虔诚，博学多才，待人友善。两位法师与苏东坡兄弟二人相谈甚欢，结为好友。从此，苏东坡兄弟俩与佛结下了不解之缘。

苏东坡被贬黄州后不久，在众人避之唯恐不及的情况下，惟简不怕牵连，委派徒孙悟清前来探望，并请苏东坡为成都大慈寺新落成的专门用于收藏佛经的"大宝藏"作记，以此希望他能在逆境中以佛法养心，随遇而安。

苏东坡的文学作品中最早出现信佛、谈论佛法的言论，当追溯到嘉祐六年（1061），彼时他刚刚出仕，在凤翔任签判。苏东坡对当地的名胜古迹兴趣浓厚，对寺庙中精美绝伦的佛教壁画更是流连忘返。而他的同僚好友，时为凤翔监军的王大年不仅信奉佛教，而且热心为他讲解佛法，这让他不自觉地浸润其中。

熙宁四年（1071）十一月底，苏东坡抵达杭州任通判。刚到三天，他就前往西湖孤山拜访惠勤、惠思两位僧人。巡视辖属各县时，他也多次到访、下榻寺庙，结交僧友。杭州僧寺星罗棋布，据明代田汝成《西湖游览志余》记载，杭州城内城外及湖山之间，唐代以前佛寺就多达三百六十处，钱氏吴越立国后，数量又有所增加。苏东坡在与寺僧们的交往中，开始悟出佛门的道义。这个时期，他开始涉猎佛学，虽不是系统研究佛典，但由此缓释了不少心理上的压力。

苏东坡曾说："吴越多名僧，与予善者常十九。"江浙地区的名僧很多，其中不乏他的好友。在他交往的众多僧侣朋友中，友谊最深的当属同在西菩山智明寺出家的参寥和辩才两位法师。苏东坡诗中提及"参寥"的近一百五十处。苏东坡的次子苏迨（dài），自小体弱多病，三岁多还不会走路。他和夫人王闰之害怕苏迨养不大，便恳求辩才法师在观音菩萨座前为他剃度，取名"竺僧"。辩才为他摩顶，祷告于菩萨，祈求福佑。这也说明佛教对苏东坡的影响还是比较深的。

苏东坡一生中曾多次梦见自己身披袈裟，常常怀疑自己前世是位僧人。不仅如此，他恍惚觉得前世曾住在杭州。这个念头在他的诗中以及同代人的笔记里都有过记载。

综上所述，人们不难理解苏东坡躬耕东坡后，为何自号"东坡居士"了。

苏东坡与道结缘也是很早的。他八岁在天庆观读书时，老师张易简就是位道士。不仅如此，苏东坡似乎与道士颇有缘分。张易简的朋友眉山老道士李伯祥在学校见到苏东坡时，便叹赏道："此郎君贵人也。"苏东坡很是好奇，不知道其如何知之，他在《题李伯祥诗》中曾有所表达。晚年贬谪儋州后，他还梦见自己回到了眉山儿时的学堂，像往昔一样遇见了恩师张易简，并在名篇《众妙堂记》中记录下了这次梦幻。

嘉祐八年（1063）秋，苏东坡在凤翔任签判时，因与太守陈希亮相处不太融洽，他怀着孤寂郁闷的心情，来到终南山的上清太平宫，宫内有道藏，为先朝所赐。苏东坡在此饱读众多道家经典后，写下《读道藏》一诗。他此番读道藏，一是寻求精神慰藉，二是打算仕途受挫后，也像父亲当年那样专注于学术。苏东坡首次全面研学道藏，只是小有收获，并未领悟真谛。

苏东坡年少时读《庄子》就有感悟。庄子主张清静无为、无为而治，强调人与自然的和谐。苏东坡从中学到了调适自己心态和情绪的方法，他在《后杞菊赋》中表示，人生一世，就像胳膊一曲一伸那般短暂，所谓的贫富与美丑，其实都是相对的。有的人粗糠果腹仍然白白胖胖，而有的人美味下肚依然瘦弱。

还是在密州时期，苏东坡曾以对比的手法凸显了杭州、密州两地生活的巨大落差，在《和蒋夔（kuí）寄茶》一诗中，运用庄子齐物思想，调适心态，净化心灵，始终保持达观向上的生活态度。他从庄子哲学中感悟到人生的最高价值，在于人格独立和精神自由。此后，"我生百事常随缘""人生所遇无不可"逐渐成为其人生态度。

苏东坡不仅景仰道家，对道教兴趣浓厚，而且还有很多道士朋友，如熙宁十年（1077），他由密州知州改任徐州知州途中相识的吴复古，黄州时交往的好友杨世昌。在苏东坡处于顺境时，吴复古销声匿迹，而当苏东坡落难时，吴复古则常常出现。此外，苏东坡在他的文学作品中也多次提到仙人、道士。他的《后赤壁赋》就是以梦见道士来结尾的。

苏东坡虽然对儒释道接触较早，但在来黄州前，其认识还不够全面系统，更谈不上融会贯通。以此来调适和解决被贬后的心态和思想问题，显然还是很不够的。

一个与死神刚刚擦肩而过的戴罪之人，在心有余悸、噤若寒蝉之时，被发配到黄州这个陌生之地，要很快适应从地方主官到戴罪之人的角色转换，无论是谁，无论适应能力多强，都要经历极其痛苦的心灵煎熬。对于精神自由、人格独立、忧国忧民的苏东坡而言，这一历程尤为艰难。

苏东坡到达黄州时已四十五岁，义无反顾推行"新法"的神宗皇帝才三十三岁，而"乌台诗案"的处罚决定又是神宗圣裁的。按照正常推理，苏东坡必然认定他今生再无出头之日，人生理想更是无从谈起。因此，初来黄州时苏东坡的情绪非常低落，心态极其复杂，也在情理之中。

古代社会的士大夫一般都以儒家学说作为基础修养，而对于佛和道，有的人坚决抵制，视为异教；有的人则彻底看破，皈依佛和道。当然，也有像苏东坡这样的，主张儒释道融会贯通、兼收并蓄。

在《跋子由老子解后》中，苏东坡谈了对《老子新解》价值和意义的理解，非常深刻地阐述了他对儒释道三者之间关系的理解。

"乌台诗案"后，谪居黄州，躬耕东坡，这些变故和经历，无疑成为苏东坡思考人生、调适修炼和重塑自我的契机，而儒释道的思想融合，又给了他坦然面对命运的安排、与自己及社会和解的精神力量。人在逆境中，与自己及社会和解，不仅是一种解脱，更是人生智慧的体现。

苏东坡在黄州四年多的时间里，他每过一两天就去安国寺，早去晚归，焚香默坐，自我反省，达到了心灵清净、杂念全无、物我相忘、身心皆空的境界。应该说，安国寺对于苏东坡浸染深广的佛禅文化，起到了极大的推动作用。

苏东坡在《答秦太虚七首》（四）中记叙：吾辈都已慢慢变老，再也不能像年轻时那样对待自己。应该赶紧用道书方士所说的方式，厚待自己、修身养性。谪居此地，闲来无事，知道了道家修炼的一些方法。已向当地的天庆观借到了三间道堂，冬至后就搬去，住满四十九天才出来。若不是贬谪在此，怎会有如此机会呢？他在天庆观闭关四十九天的"养炼"，既是为了"强身"，更是为了"健脑"。苏东坡在《答李端叔书》中放言："谪居无事，默自观省，回视三十年以来所为，多其病者。足下所见皆故我，非今我也。"谪居以来，无事可做，常默默地自我反省，回顾自己这三十年来的所作所为，多数都是这种病态啊。您所知道的，都是过去的我，而不是现在的我。

儒家重在修身，修的是浩然正气，精髓是拿得起；道家重在治身、养生，修的是练心见性，精髓是想得开；佛家重在治心，修的是度人度己，精髓是放得下。文人士大夫们在处于顺境时，更多地倾向于儒家，积极入世；处于逆境时，则会用道家思想来安慰自己，在命运发生急剧变化时，保持一种超然的人生态度。在宋代，佛教表现出新的发展趋势，它与寺院外的社会联系变得更为密切，也更加复杂，文人士大夫们也常常通过撰写与佛教相关的文章来表达他们的见解与主张。

苏东坡对儒释道的认知和修炼，是非常成功的，也是常人所难以企及的。儒学增强了他兼济天下的情怀，道学坚定了他潇洒豁达的心态，佛学给予了他看淡一切的境界。他对儒家、佛家和道家思想的融会贯通，赐予他生命的滋养、智慧的启迪，成就了他逆境中坚韧刚毅、苦难中大智若愚、漂泊半生却逍遥旷达的心态。人们可以从下面几篇文学作品中看到他的修炼过程和成果。

苏东坡《与范子丰八首》（八）中说：

> 临皋亭下不数十步，便是大江，其半是峨眉雪水，吾饮食沐浴皆取焉，何必归乡哉！江山风月，本无常主，闲者便是主人。闻范子丰新第园池，与此孰胜？所不如者，上无两税及助役钱耳。

被贬黄州，躬耕东坡，寄情于山水间，感念英雄，咏唱江山，抒发郁闷心情。然而得过且过，逃避现实，岂是苏东坡的本色！文末话锋一转，正话反说，庆幸他的所在地，没有苛捐杂税和新政干扰。其中"江山风月，本无常主，闲者便是主人"，道出了作者的心声。

> 东坡居士酒醉饭饱，倚于几上。白云左绕，清江右洄（huí），重门洞开，林峦坌（bèn）入。当是时，若有思而无所思，以受万物之备，惭愧！惭愧！

《书临皋亭》一文以极其短小的篇幅，表现出作者悠然自在、无拘无束的心境，在临皋亭这个特定的情境中，展现了作者在逆境中随遇而安、不受羁绊、旷达释然的胸怀。

开荒种地，不仅部分解决了生计问题，更重要的是在劳作中，苏东坡逐步化解了精神压力。他运用儒释道的思想精髓，剖析自己，反思过往，思考人生，他的世界观、人生观和价值观发生了蜕变。他也第一次感受到了无官一身轻的自由、自在和自信。

多难畏人。谪居黄州已三年,随着光阴一年又一年地流逝,苏东坡东山再起的希望越来越渺茫,他自己也只想过上平静的农耕生活。但东坡之地并不足以支撑一大家子二十多口人的温饱,于是他从长计议,开始求田问舍。他想在黄州附近再置办一块肥沃的田地,以保全家丰衣足食。

元丰五年(1082)三月七日,苏东坡在朋友的陪同下来到距黄州东南三十里地的沙湖去看田。田地在山谷之间,尤其适合种植水稻。当地人告诉他,在此地播下一斗稻种,能收获十斛稻子,相当于五十斗。返程时天气晴好,毫无雨意,苏东坡便让家僮带着雨具先行回去,自己与几个朋友落在后面。不料天气突变,骤风急雨,同行的人个个被淋得狼狈不堪,只有苏东坡若无其事,照常安步徐行。很快,

雨过天晴，苏东坡很满意自己刚才这份坦然面对的豪情，并作《定风波·莫听穿林打叶声》来表达自己的心境。

莫听穿林打叶声，何妨吟啸且徐行。竹杖芒鞋轻胜马，谁怕？一蓑烟雨任平生。　　料峭春风吹酒醒，微冷，山头斜照却相迎。回首向来萧瑟处，归去，也无风雨也无晴。

苏东坡醉酒遇雨后抒怀，借雨中洒脱徐行之举，表现了自己虽屡遭挫折、身处逆境而毫不畏惧、亦不颓废的倔强性格和豁达胸怀，表达了自己不畏艰辛和磨难，任凭风吹雨打的从容和淡定。而"回首向来萧瑟处，归去，也无风雨也无晴"，则进一步表明苏东坡对人生已大彻大悟。此词表明他已从初到黄州时的心理困境中走出，不惧祸、不自晦，他可以坦然面对人生的苦难，笑看人生的挫折。

苏东坡不惧风雨的豪情固然可赞，但毕竟是乍暖还寒的时节。来到蕲（qí）水（今湖北省黄冈市浠水县），县尉潘鲠（gěng）热情接待，其间，因为淋雨，染上风寒，苏东坡左臂红肿疼痛，也有人认为是食物中毒，潘鲠便请当地名医庞安时（安常）诊治。庞安时一见苏东坡，即诊断手臂红肿为药石之毒，他采用针灸疗法，一针见效。

庞安时年少时因一场大病而耳朵失聪，与人对话，只能靠文字来交流。庞安时敬仰苏东坡已久，一直无缘相见，此次不仅治愈了苏东坡的疾病，还特意停诊，诚邀苏东坡同游蕲水名胜清泉寺。

清泉寺始建于唐贞元六年（790），位于蕲水县城门外约两里地的凤栖山上，相传王羲之曾在泉水中洗过笔砚。此外，寺庙前山下的兰溪水流向也与众不同，由东向西。苏东坡心情舒畅，游兴甚高，此次畅游的收获之一，是一首《浣溪沙·游蕲水清泉寺》。

山下兰芽短浸溪，松间沙路净无泥。萧萧暮雨子规啼。　　谁

> 道人生无再少？门前流水尚能西！休将白发唱黄鸡。

苏东坡由兰溪水的流向与众不同这一现象抒发感慨：谁说人生就不能再回到少年时期呢？寺庙前的溪水都还能由东向西流淌，切勿在老年时感叹时光的飞逝。该诗表现出作者虽身处逆境而绝不消沉、老当益壮的精神，与刘禹锡的"莫道桑榆晚，为霞尚满天"有异曲同工之处。

元丰五年（1082）九月间的一个夜晚，苏东坡与几个好友在江上饮酒后，微醺返回住地临皋亭。一路欣赏江水接天、风露浩然的秋色，苏东坡顿生"身非己有"的苦闷，忽然产生退避江湖、挣脱尘网的念头。面对一望无际的江水，苏东坡浮想联翩，旷达而伤感，《临江仙·夜归临皋》于是一气呵成。

> 夜饮东坡醒复醉，归来仿佛三更。家童鼻息已雷鸣。敲门都不应，倚杖听江声。　　长恨此身非我有，何时忘却营营？夜阑风静縠纹平。小舟从此逝，江海寄余生。

苏东坡临江沉思，豁然开朗，情不自禁地产生了脱离现实社会的浪漫主义遐想，"小舟从此逝，江海寄余生"，表现了作者愤世嫉俗、寻求解脱的人生态度。

此词一出，还闹了个乌龙。坊间盛传那天晚上，苏东坡填词后，将冠服挂在江边的树上，撑船长啸而去。太守徐君猷听到谣言后，自然很不淡定，因为他对苏东坡负有监管责任。徐君猷火急火燎赶到临皋亭，还在门外，他就听到苏东坡鼾息如雷，不禁哈哈大笑。

元丰六年（1083），苏东坡谪居黄州已将近四年。而与苏东坡志趣相投的友人张怀民，此时也谪居黄州，暂寓承天寺。张怀民，字梦得，一字偓佺，也反对新法，刚被贬到黄州为主簿会计，与苏东坡一样也是一名闲职官员。十月的一个夜晚，皓月当空，静谧的月光照进房内，苏东坡欣然起身，来到承天寺寻访张怀民，事后写下《记承天寺夜游》：

> 元丰六年十月十二日夜，解衣欲睡，月色入户，欣然起行。念无与为乐者，遂至承天寺寻张怀民。怀民亦未寝，相与步于中庭。庭下如积水空明，水中藻、荇交横，盖竹柏影也。何夜无月？何处无竹柏？但少闲人如吾两人者耳。

文章通过对月色和美妙夜景的描写，真实地记录了两位贬官的一个生活片段，表达了作者忧国忧民、壮志未酬的苦闷和自我排遣、旷达释然的人生态度，也表达了作者对知音甚少的无限感慨。

以上几篇文学作品体现出苏东坡强大的内心世界，由于对儒释道的融会贯通、兼收并蓄，他能够不断从三家思想中汲取能量，将儒家的执着、道家的洒脱和佛家的圆融集于一身，始终保持积极旷达的人生态度。

文学创作的巅峰期

文学源于生活，高于生活，社会生活是一切文学创作取之不尽、用之不竭的源泉。在经历了无数个彻夜难眠、辗转反侧的夜晚后，在前所未有的孤寂苍凉中，苏东坡不断从儒释道中汲取营养和能量，终于行成功满，实现与自己及社会的和解，彻彻底底进入了精神的自由王国。

孟子说："故天将降大任于是人也，必先苦其心志，劳其筋骨，饿其体肤，空乏其身，行拂乱其所为，所以动心忍性，曾益其所不能。"一个人要想成就一番事业，必须要经历艰难困苦的磨炼，越是遭遇挫折,越能激发一个人的斗志和潜能。

　　无独有偶,文王姬昌被拘禁而扩写了《周易》;孔子受到困窘而写了《春秋》;屈原被流放,才有了《离骚》;左丘明失明,写了《国语》;孙膑被截去髌骨,《兵法》才能撰写出来;吕不韦被贬谪蜀地,后世才能流传《吕氏春秋》;韩非被囚禁在秦国,写出了《说难》《孤愤》;《诗》三百篇,大概都是一些圣贤抒发愤慨而写出来的。这些人都有着压抑郁结不解的情感,不能实现其理想,因此记述过去的事,让后来的人知道他们的志向。富贵而湮没无闻的人数不胜数,只有那些不为世俗所束缚、志向高远、卓越豪迈之士才能被人称颂。文王姬昌、孔子、屈原、左丘明、孙膑等便是杰出代表。

　　苏东坡一生笔耕不辍。从嘉祐二年(1057)进士登科时起,至建中靖国元年(1101)北归途中逝世时止,他在长达四十多年的创作生涯中,共留下两千七百多首诗、三百多阕词、四千八百多篇文章,高居唐宋八大家之首,大约平均每两天就有一篇文学作品问世。

　　作为北宋时期的文坛领袖,苏东坡在诗词歌赋、书画等方面都取得了很高的成就。其诗题材广阔,清新豪健,独具风格,与黄庭坚并称"苏黄";其词开豪放词之先河,与辛弃疾同为豪放派代表,并称"苏辛";其散文著述颇丰,纵横恣肆,豪放自如,与欧阳修并称"欧苏",与韩愈、柳宗元、欧阳修合称"韩柳欧苏";他善书法,与黄庭坚、米芾、蔡襄合称"宋四家";他擅长文人画,尤擅画墨竹、怪石、枯木等。人们尊称他为文学艺术的全才式巨匠,一点也不夸张。

　　失之东隅,收之桑榆。如果说在密州两年多的工作生活经历为苏东坡提供了文学创作的素材,激发了他的创作灵感,为他带来了文学创作的一个高峰,那么,四年多黄州的贬谪生活,给他带来的则是惊恐、窘迫及后来的释然、通达,将他的文学创作推进到了巅峰时期。

　　苏东坡在黄州四年多的时间里,共创作了七百五十三篇(首)文学作品,其中诗二百一十四首、词七十九阕、散文四百五十七篇、赋三篇。就作品创作的频率和节奏看，和其他时期相比，并无特别之处。为什么世人公认居黄州期间为苏东坡文学艺术创作的巅峰时期呢？这主要是就其作品的质量而言。千古绝唱、旷世经典的"赤壁三咏"和被称为"天下三大行书"之一的《寒食帖》，都创作于黄州。其《论语说》五卷和《易传》九卷的初稿也写于黄州，但令人遗憾的是，《论语说》后来失传。

"问汝平生功业，黄州、惠州、儋州。"显然，苏东坡非常看重三地的谪居生活。而同样是谪居，为什么是黄州时期成就了苏东坡文学艺术创作的巅峰期呢？要而言之，黄州不仅为他提供了临皋亭、东坡雪堂和南堂等安身之处，躬耕东坡的劳作和儒释道的兼收并蓄，更使黄州成为他的安神之所、心灵之家，以上因素奠定了苏东坡文学艺术创作的思想基础，极大拓展了其精神境界。

黄州于苏东坡而言，可以说是相互成就。正如苏东坡在《与朱康叔二十首》（一）中所写"节物清和，江山秀美"，黄州让他感受到了自由和生命的真正意义，使他超越了谪居的悲凉，淡忘了世俗的名利，释然了精神的痛苦，把人世间的荣华富贵、旦夕祸福都视为过眼烟云，造就了"一蓑烟雨任平生""也无风雨也无晴"的苏东坡。黄州成为他一生中最重要的人生驿站，苏东坡也成为黄州历史文化的一座丰碑。

研究古代文学的王水照认为苏东坡谪居黄州的写作具有三个特点：一是抒写贬谪时期复杂矛盾的人生感慨，是其主要题材。比任职时期，政治社会诗减少，个人抒情诗增多；二是这时期创作的风格除了豪健清雄外，又发展了清旷简远的一面，透露出向以后岭南、海南时期平淡自然风格过渡的消息；三是在散文方面，任职时期以议论文（政论、史论）和记叙文为主，这时期则着重抒情性，注重于抒情与叙事、写景、说理的高度结合，出现了带有自觉创作意识的文学散文或文学性散文，其中尤以散文赋、随笔、题跋、书简等成就为高。

在黄州时期，苏东坡最为著名的作品非"三咏赤壁"莫属，即

《赤壁赋》《后赤壁赋》《念奴娇·赤壁怀古》。《赤壁赋》和《念奴娇·赤壁怀古》分别为宋代"文赋"和宋代"豪放词"的第一代表作。

在经过两年多的谪居生活和躬耕东坡的辛劳,尤其是儒释道融会贯通的修炼后,苏东坡经历了从孤寂凄凉的痛苦中解脱出来,走向乐观豁达的心路历程,从而更加坚定旷达。这些在其"三咏赤壁"中,特别是在《赤壁赋》中有着充分的表现。

元丰五年(1082)七月十六日,夕阳西下,天高云淡,四十七岁的苏东坡和道士杨世昌等人来到赤壁游览。良辰美景,泛舟江上,宾主觥筹交错,吟诗作对,吹箫唱雅,热闹非凡。回到临皋亭,苏东坡兴会淋漓,记下当晚的行程和对话,千古绝唱《赤壁赋》,一气呵成:

壬戌之秋,七月既望,苏子与客泛舟游于赤壁之下。清风徐来,水波不兴。举酒属客,诵明月之诗,歌窈窕之章。少焉,月出于东山之上,徘徊于斗牛之间。白露横江,水光接天。纵一苇之所如,凌万顷之茫然。浩浩乎如冯虚御风,而不知其所止;飘飘乎如遗世独立,羽化而登仙。

于是饮酒乐甚,扣舷而歌之。歌曰:"桂棹兮兰桨,击空明兮溯流光。渺渺兮予怀,望美人兮天一方。"客有吹洞箫者,倚歌而和之。其声呜呜然,如怨如慕,如泣如诉,余音袅袅,不绝如缕。舞幽壑之潜蛟,泣孤舟之嫠(lí)妇。

苏子愀(qiǎo)然,正襟危坐而问客曰:"何为其然也?"客曰:"'月明星稀,乌鹊南飞',此非曹孟德之诗乎?西望夏口,东望武昌,山川相缪(liáo),郁乎苍苍,此非孟德之困于周郎者乎?方其破荆州,下江陵,顺流而东也,舳舻(zhú lú)千里,旌旗蔽空,酾(shī)酒临江,横槊(shuò)赋诗,固一世之雄也,而今安在哉?况吾与子渔樵于江渚之上,侣鱼虾而友麋鹿,驾一叶之扁舟,举匏(páo)樽以相属。寄蜉蝣于天地,渺沧海之一粟。哀吾生之须臾,羡长江之无穷。挟飞仙以遨游,抱明月而长终。知不可乎骤得,托遗响于悲风。"

苏子曰:"客亦知夫水与月乎?逝者如斯,而未尝往也;盈虚者如彼,而卒莫消长也。盖将自其变者而观之,则天地曾不能以一瞬;自其不变者而观之,则物与我皆无尽也,而又何羡乎!且夫天地之间,物各有主,苟非吾之所有,虽一毫而莫取。惟江上之清风,与山间之明月,耳得之而为声,目遇之而成色,取之无禁,用之不竭,是造物者之无尽藏也,而吾与子之所共适。"

客喜而笑,洗盏更酌。肴核既尽,杯盘狼籍。相与枕藉(jiè)乎舟中,不知东方之既白。

《赤壁赋》与汉赋以来的传统相一致,也是以主客对话的方式展开。从道士杨世昌悲戚的箫声引出对话。对话的结局是转悲为喜。此赋除了过程和风景描写之外,主题是如何转悲为喜,解脱痛苦。

人生的痛苦来源于欲望过多,而当欲望得不到满足时,皆转化为痛苦。解决痛苦的途径,不外乎满足之或超越之。而当原有的欲望满足之后,又会产生新的奢望和诉求,因为人的欲望是无止境的,从而又会带来新的痛苦。因此,解除痛苦的办法,唯有超越之。

此赋表达了苏东坡对世事难料、人生无常的独到见解。从文中不难看出,苏东坡与刚来黄州时相比,在思想和精神上判若两人,他已脱胎换骨。他实现了与自己及社会的和解,不再孤独凄凉、消沉沮丧,变得旷达释然、乐观随缘。诚如他在《与范子丰八首》(八)中所写:"江山风月,本无常主,闲者便是主人。"

这一年的十月十五日,苏东坡从东坡雪堂回临皋亭的途中,路过黄泥坂时,他与杨世昌二人"人影在地,仰见明月。顾而乐之,行歌相答"。吉日良辰,怎能错过?于是苏东坡与杨世昌二人故地重游,再次来到赤壁之下。由于季节的不同,短短三个月的时光,此时的赤壁已由"清风徐来,水波不兴""白露横江,水光接天。纵一苇之所如,凌万顷之茫然",变为"江流有声,断岸千尺;山高月小,水落石出"。

苏东坡虽年近半百,依然腰腿矫健,船至山下,独自一人借着月光,提起衣襟,登上崖顶,仰天长啸,苏东坡"悄然而悲,肃然而恐,凛乎其不可久留也"。于是匆忙下山,离岸登船,任由小舟在江面上荡漾。半夜时分,一只孤鹤从江东飞来,它突然停止长鸣,掠过船头向西飞去。回到家中,苏东坡很快入睡,他梦见一个身着羽衣的道士,在他临皋亭的床前作揖问道:"赤壁之游乐乎?"第二天,苏东坡以夜游赤壁和梦境为题材,写下流芳百世的《后赤壁赋》:

是岁十月之望,步自雪堂,将归于临皋。二客从予,过黄泥之坂。霜露既降,木叶尽脱。人影在地,仰见明月。顾而乐之,行歌相答。

已而叹曰:"有客无酒,有酒无肴,月白风清,如此良夜何?"客曰:"今者薄暮,举网得鱼,巨口细鳞,状似松江之鲈。顾安所得酒乎?"归而谋诸妇。妇曰:"我有斗酒,藏之久矣,以待子不时之需。"

于是携酒与鱼,复游于赤壁之下。江流有声,断岸千尺;山高月小,水落石出。曾日月之几何,而江山不可复识矣。予乃摄衣而上,履巉(chán)岩,披蒙茸。踞虎豹,登虬龙。攀栖鹘(hú)之危巢,俯冯夷之幽宫。盖二客不能从焉。划然长啸,草木震动。山鸣谷应,风起水涌。予亦悄然而悲,肃然而恐,凛乎其不可久留也。反而登舟,放乎中流,听其所止而休焉。时夜将半,四顾寂寥。适有孤鹤,横江东来。翅如车轮,玄裳缟(gǎo)衣,戛然长鸣,掠予舟而西也。

须臾客去,予亦就睡。梦一道士,羽衣蹁跹(pián xiān),过临皋之下,揖予而言曰:"赤壁之游乐乎?"问其姓名,俯而不答。"呜呼噫嘻！我知之矣。畴昔之夜，飞鸣而过我者，非子也耶？"道士顾笑，予亦惊寤。开户视之，不见其处。

前后赤壁赋写作时间相隔三月，为姊妹篇，可谓珠联璧合。苏东坡常常书写《赤壁赋》赠送友人，而没有自书《后赤壁赋》赠送朋友的记载。究其原因，当然不是因为《后赤壁赋》写得有所逊色，而是二者所写的内容不同，苏东坡更愿意与人分享《赤壁赋》中对世间万物超然洒脱的人生态度，而把《后赤壁赋》中彻底放下的自我留给自己。

在黄州，苏东坡的文学艺术创作之所以进入巅峰，还在于他敢为天下先，突破"诗庄词媚""词为艳科"的窠臼，一改婉约词风，开豪放词之先河，拓宽了词的境界，丰富了词的领域，"以诗为词"，从此让豪放词大放异彩。《江城子·密州出猎》为苏东坡豪放词的开山之作，而《念奴娇·赤壁怀古》则是他豪放词的巅峰之作：

大江东去，浪淘尽，千古风流人物。故垒西边，人道是，三国周郎赤壁。乱石穿空，惊涛拍岸，卷起千堆雪。江山如画，一时多少豪杰。　遥想公瑾当年，小乔初嫁了，雄姿英发。羽扇纶（guān）巾，谈笑间，樯橹灰飞烟灭。故国神游，多情应笑我，早生华发。人生如梦，一尊还酹（lèi）江月。

雄奇的景色和历史的纵深相互交错，使全词充满张力，而苏东坡则在云端俯瞰一切，摹写壮丽山河，点评风云人物，张弛有度，游刃有余，耀亮了文学的星空。透过此词和同一时期的《赤壁赋》《后赤壁赋》等诗文，人们可以看出他的思想裂变的脉络。

苏东坡对他在黄州的词作颇为满意，他在给陈季常的信中写道："近者新阕甚多，篇篇皆奇。"

苏东坡贬谪黄州，让这个名不见经传的小镇青史留名，而"三咏赤壁",更是让赤壁成为黄州首推的名胜。颇有意思的是,苏东坡笔下的赤壁,并非中国历史上著名的赤壁之战的所在地。对此,苏东坡始终存疑。

其实,湖北境内的江汉之间有多个地方都叫赤壁,较有名的有两处:一是真正的赤壁之战所在地,因盛产蒲草而得名的蒲圻县(今湖北省咸宁市赤壁市)沿江南岸,人称"武赤壁";二是苏东坡笔下的赤壁,在黄州城外,俗称"赤鼻矶",因苏东坡的文章,人称"文赤壁"。两个赤壁相距近四百里。

苏东坡的文学作品历来遵循"有意而言""有为而作"的文学观。他的文学作品不仅给人以美的享受、心灵的慰藉和精神的启迪,更为重要的是,他的文学作品反映民间疾苦和他的民本思想。

民本思想源远流长,"民本"一词出自儒家经典《尚书·五子之歌》中的"民惟邦本,本固邦宁"。民本思想,一直是儒家思想的重要内容。先秦儒学的民本思想,主要体现为孔子的"为政以德"、孟子的"民贵君轻"和荀子的"君舟民水"。民本思想是中华文化的主流思想,民生情怀是古代圣贤价值追求的重要依据。

早在科举考试的策论中,苏东坡就提出了"爱民之深,忧民之切,而待天下以君子长者之道也"的政治主张。在眉山为母亲守孝时,他还在《策别训兵旅二》中提出"民者,天下之本;而财者,民之所以生也"的为政理念。嘉祐四年(1059),守孝结束,返回京师途中,苏东坡在《许州西湖》一诗中,首次表露同情百姓疾苦的民本情怀。

出仕之后,苏东坡不仅在地方为官时践行以民为本的初心,还在奏章和文学作品中表达关注民间疾苦等民本思想。

当王安石迫切峻厉地推行变法时,年轻气盛、怀抱匡时济世之志的苏东坡纵笔写下《上神宗皇帝书》,他以锐利的观点、恳切的言辞陈述自己的政治主张和为政理念,斗胆告诫和劝谕神宗皇帝"君之为君,非由神权而得,乃得自黎民百姓的拥护"。在《谏买浙灯状》中,他劝谏神宗皇帝"深计远虑,割爱为民"。这些都反映了他的拳拳爱民之心。

为官之后，苏东坡关注民间疾苦、体现民本思想的文学作品俯拾皆是：《喜雨亭记》反映了他重农、重民的儒家仁政思想；《吴中田妇叹》描绘了江浙一带农民的悲惨生活，抨击了苛税弊政，表达了自己对民众的深切同情；《山村五绝》集中而尖锐地反映了变法给农村和农民带来的巨大伤害，抒发了深切的忧国忧民之心。《山村五绝》为苏东坡第一次任地方主官时所作，反映因连年灾害，密州土地荒废，百姓流离失所的惨况。在即将离开密州时，他又写下"秋禾不满眼，宿麦种亦稀。永愧此邦人，芒刺在肤肌"的诗句。只有爱民如子，视百姓利益高于一切的官吏，才能写下如此感人至深的诗句。情感不是作秀或无病呻吟，只有从人的心灵深处迸发出来才是最真切的。苏东坡在密州不同时期写的诗，足以反映他心系民生、关爱百姓的民本思想。此后，他在徐州、湖州、黄州、京师、颍州、扬州、惠州、儋州等地任职，关注民间疾苦、体现其民本思想的文学作品，不胜枚举。

尽管"乌台诗案"后，苏东坡已是戴罪之身，他在赴黄州途中以及在黄州四年多的时间里，依然关心民间疾苦、体恤民情，这些内容在这个时期的作品中有充分的体现。

《正月十八日蔡州道上遇雪，次子由韵二首》写道："下马作雪诗，满地鞭箠[1]（chuí）痕。伫立望原野，悲歌为黎元。"这是元丰三年（1080）正月，苏东坡赴黄州途中遭遇雨雪时所写的诗句。刚走出御史台的大牢，他首先想到的不是自己命运多舛、前路茫茫，而是天下苍生、黎民百姓的疾苦。

当他们一行过了麻城，转入岐亭以北不远的地方时，苏东坡偶遇好友陈季常。在陈季常的住处看到《朱陈村嫁娶图》时，感慨良多，他在题画诗《陈季常所蓄〈朱陈村嫁娶图〉二首》（其二）中写道："我是朱陈旧使君，劝农曾入杏花村。而今风物那堪画，县吏催租夜打

---

[1] 鞭箠：鞭打。

门。"朱陈村位于徐州丰县，一说位于时属徐州所辖的萧县。想到自己曾在徐州任过主官，百姓自给自足，生活安乐祥和，朱陈二姓互通婚姻。那时民风淳朴、不慕富贵的朱陈村，如今却半夜三更被官府敲门催租逼税，抚今追昔，怎不令人心情沉重。

元丰四年（1081）冬，是苏东坡来到黄州后的第二个冬天。他在《书雪》中写道："黄州今年大雪盈尺。吾方种麦东坡，得此，固我所喜，但舍外无薪米者，亦为之耿耿不寐，悲夫！"种麦东坡，适逢大雪，本是吉兆，可作者却是悲喜交加。喜的是瑞雪兆丰年，悲的是外面那些缺柴少吃的百姓度日艰难。苏东坡这种对百姓的悲悯情怀，似乎是与生俱来的，无论是在主政一方的高光时刻，还是处于人生低谷时，他的爱民恤物之心从未改变过。

苏东坡关注民间疾苦、忧国忧民之心，可谓是无处不在。元丰五年（1082）正月，他的同乡王天麟从武昌过江来看他。聊天中，苏东坡获悉岳州、鄂州一带有沿袭已久的溺婴恶俗，立刻提笔给鄂州太守朱寿昌写信，希望官府采取措施制止这极不人道的恶习，对溺婴者要绳之以法，对那些养不起孩子的家庭要给予救济。

当苏东坡听说黄州也有此恶习时，他提议并说服为人正直的古耕道，发起成立了慈善性质的民间组织"育儿会"，向当地的富庶家庭劝募，每年每户出钱十千，对于家境贫寒不足以自己养育者，分别给予米、布等实物救济，劝其留养自己的骨肉。尽管苏东坡手头非常拮据，但他还是带头捐款。"育儿会"由古耕道任会长，安国寺的住持继连管理账目，以昭众信。这应该是我国儿童福利院最早的雏形。

四年多的贬谪岁月里，苏东坡从"寄蜉蝣于天地，渺沧海之一粟。哀吾生之须臾，羡长江之无穷"，到"挟飞仙以遨游，抱明月而长终。知不可乎骤得，托遗响于悲风"，无论朝堂如何风谲云诡，他始终保持着文人士大夫的风骨。诚如他在《水调歌头·快哉亭作》中所说："一点浩然气，千里快哉风。"

第八章

何妨吟啸且徐行

世事无常终有定，人生有定却无常。转眼间，苏东坡在黄州已度过了四个春秋。在艰难困苦中，他以豁达与乐观坦然面对，在失意孤独中，他与自己及社会和解，不仅如此，他还找到了灵魂的寄托，实现了精神自由。然而就在此时，神宗想到了苏东坡，他将苏东坡的谪居地由黄州变为离京师不远的汝州，一般认为这是朝廷起复苏东坡的前奏。此后，苏东坡有近一年的时间，在长江、淮河一带漂泊。其间，他与王安石在金陵相逢一笑泯恩仇；乞求朝廷准予将谪居地变为常州；神宗驾崩，哲宗继位，高太后摄政，苏东坡迎来了人生的又一个春天。

神宗皇帝的救赎

"乌台诗案"最终以苏东坡被贬黄州而画上句号，不少人认为这不是神宗的本意。其实，这是神宗平衡多方意愿和诉求，依照自己意志而圣裁的结果。不得不说，神宗是位平衡高手。面对大理寺、审刑院的审理复核结果，加之以太皇太后为首的、声势浩大的救援队伍，对苏东坡不杀亦不重判，而将其贬去黄州，也算是个不错的交代。尽管没有满足李定等人诛杀苏东坡的意愿，但也没有判定无罪，至少葬送了苏东坡的仕途，或多或少也给李定、王珪等人留了点面子。

其实，神宗最后的圣裁，恰恰反映的是他本人的意志。在王安石罢相、他亲自主政后，面对苏东坡连二接三关注民生、反对新法的诗文，神宗心中很是不爽。李定等人提出弹劾，对神宗而言，多少有点正中下怀。而神宗虽对苏东坡诟病新法的言论心中不悦，但绝没有痛杀之意，更何况他也不想背上违反祖训、盛世而杀士大夫的千古骂名。

坦率地说，神宗对苏东坡是既爱又恨，他对苏东坡的旷世之才赞不绝口，又对其率性而为、旗帜鲜明地反对新法，尤其是在诗文中对新法指桑骂槐极为不满。但他终究认为，苏东坡还是忠君报国的，他对苏东坡也是惜才关爱的。

据南宋赵葵《行营杂录》记载："上一日与近臣论人才，因曰：'轼方古人孰比？'近臣曰：'颇似李白。'上曰：'不然。白有轼之才，无轼之学。'"《宋史·苏轼传》亦有神宗尤爱苏东坡诗文的记载："宫中读之，膳进忘食，称为天下奇才。"据明代王世贞《苏长公外纪》所记，神宗读"琼楼玉宇，高处不胜寒"，叹道："苏轼终是爱君。"从上述史料不难看出，神宗对于苏东坡的才学是多么认可和喜爱。

元丰六年（1083）春，苏东坡因风火之毒，生了疮疖（jiē），很快侵入右眼，右眼发炎红肿，差点失明。恰巧这年四月，曾巩在江宁病逝。于是谣言四起，说苏东坡与曾巩同日而死，与李贺一样被玉皇大帝召去修文了。

神宗听到这则传闻后，因尚书左丞蒲宗孟既是苏东坡的同乡，又是他的姻戚，便召蒲宗孟来核实。而蒲宗孟并不知道消息真假，只是含含糊糊地答道，近日有此传说。正要用膳的神宗，信以为真，放下碗筷，连声叹息道："才难，才难。"说罢，辍饭而起。后来获悉传闻不实，神宗便再次有了起复苏东坡之意。

元丰七年（1084）正月，神宗释放善意，故意绕过王珪、蔡确等宰辅，亲书手札："苏轼黜居思咎，阅岁滋深；人材实难，不忍终弃。"将苏东坡的谪居地由黄州移到了离京师较近的汝州，这应该是神宗打算起复苏东坡的第一步。神宗此举，并非一时心血来潮。

神宗起复苏东坡动用的是皇帝手札。皇帝手札，这种特殊文本仅在两种情况下使用：一是手诏，常为如特赦一类的非常恩典；二是御札，为皇帝决意要办的事情。手诏和御札一经颁发，宰辅及臣下只能照办奉行，不得再议。

神宗为什么要动用皇帝手札呢？实属不得已而为之。因为此前几次他欲起复苏东坡的动议，均遭到王珪、蔡确等人的阻挠和拖延。

即将离开黄州，苏东坡的心中五味杂陈。奉旨内迁，说明皇帝心中还惦记自己，但自己依旧是戴罪之身，汝州的生计更是没有着落，而几年下来，黄州不仅为他提供了安身之处、安神之所，还成为他的精神家园。对黄州，他心中更多的是依依不舍。

苏东坡深爱着黄州这片土地。元丰七年（1084）四月一日，苏东坡即将离黄移汝，在向邻居告别之际，恰好友人李仲览从江东前来告别，他写下《满庭芳·归去来兮》，抒发了不舍与惜别之情。

> 归去来兮，吾归何处？万里家在岷峨。百年强半，来日苦无多。坐见黄州再闰，儿童尽、楚语吴歌。山中友，鸡豚社酒，相劝老东坡。　　云何？当此去，人生底事，来往如梭。待闲看，秋风洛水清波。好在堂前细柳，应念我、莫翦（jiǎn）柔柯。仍传语，江南父老，时与晒渔蓑。

是啊，思归不得归，有家不能回，何时才能回到万里之外的眉山故里呢？

该词首句"归去来兮"，一字不改地搬用陶渊明《归去来兮辞》的首句，非常明确地表达了思归峨眉故里的强烈愿望。从扬州开始和陶诗，离开黄州后，苏东坡的心与陶渊明贴得更紧。

启程前的这天晚上，前来送别的邻里好友络绎不绝，直到深夜，依然难舍难分，苏东坡以《别黄州》表达了自己的不舍与眷念之情。

苏东坡离开后，再也没有回过黄州，看看他依依不舍的东坡、东坡雪堂和魂牵梦绕的赤壁，再次在临皋亭坐看那奔腾不息的长江。

因长子苏迈接到了德兴（今江西省上饶市德兴市）县尉的任命，苏东坡决定让苏迈带着一大家子稍后到九江与他相会，而他则在诗僧参寥（liáo）等人的陪同下前往庐山。

苏东坡游览庐山的消息不胫而走，山上的僧侣和民众纷纷相传："苏子瞻来了！苏子瞻来了！"

这位经历"乌台诗案"，在黄州谪居后近乎销声匿迹的文坛领袖重现江湖，人气依然不减。苏东坡不免有些心动，不经意间违背初衷作了《初入庐山三首》。进山时他是不打算吟诗填词的。

关于庐山的诗作很多，名气最大的当属李白的《望庐山瀑布》："日照香炉生紫烟，遥看瀑布挂前川。飞流直下三千尺，疑是银河落九天。"进山后，苏东坡首先来到古树参天的开先寺，寺庙侧面有马尾泉和大龙瀑两大瀑布，苏东坡写下诗作《开先漱玉亭》，描绘了亭旁悬瀑飞泻、清潭映月的壮观景色。随后来到了栖贤寺，应该说，苏东坡与此寺的缘分早就注定。三年多前，苏辙路过庐山时，曾作《庐山栖贤寺新修僧堂记》，后将此文寄给哥哥，请他书写，苏东坡欣然挥毫。苏东坡在栖贤僧堂亲眼看到了这方弟作兄书的石刻，倍感亲切。接着，苏东坡在东林寺长老的陪同下，由东林寺前往西林寺，并写下了千古佳作《题西林壁》："横看成岭侧成峰，远近高低各不同。不识庐山真面目，只缘身在此山中。"此诗寓人生哲理于庐山美景的描绘之中，苏东坡是借人们对庐山的不同认知，指出观察问题应当客观全面，否则就得不出正确的结论，身在此山中，不识真面目。苏东坡在写作时，无论从哪个角度、以何种方式阐述，都能做到言简意赅。这不仅仅因为他有出色的文笔，更是因为他能深入浅出，用最简洁的语言表达出深刻的道理。即便非言语所能尽情表达，也能令人心领神会。

岁月如流，一晃，苏东坡与弟弟已有近四年未见了。庐山下来，苏东坡前往筠州看望弟弟苏辙。行至奉新，他就按捺不住地派人给苏辙送信："已至奉新，且夕相见。"快到筠州时，他又有诗云："露宿风餐六百里，明朝饮马南江水……对床欲作连夜语，念汝还须戴星起。"苏东坡的兴奋和渴望之情跃然纸上。兄弟俩心心相印，距高安还有

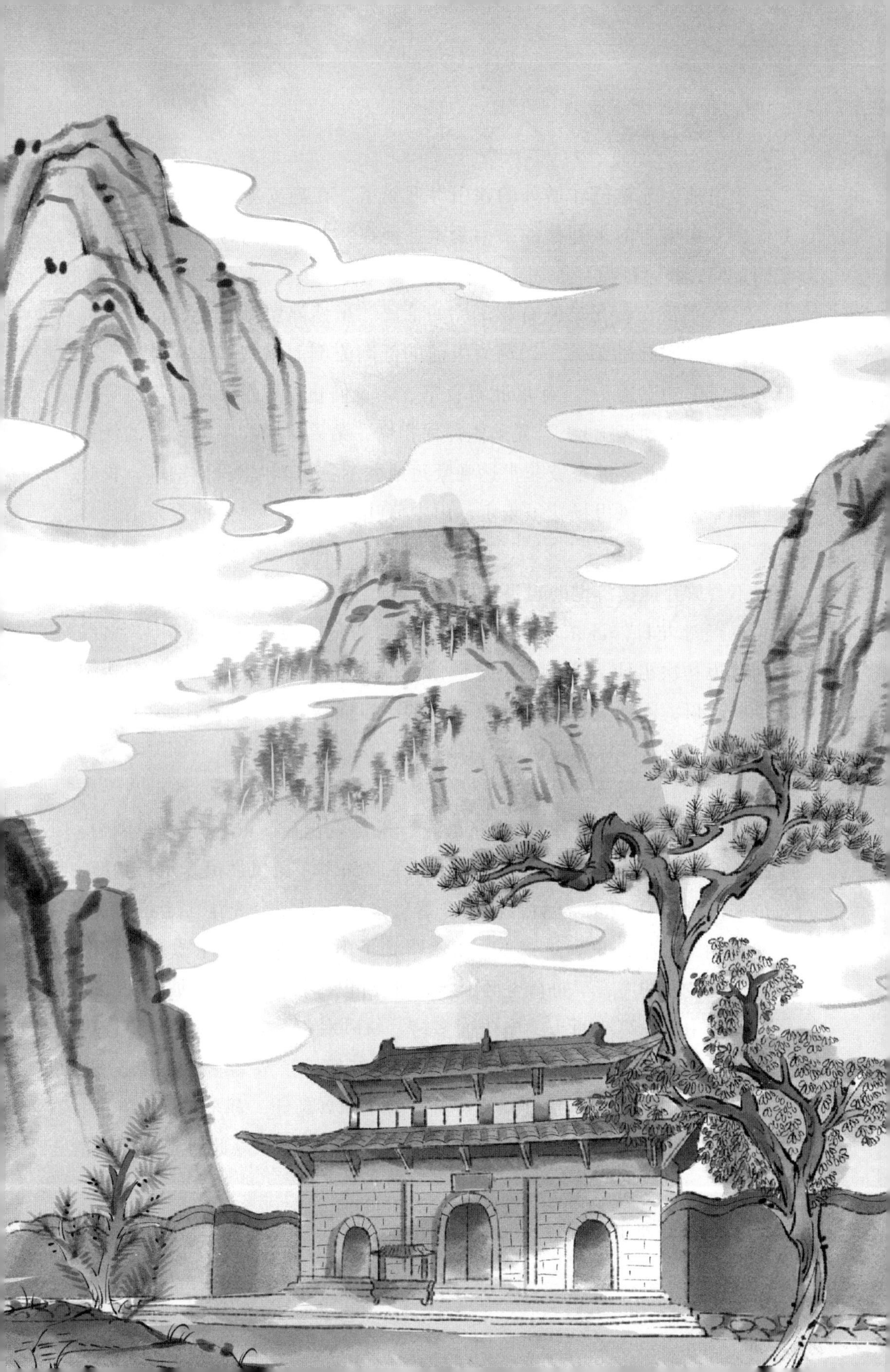

二十里地,苏辙已在城外的建山寺迎候了。在高安城边的锦河金沙渡口,苏东坡与前来迎接的弟弟紧紧拥抱在一起。人们为表达对苏东坡的景仰,将金沙渡口改名为"来苏渡"。

久别重逢,兄弟俩有聊不完的话语。虽然停留不过十日,苏东坡不忘开导和勉励弟弟,切莫为眼前的低潮潦倒而沮丧。他在《别子由三首》中劝慰道:"三年磨我费百书,一见何止得双璧。愿君亦莫嗟留滞,六十小劫风雨疾。"兄弟俩惺惺相惜,弟弟又何尝不为兄长的仕途而担忧。为此,苏东坡非常达观豪迈地表示:"知君念我欲别难,我今此别非他日。风里杨花虽未定,雨中荷叶终不湿。"虽然前途未卜,有家难归,但无论风云变幻,苏东坡都不会忘怀自己的理念和抱负,也决不会放弃拯物济世的担当。

五月九日,苏东坡离开筠州,按照约定,他在九江与家人会合。因苏迈初次出仕,苏东坡决定送他一程。六月初九,父子二人到达湖口。湖口,因地处鄱阳湖进入长江的出口而得名,又是长江中下游的分界点,素有"江湖锁钥,三省通衢[1](qú)"之说。

在湖口,父子二人就便游览了当地名胜石钟山。陪同的小童手持小斧在水边乱石间一两处随意敲打,果然发出硿(kōng)硿的声响。郦道元《水经注》中描述,石钟山"下临深潭,微风鼓浪,水石相搏,声如洪钟"。白天游览后,苏东坡意犹未尽,想探个究竟,于是当夜,父子俩又乘小舟来到绝壁下,果然听到了山下石穴与江水激荡中发出的钟鼓一样的声音。舟行至两山之间将要进入港口时,苏东坡发现"有大石当中流,可坐百人,空中而多窍,与风水相吞吐",发出的声音更加响亮。对于这个发现,苏东坡非常高兴,写下了散文《石钟山记》。

父子二人在湖口别过,苏迈自行前往德兴赴任,苏东坡返回九江。临别前,老父赠儿一方砚台,并亲撰《迈砚铭》:"以此进道常若渴,

---

[1] 三省通衢:湖口地处安徽、江西、湖北三省交会之处。

以此求进常若惊。以此治财常思予，以此书狱常思生。"这是一位士大夫父亲对刚刚出仕的儿子的教诲与勉励：学习圣贤之道要如饥似渴，求取功名要战战兢兢，对待财富要采取多予而非敛的态度，为官和断案要关注民生，多为百姓谋福祉。《迈砚铭》突出了以德为重，反映出苏东坡非常重视家风家教的传承。诗中"渴""惊""予""生"四个字，浓缩了苏东坡为官二十多年的感悟，也蕴含着对儿子的期许。而苏迈也没有辜负父亲的期望和教诲。他夙夜在公，秉政劳民，深受当地百姓的爱戴，离开德兴后，百姓自发立景苏堂以表崇仰之情。《德兴县志》对他的评价为："文学上才华横溢，政务处理上既精明又快捷，不到万不得已不使用惩罚手段，民众不用忍受欺压，后人敬仰。"而苏东坡对苏迈的为官之道也非常满意，他在《与陈季常十六首》中写道："长子迈作吏，颇有父风。"

相逢一笑泯恩仇

回到九江后，苏东坡与家人一起乘船出发，经过安庆、池州、芜湖，于七月初抵达当涂（今安徽省马鞍山市当涂县）。时值六七月间，气候炎热，连续两个月，全家都生活在狭小闷热的船舱之中，老老小小，纷纷病倒。到达金陵时，夫人王闰之第一个病倒，接着苏东坡自己的疮毒也复发了。最为悲惨的是，侍妾王朝云所生的遁儿还不满十个月，禁不住湿热夹攻，于七月二十八日夭折于舟中。

中年丧子，苏东坡悲痛不已。而失去唯一命根子的王朝云，更是悲痛欲绝。

在黄州谪居了四年多的苏东坡抵达金陵时，王安石在此已闲居八年多了。时间和经历可以改变一切，过去针尖对麦芒的两个人，如今都已大彻大悟。

"不畏浮云遮望眼,自缘身在最高层。"昔日宰相,曾雄心勃勃,盛极一时,而如今花甲之年,在经历变法受阻、亲信背叛、丧子之痛后,他不问世事,选择了归隐。一场大病后,精神也大不如前,他每日骑驴,漫游于金陵的名胜古迹,留下了很多诗篇。

"不识庐山真面目,只缘身在此山中。"经历了"乌台诗案"和黄州的贬谪生活,苏东坡读懂悟透了儒释道的思想精髓,坦然面对人生的苦难,理解和包容了不同的政治主张和治国理念。

应该说,苏、王二人虽然政见不同,当初言辞激烈,积怨很深,但彼此都怀着忠君报国的抱负,因此两人之间的隔阂和矛盾,属于政见之争、君子之争。"乌台诗案"中,王安石不仅没有落井下石,反而伸出援助之手,这令苏东坡非常感动。坎坷的经历,君子的胸襟和人格,是他们摒弃前嫌、惺惺相惜的基础。

王安石一直关注谪居黄州的苏东坡的文学创作。对《赤壁赋》《后赤壁赋》《念奴娇·赤壁怀古》《定风波·莫听穿林打叶声》等诸多名篇,赞不绝口,称赞苏东坡"真乃人中之龙也"。每每黄州来人,他都要关切地问道:"子瞻近日有何妙语?"

获悉苏东坡抵达金陵,王安石身着便服来到码头,苏东坡来不及戴上帽子,便下船相迎,作揖说道:"轼今日敢以野服见大丞相。"王安石则洒脱表示二人何必拘礼。

接下来的一个月,昔日政敌,性格迥异的两位文坛巨匠,敞开心扉,煮酒吟诗,谈佛论道。过往的政治纷争、个人的是非恩怨,都化作了烟云。

一天,王安石问几位门客,"动""静"二字如何解释。门客们各抒己见,但都不能令他满意,他于是说道:"等子瞻明天来时问他。"第二天见面,苏东坡应询作答:"精出于动,神守为静,动、静,即精神也。"王安石大为赞赏。

王安石罢相回到江宁后,原本住在皇帝诏赐的一座宅邸,因位于金陵白下门外七里，距钟山宝公塔亦七里，故名"半山园"。后来一场大病后，王安石精神体力都大不如前，觉得如此空空荡荡的宅邸，对自己没有多大用处，便捐宅给佛门建造寺宇，神宗赐名"报宁寺"，自己则隐居钟山。

在金陵期间，苏东坡与王安石往来频繁，关系日益融洽。一天，王荆公提议苏东坡口诵一篇得意近作，由他书写，赠苏纪念。接着，他也自诵佳作，请苏东坡抄写赠予自己。王安石知道苏东坡一直致力于收集中医偏方，造福社会。据说，他见王朝云和自己一样患有偏头痛的毛病，欣然将神宗赐予自己的治疗秘方贡献出来，朝云用后，果然奏效。

不仅如此，王安石甚至规劝苏东坡在金陵求田问舍，与他为伴，先安顿生活，再读书治学，他在《读蜀志》中说："千载纷争共一毛，可怜身世两徒劳。无人语与刘玄德，问舍求田意最高。"苏东坡为之感动，他在《次荆公韵四绝》（其三）中写道："骑驴渺渺入荒陂，想见先生未病时。劝我试求三亩宅，从公已觉十年迟。"这两首诗形象地印证了两位昔日政敌十年后再相逢、一笑泯恩仇的佳话。

离开黄州后已有时日，苏东坡一家以泊舟为家，终究不是长久之计。八月十四日，苏东坡离开金陵前往仪真（今江苏省扬州市仪征市）。分别之时，王安石看着苏东坡远去的背影，对人长叹道："不知更几百年，方有如此人物！"

在金陵停留期间，苏东坡曾着手访田问舍，但终未相中。苏、王金陵别后不到两年，王安石就病逝了。即便苏东坡求田问舍成功，二人金陵相伴也为时晚矣。

王安石主导的变法成败，姑且不论，但他终究是位伟大的人物。政敌司马光对他的评价很有说服力和公信力。司马光是这样评价王安石的："人说王安石为人奸邪，确实言过其实，诋毁太过；但他不明事理，性格又非常固执。"

王安石去世时，宰相司马光也已病重。他怕政治上的投机分子借机诋毁这位前宰相，病床上连忙给吕公著写信，主张朝廷特宜优加厚礼，故追赠为太傅。苏东坡时为中书舍人，负责起草了这则诰命。苏东坡撰文，极尽赞美。苏东坡撰写的这则诰命，对王安石的事业、学识等丰功伟绩给予了客观公正的评价，充分反映了苏东坡的秉心至公和博大胸襟。

离开金陵后，苏东坡来到了仪真。游览东园时，他写下了旷达高远之词《南歌子》："见说东园好，能消北客愁。"苏东坡一扫多年的积郁，给人以"生活伤害了我，而我一笑置之"之感。此时，恰好老友滕元发（达道）在赴任湖州知州途中，安顿好家眷后，苏东坡即乘舟去往金山寺与滕元发会面，谁知舟至中途，滕元发已劈波斩浪来迎。滕元发盛赞神宗的仁慈和恩德，竭力动员上表请求改变谪居地点，苏东坡为之心动。

求田问舍意最高

在古代，贬谪官吏政治上等于被判无期徒刑，何时起复，无法预测。皇帝手札，释放善意，但仅是谪居地发生了变化，苏东坡依旧是戴罪之身，没有俸禄。民以食为天，在黄州时，好歹有临皋亭、雪堂和南堂可住，还有东坡之地可以躬耕。

到了汝州或常州，一家人的生计如何解决？因此，苏东坡在常州迫切购置田产，践行他在仁宗皇帝款待新科进士琼林宴上与蒋之奇、单锡等订下的"鸡黍之约"，乃属情理之中。蒋之奇是常州府下辖的阳羡（今江苏省无锡市宜兴市）人，知道这一消息后，立即委派苏东坡的好友蒋公裕去家乡宜兴尽快落实。

此事很快有了眉目，九月底，苏东坡亲往阳羡步量，田在深山中，位于距城五十五里地的黄土村，一年能有八百石粮食的收成，足够全家的口粮了。一说此地为黄叶村，因苏东坡在《书李世南所画秋景二首》中曾有这样两句："扁舟一棹归何处？家在江南黄叶村。"田地买定后，苏东坡兴奋地告诉了秦观和邀他去扬州安居的王巩等人。"买田阳羡吾将老，从来只为溪山好"，"吾来阳羡，船入荆溪，意思豁然，如惬平生之欲"，表达了他的喜悦心情。其实，早在熙宁期间苏东坡任杭州通判赴常州、润州赈饥时，就对常州阳羡一带情有独钟，曾写有"惠泉山下土如濡，阳羡溪头米胜珠"的诗句。

而令苏东坡始料未及的是，这块地后来也给他带来了不小的麻烦。曹姓田主卖田后，却耍赖，竟将苏东坡告到官府。苏东坡只好请求转运使秉公断案。尽管曹姓卖主后来也承认是自己无理取闹，田地断归苏东坡，但已被拖欠赖去了七八年的田租。苏东坡当时已在京师做官，不愿与他一般见识，仍然同意曹姓卖主原价赎回。而曹姓卖主本是诈赖，既无心亦无力赎回田地，事情到此本该画上句号，可元祐八年（1093），御史黄庆基竟用该案专章弹劾苏东坡强买百姓田地。真是欲加之罪，何患无辞！

十月十九日，苏东坡按照滕元发的建议，由京口渡江到扬州，请教名相吕夷简的公子、时为扬州知州的吕公著，并于当日上了《乞常州居住表》。

既然已经拜表乞住常州，苏东坡也就中止了去汝州的行程。

十一月，苏东坡去高邮看望秦观。在秦家盘桓几日后，苏东坡渡过淮河，来到泗州。到达泗州时，已近年末岁尾，苏东坡决定留在泗州过年。除夕那天大雪纷飞，苏东坡在码头邂逅苏辙的亲家、时任淮东提举常平的黄寔（shí）（师是），实属意外之喜，二人把手言欢。黄寔回到自己船上，取来扬州厨酿二樽、雍酥一奁（lián），送到苏东坡的寓处，雪中送炭，令全家人开心至极。苏东坡特作《泗州除夜雪中黄师是送酥酒二首》表达谢意。

在泗州，苏东坡数登南山，也就是江苏盱眙县境内的都梁山。其中，最为有趣的是与泗州太守刘士彦同游的那一次。游玩归来，苏东坡作《行香子·与泗守过南山晚归作》。

本是普普通通的记游之作，但词中"望长桥上，灯火乱，使君还"，却意外引起了敦厚老实的刘太守的惊慌。他连忙谒见苏东坡，苦苦道来："知有新词，您名满天下，此作不久便将传诵京师，依法泗州夜过长桥者，徒二年。何况我是州官。"苏东坡诙谐地答道："轼一生罪过，开口常是不在徒二年以下。"

在泗州期间，苏东坡获悉，他去年十月十九日上《乞常州居住表》后，主管章奏的官署故意挑剔，以文字上的小毛病为借口，不肯转呈。于是他只好再次上表，安排专人进京投递。苏东坡在上表中首先写道离黄州后的凄惨遭遇：风涛惊恐，举家重病，一子丧亡。接着表明虽然已至泗州，而钱财已经耗尽，汝州还很遥远，难于陆路前行。即便抵达，也无屋可居，无田可食，饥寒之忧，近在朝夕。因有薄田在常州宜兴县，苏东坡希望圣上慈悲，准于常州居住。

元丰八年（1085）正月初四，苏东坡离开泗州，前往南京应天府谒见风烛残年、身体每况愈下的张方平。

"苏门六君子"之一的李廌（zhì）获悉苏东坡已抵南京应天府，专程从颍州赶来拜谒。当苏东坡得知李廌的祖母、前母和父母的柩木，因为穷困而未能安葬时，心里非常难过。恰巧，他在徐州结交的好友梁先（吉老）听说他要去常州，就送了十匹绢、一百两丝作为路费。苏东坡推辞不了，就收了下来，全部转送了李廌。苏东坡接济李廌远不止此一次。元祐四年（1089）苏东坡出任杭州知州时，朝廷赐物中有马一匹。苏东坡将这匹马送给李廌。他知道生活拮据的李廌早晚会将这匹马卖掉，于是便立下字据《赠李方叔赐马券》，以此证明这匹马的合法来源。此券后面还有黄庭坚的题跋一则，可见这一师一友对李廌的仁厚。

苏东坡到南京应天府还不到一个月,二月里,他的奏请得到恩准,朝廷告下:苏东坡为汝州团练副使、不得签书公事、常州居住。

几乎就在同时,苏东坡在蒋之奇的帮助下,在阳羡第二次买田,计划将来再买一座小庄园。他把这个消息写信告诉了王巩和在黄州替他照看雪堂与东坡的朋友潘丙。

三月底,苏东坡离开南京应天府,四月中旬来到扬州。他在《归宜兴,留题竹西寺三首》(一)中云:"十年归梦寄西风,此去真为田舍翁。"此时,他已将阳羡定为自己的终老之地。唯一让他感到遗憾的是君恩未报,壮志未酬。

"日出江花红胜火,春来江水绿如蓝。"这年春季,苏东坡来到常州。他不仅流连江南的美景,也钟爱长江的江鲜,写下了"竹外桃花三两枝,春江水暖鸭先知。蒌蒿满地芦芽短,正是河豚欲上时"的著名诗篇。

世事难料,人生无常。乞居常州的愿望获得批准,在宜兴也有了自己的田舍,终于可以过上一段平静生活了。然而,朝廷却发生了重大变故。

元丰八年(1085)三月,励精图治、推行变法、极力想改变宋朝积贫积弱局面的神宗驾崩,享年三十八岁。年仅十岁的太子赵煦继位,是为哲宗。由于皇帝年幼,不能亲政,按宋朝惯例,由神宗母后高氏摄政,是为宣仁太后,宣仁太后史上享有"女中尧舜"之名。

太后摄政大多饱受诟病,而宋朝摄政的三位太后却颇受好评。前两位是仁宗时期的刘太后、英宗时期的曹太后。高太后尊重祖宗成法,稳健而保守。她虽久居后宫,但关注朝政,善于倾听、分析各方意见,且经历过丈夫英宗、儿子神宗的两朝,非常留恋向往公公仁宗嘉祐时代的太平盛世和宽厚友善的政风。故定年号"元祐"。

宣仁太后一直对变法持反对态度。四月临朝后,立即召回熙宁、元丰时期的旧臣,着力恢复旧政。旧臣中她最早想到的,是仁宗时期的名相吕夷简的儿子吕公著，神宗时期他做过翰林学士、御史中丞等，因反对新法，被外放知州。第二个想到的是隐居洛阳、闭门不出、专心撰写鸿篇巨制《资治通鉴》的司马光。

司马光誉满天下，一入中枢，便成为朝廷的柱石和栋梁。宣仁太后对他信任有加，凡事必询，几乎是言听计从。司马光主政后，一方面大刀阔斧地调整人事，另一方面紧锣密鼓地全面废止熙宁、元丰年间实施的新法。元丰八年（1085）七月到元祐元年（1086）的闰二月，保甲法、方田法、市易法、保马法和备受争议的青苗法一一罢废。

宣仁太后十分欣赏苏东坡的人格和才华，且司马光和吕公著的举荐起用名单中，也都有苏东坡。四月中旬已有起用苏东坡的消息。宋朝官制，朝廷起复责降的罪官，必须按照例定的起复程序，一步一步走。五月间，朝廷先是恢复他为朝奉郎，这是恢复正式官阶的第一步。

四月初，苏东坡离开南京应天府，经楚州，再到扬州。五月初一，游览扬州名刹竹西寺。乞居常州获准，淮浙一派丰收景象，苏东坡一时兴起，作《归宜兴，留题竹西寺三首》。其一："十年归梦寄西风，此去真为田舍翁。剩觅蜀冈新井水，要携乡味过江东。"其二："道人劝饮鸡苏水，童子能煎莺粟汤。暂借藤床与瓦枕，莫教辜负竹风凉。"其三："此生已觉都无事，今岁仍逢大有年。山寺归来闻好语，野花啼鸟亦欣然。"

此时距神宗驾崩已过两月，谁曾料想其三中"山寺归来闻好语，野花啼鸟亦欣然"这样的抒情诗，后来竟被政敌拿来大做文章，指责苏东坡无人臣之礼，见先帝驾崩，还幸灾乐祸。

六月，朝廷告下：苏东坡以朝奉郎起知登州军州事。

六月下旬，苏东坡离开常州，经润州、扬州、海州、密州，于十月十五日抵达登州。就在他赶赴登州的途中，弟弟苏辙也传来喜讯，他被召回京，任秘书省校书郎。到任仅仅五天，苏东坡又接到朝廷九月间的任命："以朝奉郎知登州，苏轼为礼部郎中"。

十一月二日，苏东坡匆匆离开登州，经莱州、济南、郓州、南京，抵达京师。

在登州虽然只有短短的二十日不到，但苏东坡还是履职尽责，勤于公务，他很快发现当地军政与财税存在两大问题，必须尽快解决。

苏东坡上《登州召还议水军状》和《乞罢登莱榷盐状》。这两份状子是苏东坡遭受"乌台诗案"的沉重打击后，时隔五年多再度从政后的所思所想，充分表现了他忧国忧民、矢志不渝的初心。

休将白发唱黄鸡

老牛亦解韶光贵，不待扬鞭自奋蹄。一千多里的路程，苏东坡仅用了一个月的时间，十二月上旬，他就赶到了京城，就任礼部郎中。这当然不是一位士大夫对再度入朝、个人仕途的急切，而是对济世安民的渴望。

1086年初，哲宗改年号为元祐元年。元祐元年一月，苏东坡抵达京师也才半个多月的光景，就被任命为起居舍人，主修起居注，负责记载皇帝的言行，时年五十一岁。二十多年的出仕阅历，尤其是经历了"乌台诗案"的劫难和黄州的谪居修炼，苏东坡对于个人进退已可从容面对，宠辱不惊。几个月前还是戴罪之身，指望靠常州阳羡的几亩薄田维持家庭生计，现如今又炙手可热，成为皇帝近臣。苏东坡深知高处不胜寒的道理，也不太愿意骤然进入朝廷重地。他接连上了两道辞呈，请求辞免起居舍人一职，然而，辞呈如泥牛入海。迫不得已，他只得谒见宰相蔡确，恳请准辞，并举荐曾同在史馆供职，年长于自己的林希来替代自己。蔡确沉思片刻，摇头不应。

苏东坡的此番请辞，虽然未获准许，但林希进入了朝廷的视野，不久被召回中枢，任记注官。然而，就是这个林希，在哲宗亲政后，见风使舵，恩将仇报，对苏东坡落井下石。

就在苏东坡平步青云的同时，同年二月，弟弟苏辙也被任命为御史台的右司谏，成为一名极具权威的谏官。他刚正不阿，上任伊始便积极履职，首上《乞选用执政状》。同时弹劾二相，指责蔡确奸邪谄媚，韩缜性情暴虐、才疏行污。再论张璪、李清臣、安焘（tāo）三人，说他们气量狭小，目光短浅，尸位素餐。

苏辙曾七道奏章攻下韩缜。五月，再上《乞诛窜吕惠卿状》，认为朝廷将其降官光禄卿，分司南京，苏州居住的处罚太轻，并将他举发王安石私书的丑行，也揭发出来，对这种卑鄙行径，无情挞伐。吕惠卿被再行责降为建宁军节度副使。

这个时期，苏辙得罪了不少朝臣。特别是弹劾韩缜，等于与官宦世家、父子兄弟相继为相、朝中势力强大的豪门韩家为敌。由此埋下了苏东坡兄弟俩日后遭遇的祸根。

苏东坡请辞起居舍人不成，是年三月，又被任命为中书舍人兼知制诰。宋朝官制基本沿用盛唐，中书舍人代表皇帝起草诏书，代拟王言，凡百官奏议，文武考课，皆参与意见。

中书舍人不仅是宰相的属官，且按例兼知制诰。按照宋朝的定制，知制诰一般都是先试后任。宋朝开国百年来，像苏东坡这样未经考试而直接任命的，仅有三人：陈尧佐、杨亿和欧阳修。苏东坡深知"木秀于林，风必摧之"的道理，立即具状请辞。但未获恩准，无奈之下，苏东坡只得拜表就任。

树大招风，正如苏东坡所料，快速升迁却变成他新的灾难的开端。就职后，由他组织的第一次"试馆职"，就遭到围攻。首先是洛学程颐的弟子借题发挥，接着司马光的门生也落井下石。"试馆职"，即进士候选馆职，必须试而后用。苏东坡自凤翔还朝时，也是通过考试，才得到直史馆这个职位的。

此次考试，和以往一样，考前一天，由内侍省派员把守学士院大门，出题人在院内出题三道，呈送皇帝钦点一题。这次考试的前两道考题，由翰林学士承旨邓温伯所拟。第三道题为苏东坡所拟，题目为"师仁祖之忠厚，法神考之励精"，即学习仁宗的忠厚，效法神宗的勤勉。在这道考题中，苏东坡提供了三组可供比较的对象：一是春秋时齐、鲁之政的比较；二是宋仁宗与宋神宗的比较；三是汉文帝与汉宣帝的比较。最后，御笔点定了第三道题。

岂料这道题目却引起了轩然大波。首先发难的是苏东坡的进士同年、曾经的好友朱光庭，时为左司谏，他首先将原题分割为没有关联的两段，接着断章取义，弹劾苏东坡为臣不忠，借考题讥议、诽谤仁宗和神宗两位先帝。

太皇太后根本不相信苏东坡会有讥议、诽谤先帝的意思，所以下诏免罪。苏东坡认为自己本无罪，十二月十八日上章自辩，自己的考题没有讥议先朝，诽谤仁宗、神宗二位先帝之意。他在奏章最后写道："这道策题是经御笔点定的，若有讽讥之意，岂能逃过圣鉴？"很快朝廷又下诏追命放罪，即苏东坡无罪。

蜀人吕陶时为右司谏，为苏东坡打抱不平，上疏纠弹朱光庭。此后，御史中丞傅尧俞、侍御史王岩叟也加入发难者之列。苏东坡迫不得已，于次年正月十七日再上辩札。本来这起争执的开头，还算简单，只不过是洛学弟子为他们的老师程颐报上一箭之仇，因为苏东坡在司马光的吊唁中曾嘲笑过程颐。可当朱光庭、傅尧俞和王岩叟联手围攻他时，苏东坡已渐渐意识到这不是一起简单的争论。因此，他不再辩白，连上四道章奏，竭力请求外任。

风起于青蘋（pín）之末，浪成于微澜之间。此事后来有被人演绎为洛蜀二党之争的趋势。

几乎就在馆职试题风波平息的同时，朝廷任命赵挺之为监察御史。苏东坡早就对他元丰末年任德州通判时强推市易法的做法大为不满。黄庭坚向赵挺之请求道："德安镇小民贫，征收市易税，无疑是祸害百姓，与民争利，乞稍宽缓一步。"而赵挺之坚决不许。据《宋史·赵挺之传》记载，苏东坡当众批评道："挺之聚敛小人，学行无取，岂堪此选"，他认为赵挺之是个聚敛钱财的小人，学识品行没有可取之处，怎么能适合这个职位呢？此前，赵挺之的岳父郭概任西蜀提刑时，曾被苏辙弹劾黜责。赵挺之对苏家兄弟二人恨之入骨，后来朋党成势，他成为攻讦苏东坡的先锋，也就不足为怪了。

当年九月，苏东坡又被任命为翰林学士知制诰。这个职位历来都是由名气很大的学者担任的，离宰相仅一步之遥，王安石、司马光都曾担任过这一职位。在当时的士大夫中间，但凡有人新任翰林学士，便称"一佛出世"。

苏东坡返回京师后，在一年多的时间里，一再升迁，已遭人嫉妒，现又有翰林学士如此耀眼的任命，他预见到这必将招来更多的嫉恨，因此连上两道状子请辞，无奈"恳词虽至，成命莫回"。

元祐二年（1087）七月，苏东坡又多了一个头衔：经筵侍读。经筵，是指汉唐以来帝王听讲经史的地方，宋代始称经筵，讲者逢单日入侍，轮流讲读。对此任命，苏东坡诚惶诚恐，连忙上《辞免侍读状》，未获准予。

苏东坡在任中书舍人、翰林学士知制诰期间，拟写了约八百道圣旨。其中一道圣旨是褫（chǐ）夺李定的官职，针对他过去隐瞒未报母丧，命其重新依礼居丧。还有一道圣旨是贬谪吕惠卿。

据说，吕惠卿"责词"的撰写任务下到中书时，按照中书的轮值次序，应该由刘贡父撰写。苏东坡大声说道："贡父平生做刽子手，今日才得斩人。"刘贡父知道苏东坡对吕惠卿有一肚子的愤恨，不吐不快，故推托身体不适，乘机开溜。苏东坡就接下这桩公事，痛痛快快地历数吕惠卿的罪恶。

这篇责词言语尖锐、流畅爽利，固然让苏东坡觉得非常解恨，但就个人得失而言，无疑在自己的前行路上又布下了荆棘。只有像苏东坡这样疾恶如仇、率性而为的人才会做如此傻事。此事的不利后果，在八年后，也就是绍圣元年（1094）闰四月显现出来。时任定州太守的苏东坡，接连接到两道贬谪诏令。墙倒众人推，御史刘拯再拿苏东坡撰写的这篇吕惠卿的责降诏找碴。于是，苏东坡再被加重处罚，十天时间，三改谪令。此是后话。

自出仕以来，苏东坡政绩斐然，有口皆碑，又是文坛领袖，现不仅是翰林学士知制诰、哲宗皇帝的侍读，又是司马光、吕公著等同党执政，且深得太皇太后宠爱，无论从哪个角度看，元祐初期在京城的两年多时光，都是苏东坡政治生涯外部环境最好的时期。可他就是改不了率性而为、敢于直言的个性，在他的词典里永远找不到"韬光养晦"和"藏而不露"。

熙宁初期，当王安石变差役法为免役法时，苏东坡兄弟二人是激烈的反对者。当年，苏东坡还是位初出茅庐、缺乏实际政务历练的书生。但经过多年多地的政务实践，苏东坡渐渐认识到以前施行的差役法，弊病也很多，原来认为不可取代的差役法，在现实生活中已经成为基层官吏危害百姓的恶法。

因此，当司马光尽罢熙宁新法，废免役法重拾差役法时，在天章阁待制范纯仁劝说无效的情况下，苏东坡还是鼓足勇气谒见司马光，分别陈述了差役和免役的弊病。接着，苏东坡又进一步阐述自己的观点，并指出免役法的两项弊端，如司马光能彻底消除这两项流弊，则不必变法。司马光听后，默不作声。很显然，他并不赞成苏东坡的观点，这次进言没有形成共识。

第二天，苏东坡仍不死心，再次向司马光陈述他反对废除免役法的理由。话不投机半句多，司马光很不耐烦，不免脸色有些难看。苏东坡见状也很生气，反过来责问司马光："莫非公今做相，就不容苏轼尽言了吗？"司马光虽然勉强面带笑容地表示歉意，但已心存芥蒂了。这样的谈话不仅没有产生好的结果，反而让司马光的门生对苏东坡产生了误解，为其日后的路途，增加了障碍。

役法，是北宋政治制度中的一项重要内容，朝廷设立专门机构——役局，负责役法的改定，苏东坡也是其中一员。会商过程中，他多次与同僚发生激烈辩论，相互关系十分糟糕。尤其是在游说司马光发生争执后，他就以与大臣们主张不同为由，请求朝廷罢免自己役局的兼差。此举虽然彰显了他的硬汉个性，但也从此得罪了司马光的门生。

苏东坡性格幽默，平时风趣戏谑，给朝廷公卿几乎都起了诨号，唯独对司马光一向敬仰，不敢造次。第二次与司马光争论后，苏东坡心里非常气愤，回到家中，他气得扔下长袍，大声嚷道："司马牛！司马牛！"这也难怪，王朝云说他"一肚子不合时宜"。

元祐元年（1086）九月初一，司马光病逝，仅仅比王安石的离世晚了四个多月，而距苏东坡与他争论役法才两个月。司马光的病逝，令苏东坡悲痛万分。他先作祭文，又写行状[1]，再撰神道碑[2]，对司马光的德行、功绩给予高度赞扬。从中可见其对逝者的感情之厚；而称司马光为"司马牛"这一不快往事，不过是二人共事过程中政见不同的一段小小插曲而已。

司马光去世后，政治力量重新洗牌。旧党保守派势力逐渐分崩离析，形成了朔党、洛党和蜀党。三党相互争斗，相互排斥。本是同一战壕，此时却彼此相煎。三党不同之处原本很多，只因都反对王安石变法，他们当初才走到了一起。新党变法派被驱逐出朝廷后，共同的政敌没有了，保守派便不能相安于一朝了。

三党名称的由来也很有意思，由其领袖人物的籍贯而定。朔党以司马光的弟子刘挚为领袖，刘挚是北方人，古代朔指北方，故称朔党；

---

1 行状：叙述死者世系、生平、生卒年月、籍贯、事迹的文章。
2 神道碑：立于墓道前记载死者生平事迹的石碑。

洛党以程颐为领袖，因程颐是洛阳人，故称为洛党；蜀党以苏东坡为领袖，因苏东坡是四川人，四川简称蜀，故称为蜀党。当然，关于蜀党和苏东坡之间有没有关系，林语堂在《苏东坡传》中这样表述：司马光死后，政治派系逐渐形成——朔党、洛党皆以理学家为首，蜀党则咸信苏轼为魁。由于当时文字记载，并由于苏轼之坚持脱离政坛，苏轼不知道"蜀党"一词何所谓，当属可信。

在重新返回朝廷的时光里，苏东坡以他强烈的名士本色，特有的行事风格和直言不讳的言论，得罪了朝廷中太多的人，当然也包括不少朔党、洛党的人，不知不觉中他成了两党和变法派余党的心头之患，几方人马都视他为眼中钉、肉中刺，三番五次地弹劾他。

其实，早在元祐元年（1086）年底，政敌第一次向他发难时，苏东坡就想引退，第二年，他又不断请辞。两年间，苏东坡四次遭到毁谤，他去意已决，连上奏章请辞，后来他甚至连翰林院都不去，在家等候诏旨。

宣仁太后爱才心切，与苏东坡进行了一次深谈。此后，苏东坡的请辞"消停"了近两年。这是为何呢？原来宣仁太后告诉了苏东坡一个"秘密"：他从团练副使到翰林学士，升迁如此之快，既不是她或皇上的恩典，也不是老臣的推荐，而是神宗的遗诏。"先皇在世时，每当用膳时举箸（筷子）不下，臣仆们便知道是看你写的诗文。他常说你是天才，常想重用你，然而不幸的是，还未能如愿，他就仙逝了。"苏东坡听到此处，不禁失声痛哭，宣仁太后和皇上也都流下泪来。苏东坡是个重情重义之人，这次交谈后，他又在朝廷尽心尽责地工作了近两年。

这次深谈后，由于党争不断，政敌们还是无休止地打击排挤苏东坡。不仅如此，就连他举荐的官员，如黄庭坚、欧阳棐（fěi）、秦观等，也都受到冲击，屡屡遭受台官和谏官们无端的污蔑。凡出自苏门的，没有一个在仕途上得意过。

如黄庭坚，元祐三年（1088）五月，刚被任命为著作郎，便遭赵挺之攻击，降归原职；秦观获得秘书省正字（官名）的任命后，立即遭到贾易的弹劾，被迫离开京城；晁补之、廖正一不能在馆职工作；陈师道连个地方学官的位置都保不住。

苏东坡对于党争和朝堂政治的丑恶，已经从厌恶到了绝望的地步，他在《送曹辅赴闽漕》诗中说："我亦江海人，市朝非所安。"因此，他恳请宣仁太后体谅他的处境，三次请求外放越州，甚至说，朝堂若再留他，是非永远不解。宣仁太后没有办法，只得诰下："苏轼罢翰林学士兼侍读，除龙图阁学士充两浙西路兵马钤辖、知杭州军州事。"

因刚刚发生"车盖亭诗案"，临行前，文彦博再三嘱咐道："希望你到了杭州少写诗，防止不喜欢你的人诬告、诽谤。"从元丰八年（1085）十二月来到京师，至元祐四年（1089）四月离开，苏东坡度过了三年多的京华岁月。

第九章

彪炳史册在四州

"羁鸟恋旧林，池鱼思故渊。"朝堂本就不适合正直敢言、具有自由批评特质的苏东坡。获准外放，如樊笼之鸟得以高飞，终于可以逃离令他厌恶窒息的朝堂，不再面对处心积虑、阴险狡诈的政敌。从离开京师到被贬惠州的几年间，苏东坡先后出任杭州、颍州、扬州和定州知州。无论是在"山外青山楼外楼，西湖歌舞几时休"的杭州，"大千起灭一尘里，未知杭颍谁雌雄"的颍州，"青山隐隐水迢迢，秋尽江南草未凋"的扬州，还是"东横海右中山国，西接天边御射台"的定州，苏东坡都努力践行以民为本的人生追求，济世安民，深得百姓爱戴。

只争朝夕在杭州

元祐四年（1089）七月，苏东坡再次来到杭州，时年五十四岁。岁月如梭，距他上次在杭州任通判已有十八年之久。诚如他在《与莫同年雨中饮湖上》中所云："到处相逢是偶然，梦中相对各华颠。还来一醉西湖雨，不见跳珠十五年。"

获悉苏东坡来杭，百姓欢呼雀跃，夹道欢迎他们心中的青天。苏东坡也是兴奋不已，他在谢表中写道："江山故国，所至如归，父老遗民，与臣相问。"苏东坡对于杭州的特殊感情不难理解。

苏东坡因"乌台诗案"身陷囹圄时，距他离开杭州已经六年，可当地的士大夫和普通百姓没有忘记这位离职已久、体恤民情的好官，自发为他设置解厄道场，祈求上苍保佑。不仅如此，苏东坡谪居黄州后，杭州的友人还相约一年两次，派人专程带着茶叶等土特产来黄州看望他。

此外，杭州也是苏东坡一生中唯一两度任职的地方。不仅如此，人们讲苏东坡从政四十年，是从他嘉祐六年（1061）在凤翔任签判时算起，到建中靖国元年（1101）北归途中在常州去世时止，正好四十年。其中，包含了父亲苏洵去世后的丁忧时间，还包含了因"乌台诗案"坐牢的时间，当然更包含了被贬黄州、惠州和儋州的时间。这样算来，苏东坡实际从政的时间也就约二十六年。二十六年的时光中，有四年多的时间是在杭州度过的。

来到杭州后，迎接他的不是西湖美景，而是严重的自然灾害：先遭水灾，接着旱灾，土地荒芜，粮价飞涨。苏东坡一面囤粮，平抑物价，一面奏请朝廷减免当年税赋，开仓放粮，拨款赈灾，忙得不可开交。

通常大灾之后有大疫。果然，春夏之交的时候，杭州城里很多百姓染上了腹泻发热的瘟疫。所幸的是，苏东坡被贬黄州时，从老乡巢谷处，得来一剂名为"圣散子"的药方。

"圣散子"由高良姜、半夏、藿香等二十味中药构成，有病治病，没病强身，简便易行，价格便宜，每服药只需要一钱。苏东坡号召有条件的地方支起大锅，熬制汤药，免费发放，疫情得到初步控制。

为了更为有效地帮助生病的百姓，发挥官府在社会公益事业中的主导作用，苏东坡从公款中拨出两千缗[1]（mín），自己又捐了五十两黄金，在杭州城中心众安桥开设了"安乐坊"，救治病人。遴选僧人主持施医工作，每年从钱粮（田赋）中留出病坊的常年运营费用，病人在此就医和喝粥均免费。对主持的僧人，呈由朝廷赐予紫衣。医院创办三年来，收治病人达千例。后期，医院搬迁至西湖边，改名为"安济坊"，这是我国历史上的第一家公立医院。

苏东坡在地方期间，创下了我国社会公益事业的两个第一——在

---

[1] 缗：量词。用于成串的铜钱，一千个铜钱为一缗。

黄州建立了第一家儿童福利院，在杭州建立了第一家公立医院，这绝非偶然之举。这是他以民为本、心存大爱的集中体现。

苏东坡梅开二度来到杭州，公务千头万绪，地方百废待兴，不过，尤其让他放心不下的还是运河的通行、百姓的饮水和杭州的名片"西湖"。

当时有两条运河南北向穿过杭州城，一条是南抵龙山浙江闸口，北出天宗门的卯山河（今茅山河）；另一条是南从州前碧波亭下，东合卯山河而北出余杭门的盐桥河，两条河流汇聚后直接流向钱塘湾。吴越时代为防海潮进入运河，海水污染城内的淡水，沿海曾筑有城墙。由于年久失修，大量淤泥堆积，运河通行严重受阻，每隔四五年就要疏浚一次，工程浩大，不胜其烦。

苏东坡在听取大家的意见后，制订了防止淤泥沉淀、保持运河清洁畅通的疏浚计划。到任仅三个月，疏浚工程动工，次年四月竣工，仅仅用了半年时间。这次工程成功的关键有二：一是将两条河道分开，卯山河只受钱塘江来水，而盐桥河专受西湖淡水；二是在卯山河入江处兴建了一座水闸，每天江潮来时闸门关闭，使得龙山江潮只能从卯山河出天宗门而去，等过了一两个时辰，水清潮平时才打开闸门，这样江潮中的泥沙就不会流入穿越市区的盐桥河。工程竣工后，完全达到预期的效果，运河的水深常年保持在八尺左右，三十年来河道从没有这么深过。父老乡亲赞不绝口。

运河疏浚刚竣工，苏东坡又马不停蹄地解决居民的饮水问题。由于年久失修，沈公井再度淤塞，其他五井出水量也很少，时逢杭州旱灾，百姓苦不堪言。苏东坡想起上次修井一事，连忙派人四处寻觅熙宁五年负责修井的那四位僧人。不幸的是，其中三位已经过世，仅剩子珪一人尚在人间，且年已古稀，所幸老僧精力尚好。

苏东坡问子珪："沈公井何以又坏了？"他答："熙宁中虽已修好，但当时是用毛竹做水管，所以容易腐坏。"于是这次苏东坡要求改用坚固的陶瓦管替代，并将陶瓦管置于石槽中，上面再盖上石板加以保护。当时苏东坡还身兼军事统领，为了加快工程进度，他又调动一千名官兵参加劳动。不到两个月，修井工程就顺利完成了，西湖淡水几乎达于全城。

负责此项工程的子珪和尚，此前已获朝廷赐予的紫衣。为了感谢他两次修井的辛劳和贡献，苏东坡又上状为他请得"惠迁"师号。

钱塘六井虽然修复成功，但六井的水源在西湖。在北宋天禧四年（1020），真宗采纳宰相王钦若的建议，西湖被指定为皇家的放生池后，清淤疏浚常被忽视。这次重返杭州，令苏东坡倍感意外和沮丧的是，他日夜思念的西湖，已是蔓草丛生，湖水干涸，到处淤积，湖面上出现了一块一块的葑田。十八年前，他刚来杭州时，野草和葑田侵占了西湖五分之一左右的湖面，而现在竟占了湖面的一半还多，西湖的蓄水能力严重下降。任其发展下去，不要说见不到他刚来西湖时"水光潋滟晴方好，山色空蒙雨亦奇"的美景，他甚至担心"更二十年，无西湖矣"。

苏东坡见此情景不悦地说："使杭州而无西湖，如人去其眉目，岂复为人乎！"西湖，三面环山，一面通江，其实就是杭州城的一座天然蓄水池。群山所受雨水和泉水，流入西湖，日常居民饮水和干旱时期的农田灌溉，无不依赖它。所以说，治理西湖，不只是为了保护美丽风光，更是为民兴利的民生工程。

经过充分论证，西湖的疏浚方案出来了，此项工程约需三万四千贯[1]的经费。可钱从哪儿来呢？苏东坡于元祐五年（1090）四月二十九日，上《杭州乞度牒开西湖状》，请再赐度牒五十道，配合本州赈饥余款，就可将湖面葑草二十五万丈清除干净，使西湖恢复唐初时的面貌。幸运的是，朝廷很快批准了这项计划。

度牒，也叫戒牒，是官府发给和尚、尼姑、道士的身份证明文件。

---

[1] 贯：量词。用绳穿的铜钱千钱为一贯。

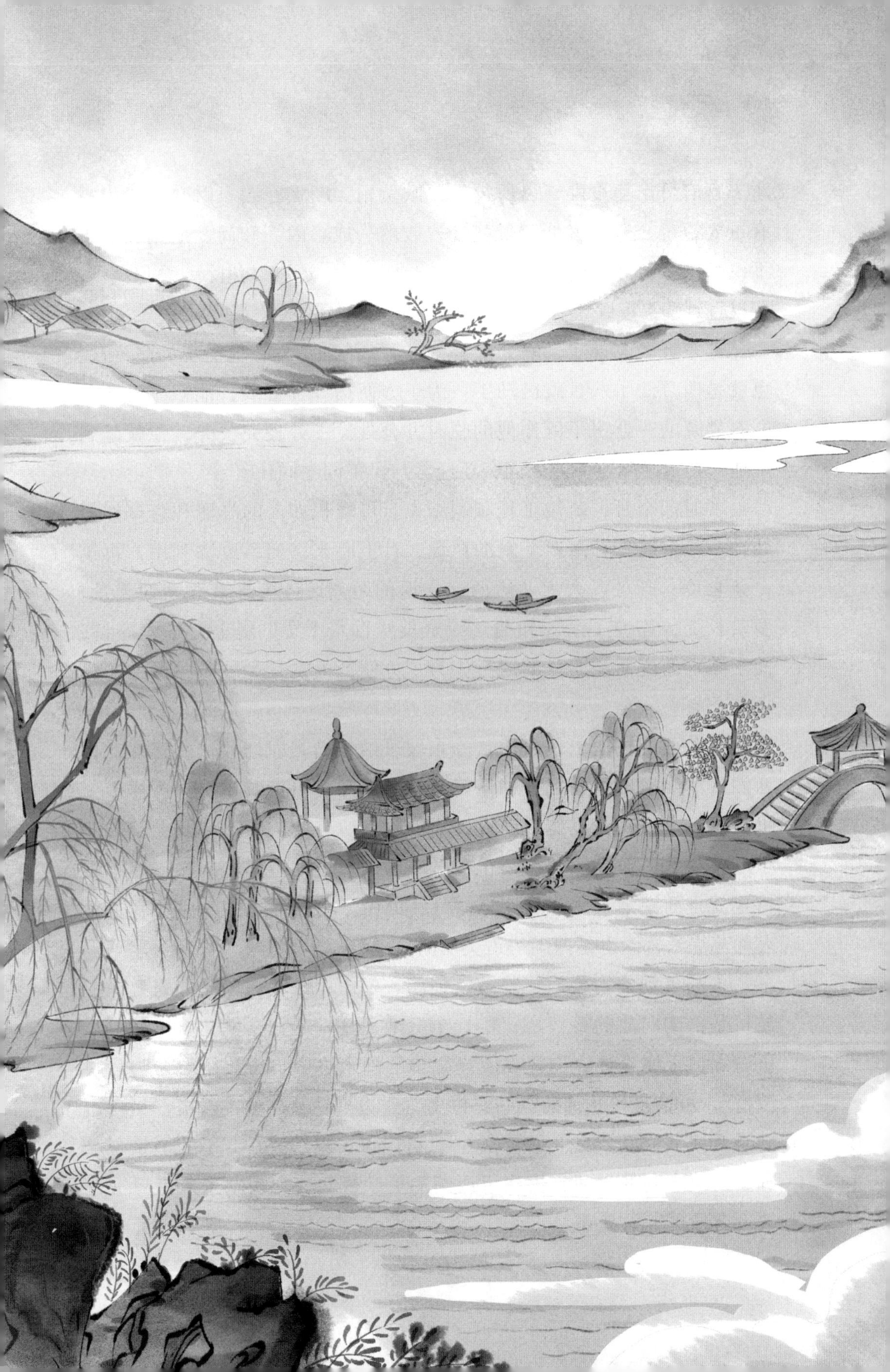

唐宋官府可出售度牒，以所得充军政费用。度牒在国家财政收入中占有重要地位，有时竟然超过朝廷税收的一成。因为和尚、尼姑和道士不仅可以不出身丁钱（人口税）和苛捐杂税，还可以免除劳役和兵役，不仅百姓购买度牒，有的地主为了减轻租赋，也要购买度牒。

苏东坡多谋善断，说干就干。其实，治理工程在他上奏的前一日，也就是四月二十八日就已动工。为了方便指挥和督战，他把靠近西湖的石佛院的一处房子辟作他的临时办公处。一处理完公务，他就赶到工地，奔走于砾石泥淖之间，还经常与民工同吃同住。

费时四个月，疏浚工程顺利结束。可堆积如山的淤泥和葑草如何处理？苏东坡看着由西至东的白堤，计上心来：何不废物利用，再筑一条长堤？既可以大大缩短两岸往返的距离，还可丰富西湖的美景。新筑长堤，连通了南屏和曲院，全长八百八十丈，堤上建了六座桥，便于湖水的流动和船只的通行。为了方便行人赏景和歇脚，堤上还建了九个凉亭。

为防西湖再次出现葑田，苏东坡采纳钱塘县尉许敦仁的建议，将西湖的浅水区出租给百姓种植菱角、莲藕和茭白等农作物，这样不仅可抑制水草生长，还能帮助百姓增加收入。与此同时，湖面上又兴建了三座小石塔作为标记，禁止在石塔以内水域种植作物。这三座小石塔也就是西湖十景之一"三潭印月"的由来。长堤上的六座桥就是著名的苏堤六桥，也是西湖一道美丽的风景线。

古朴美观的六桥为：映波、锁澜、望山、压堤、东浦和跨虹。映波桥是由南向北的第一桥，桥长十七米，宽六米七，单孔石拱桥。小桥长廊，水榭茶楼，倒映在波光粼粼的湖水之中，将此桥取名为"映波桥"，可谓是得其神韵。站在桥上，一边可见新建的雷峰塔，另一边则是西湖十景之一的"花港观鱼"。可以说，苏东坡首开了我国景观水利、人文水利的先河，构建了西湖的美学框架，为西湖进入世界文化遗产名录奠定了基础。

林语堂在《苏东坡传》中这样写道："苏堤和西湖之于杭州，正如美女花容月貌的双眸。"可以毫不夸张地说，今日西湖的基本格局始于苏东坡。

苏东坡为官有一个显著特点，就是从不贪天之功为己有。杭州的几项水利工程，他认为都是集思广益的成果、集体智慧的结晶，自己只不过是做个决策而已。即便在上报朝廷的奏折中，不论涉及人物的职位高低，他都一一说明各自所发挥的作用，从不抹杀他们的成绩，给他人以出彩的机会。在封建社会，具有如此气度的官吏，并不多见。这也是苏东坡所到之处都能一呼百应、受人爱戴的原因，是他的人品人格的魅力感染、折服了众人。

苏东坡在地方任职期间，始终将兴修水利与城市的兴盛联系在一起，因地制宜，科学治水。他一生不仅多次抗洪治水，还有多篇水利方面的著述，如《熙宁防河录》《禹之所以通水之法》等，为后人留下宝贵的治水经验。2019年年底，水利部公布第一批"历史治水名人"的十二人名单，苏东坡与大禹、孙叔敖、西门豹、李冰等并列其中，这是对他在水利建设方面作出的巨大贡献的充分认可。

很多文献记载了苏东坡在杭州三年期间为民、务实、高效的风范，以及其所创造的辉煌业绩。其实，仔细算来，苏东坡在杭州任知州只有二十个月的时间。在这短短六百天的时间里，他为杭州百姓办了诸多好事实事。

断案是地方主官的重要职责之一。苏东坡为官办案，一方面疾恶如仇，对十恶不赦者绝不姑息；另一方面又区别对待，对罪过轻微而事足同情者怀恻隐之心，宽严有度，彰显他的智慧和仁爱。

一次，某人因欠绫绢钱两万不还，被告到官府。苏东坡传讯被告，问明案情。原来，被告一家以制扇为业，父亲刚去世，又遇今年春季多雨天寒，扇子无人问津，并非故意欠钱不还。听完供述，苏东坡凝视被告很久，然后笑着说："暂且把你做的扇子拿过来，我来帮你卖。"

扇子拿来后,苏东坡拿起判笔在二十把空白夹绢团扇上又是写来又是画,时而行书、草书,时而枯木竹石,行云流水,顷刻而尽。然后,对被告说:"拿去,赶快变钱还债。"消息一出,被告刚出府门,团扇就被人争相高价购买,很快就销售一空。晚来一步的,还懊悔不已。此事传开以后,百姓对苏东坡大加称颂。

无独有偶,一次,税务部门查到南剑州(今福建省北部)乡贡进士吴味道逃税案,截获私货两大包。更为严重的是,私货包装上竟然写着"杭州知府苏某封至京师苏侍郎宅"。此人胆大妄为,不仅逃税,而且冒名。苏东坡不动声色,问吴味道里面装的何物。

此人惶恐地说:"我今年秋天被州县举荐为应试进士,乡亲们一起凑钱,支付去京师的路费。我以一百千钱买得建阳小纱两百端,如沿路抽税,到京师就不剩一半。"吴味道接着说:"我以为当今天下最有名望,且爱提携奖掖读书人的,只有您和苏侍郎,于是假借先生的名衔把丝封了起来,却不知道先生您先前已经来到这里任职。真是罪责难逃,乞求宽恕。"

由于苏东坡曾经有过相同的寒士经历,因此对吴味道的荒唐之举非但没有责罚,反而叫来文书另加包封,写上自己名衔送"京师竹竿巷苏学士收",交给了吴味道。第二年,吴味道考中进士,特地前来答谢,成为一段美谈。

苏东坡在杭州夙夜在公的同时,远在京师的宣仁太后一直记挂着这位爱卿。元祐六年(1091)正月,苏东坡听说吏部尚书的任命后,惶恐不安,当即给力荐自己还朝的范祖禹写信,表明乞求继续外放的意愿。

鉴于苏辙刚被任命为尚书右丞,兄弟二人同朝执政,总有不便,故二月二十八日诏下杭州:龙图阁学士、吏部尚书苏轼为翰林学士承旨。翰林学士承旨位诸翰林学士之上,为翰林学士院主官。收到诏令的当日，苏东坡就写了《辞免翰林学士承旨第一状》。他宁愿在州郡为官，以造福一方。他早就厌恶朝堂的尔虞我诈，争权夺利，再也不愿意与鼠辈为伍，卷入无休止的党争之中。

与苏东坡差不多同一时间，越州太守钱勰也被召，路过杭州时，看望老友苏东坡。苏钱二人年岁相仿，相交至笃，惺惺相惜，钱勰也早就看清看淡仕宦生涯的四方奔走和跌宕起伏。苏东坡作饯别词《临江仙·送钱穆父》送他先行。

> 一别都门三改火，天涯踏尽红尘。依然一笑作春温。无波真古井，有节是秋筠。　惆怅孤帆连夜发，送行淡月微云。尊前不用翠眉颦。人生如逆旅，我亦是行人。

词中"人生如逆旅，我亦是行人"，是苏东坡当时心态的真情流露。

皇命难违，鉴于请辞未获批准，作为臣子，只得从命。由于不愿在京师任职，元祐六年（1091）三月初九，苏东坡将家眷留在杭州，孑身一人返回京师，期望途中能有朝廷批准外放的恩诏。

回京途中，眼看没有任何动静，苏东坡又连上几封言辞恳切的辞免状，但还是石沉大海，不得已他在第四状中从头至尾向宣仁太后陈述过往：多次上疏反映新法积弊，因而激怒王安石，招致谢景温的诬陷弹劾，接着就是"乌台诗案"。哲宗继位后，起复还朝，因论差役免役利害，得罪了司马光的门生，后又在司马光的吊唁事宜上开罪了洛党程颐及其门生，导致朔党、洛党交相攻击。宣仁太后对当时朝堂的形势了如指掌，迫切需要像苏东坡这样忠君报国的良吏，来制衡刘挚等人。因此，苏东坡的请辞愈是言辞切切，宣仁太后就愈是不肯放手。不仅辞免未准，还被任命为兼侍读。

司马光去世后的政治力量重组基本完成。虽然当时吕大防和刘挚分任左右二相，但朔党掌控着朝廷的各个要害部门，失去靠山、原为洛党的朱光庭、杨畏、贾易等人也都投入刘挚的怀抱,当时的政治形势显然对苏东坡极为不利。

五月二十六日,苏东坡抵达京城。正如苏东坡所料,迎接他的是铺天盖地的弹劾奏章,除了指责他所报浙西灾情不实,神宗驾崩两个月后,他在扬州竹西寺所写"山寺归来闻好语,野花啼鸟亦欣然"大逆不道外,基本都是陈词滥调。尽管有宣仁太后的支持,但苏东坡还是对朝堂的政治斗争感到厌恶。面对弹劾,苏东坡不作辩驳,只是不停地请求外放。

八月初五,苏东坡终于如愿以偿,被任命为颍州知州,此时距他回到京城仅仅三个月。

政绩斐然在颍、扬

元祐六年(1091)闰八月初,苏东坡离开京师,顺蔡河、颍河赴任,于八月二十二日,来到物华天宝、民风淳朴的颍州,开启了为期半年的治颍之路。

在颍州,苏东坡秉持勤勉务实的从政风格,在短短半年时间内,办了几件利国利民的好事实事,赢得了当地百姓的赞许。

由于京城连年遭遇水灾,陈州(今河南周口市淮阳区)周边也水患不断。为解决这一难题,陈州的官吏们主张开挖八丈沟,也就是在陈州境内古代邓艾沟的故道上开挖,沟长达三百五十四里,连接颍河,然后将水排入淮河,以泄陈州一带之水。初到颍州,苏东坡就按尚书省的要求,与地方和朝廷的相关官吏共商开挖八丈沟的相关事宜。

苏东坡精通水利,不是拍脑袋决策的官僚。他先是组成勘探小组,与蔡口到淮上沿途各县官吏一道,展开实地考察和测量。勘探小组仔细测量地形的高低,每二十五步就立一根竹竿,并记下每根竹竿的水位高低，一共立了五千八百一十一根。

勘探测量的结论是，淮河涨潮时，其水位要高于八丈沟入淮口的水位八尺五寸。颍州地势本就北高南低，颍河行于南，而八丈沟行于北，如果按照原计划开挖八丈沟，势必将造成淮水倒灌，不仅解除不了陈州水患，还会使颍州成为一片汪洋。于是苏东坡向朝廷提交了《奏论八丈沟不可开状》，奏论有理有据，合情合理。

时为京西转运判官的朱勃完全赞成苏东坡的科学结论，也向朝廷提交了《八丈沟不可开挖申省状》。在苏东坡的据理力争下，避免了一场劳民伤财且毫无益处的浩大工程，不仅免除了十八万民工的劳役，还为朝廷节省了三十七万贯钱财。

其实，苏东坡此举也是冒着极大风险的，无形之中得罪了一干主张开挖八丈沟的官吏。如果苏东坡是一个无所事事、明哲保身的人，他是一定不会组织勘探测量并据理力争的。

入秋后，颍州持续干旱，苏东坡食不甘味，夜不能寐。听闻此地的张龙公神祠极灵验，苏东坡一边撰写祈文，一边派遣次子苏迨与州学教授陈师道前往祈雨。巧得很，几天后，"后夜龙作雨，天明雪填渠"。苏东坡的《颍州祈雨诗帖》开篇就是"颍州久旱"，初来乍到的颍州太守心急如焚之状、爱民忧民之心，跃然纸上。该帖不仅是他爱民忧民、勤勉务实的文墨佐证，也是我国书法史上不可多得的艺术瑰宝。

颍州属于温带季风气候区，四季分明，水网密布，有的年份少雨干旱，而有的年份又多雨成涝。秋旱和祈雨，给了苏东坡以启迪，望天收终究不是长久之计，还不如着手兴修水利，从根本上解决颍州水的问题。

苏东坡一生与西湖有着不解之缘。颍州与杭州一样也有个西湖，湖约十里长、三里宽，因在州西北二里外，当地人称之为西湖。颍州西湖由颍河、清河、白龙河、小汝河交汇而成，闻名于唐，鼎盛于宋。

欧阳修主政颍州时曾疏浚和整治过颍州西湖。

来后不久，苏东坡与杭州时的旧识、时为签书判官的赵令畤（zhì）（德麟）对颍州西湖进行了系统考察、规划和整治。通过兴建三座水闸，沟通了焦陂、清河、西湖与泉河、淮河的航道，增强了颍州城西南地表水的调节功能，旱可蓄水，涝可泄洪，同时还保障了沿河两岸大片农田的灌溉。

苏东坡参照其在凤翔东湖和杭州西湖疏浚整治的做法，在保证使用功能的前提下，增加了颍州西湖的游览休闲功能。

由于干旱，这年秋冬与颍州相邻的庐州、濠州和寿州等地都饥荒严重，百姓仅靠树皮草根充饥，盗贼四起。苏东坡于十二月二十五日上《乞赐度牒籴（dí）斛斗准备赈济淮浙流民状》。寒冬腊月，白雪皑皑，苏东坡寝食难安，他心中惦记着那些饥寒交迫的百姓。

黎明时分，苏东坡就请来曾在陈州赈济有功的签判赵令畤，共商赈济事宜。赵令畤胸有成竹地说："目前的困乏，不过是粮食和燃料两项。义仓有积谷数千石，便可支散，以救贫民。从事军事物资生产的作院有酒炭数万称，能酿酒的酒务有柴数十万称，可以照原价出卖。贫民得此两项，困难就解决了。"苏东坡听后大喜，他一面起草奏章，一面嘱咐赵令畤去办。

饥荒与盗贼如同一对孪生兄弟，颍州原来就有管三、陈钦和尹遇等一帮江洋大盗，虽经前任严厉打击，剿灭大半，但尹遇仍然在逃，还自封大王，依然打家劫舍，居然胆敢白昼骑马在镇市上劫人，猖狂至极。苏东坡获悉汝阴县尉李直方忠勇担当，就委以重任，并说："君能擒此贼，当向朝廷力言，给予优赏。"李直方泣别九旬老母，先是在当地缉获尹遇的爪牙，接着顺藤摸瓜在寿州霍邱县一举将尹遇缉拿归案。

元祐七年（1092）二月，做了半年颍州知州的苏东坡，接到了以龙图阁学士改任扬州知州的诏命。

三月初，苏东坡沿颍河舟行而下，入淮河，途经亳州、泗州、楚州，进入运河后，于三月十六日抵达扬州，时年五十七岁。途中苏东坡不带吏卒，深入村落，访贫问苦。时值新麦初熟，一派丰收景象，可官府催收历年积欠，还不上钱的百姓不敢归乡，宁愿流走道途。沿途见到许许多多这样的游民，苏东坡不禁感叹道："苛政猛于虎。"

到达扬州后，苏东坡立即上书朝廷请求宽减陈年积欠。他在《论积欠六事并乞检会应诏所论四事一处行下状》中写道："臣闻之孔子曰：'苛政猛于虎。'昔常不信其言，以今观之，殆有甚者。水旱杀人，百倍于虎，而人畏催欠，乃甚于水旱。"每个州不下五百号人在催欠，全国就是十多万虎狼散在民间，百姓如何安生？

奏折写好后，苏东坡心急火燎地派人星夜兼程送往京城，而主管部门则以国家西线有战事、财政吃紧为由，不同意减免积欠。六月，扬州一带发生瘟疫，百姓无法应对，病死饿死了很多人。苏东坡再次上书《再论积欠六事四事札子》，反映浙西地区饥荒和瘟疫的严重灾情：苏、湖、秀三州，人死过半……有田无人，有人无粮，有粮无种，有种无牛，饿死之余，人都骨瘦如柴。在苏东坡的一再呼吁下，朝廷终于下诏：不论新旧，各种积欠一律宽免一年。百姓闻此消息，无不奔走相告。苏东坡则以"诏书宽积欠，父老颜色好"来盛赞此事。

北宋虽内忧外患、积贫积弱，但附庸风雅和奢靡之风盛行。大家可能想象不到，作为文坛盟主、喜好热闹的苏东坡到任后，州府办的第一件公差，竟然是下令"苏门四学士"之一、时任扬州通判的晁补之，停办正在紧锣密鼓筹备中的万花会。

北宋时期，扬州的芍药与洛阳的牡丹争妍斗艳，名扬天下。每年春季，洛阳举办牡丹万花会时，万人空巷，人流如潮。北宋时的扬州，兴盛虽不及唐代，但历史遗韵犹存。元祐五年（1090）蔡京任扬州太守时，受洛阳牡丹节的启发，始办万花会。后来，王存接任蔡京后，亦如法炮制。

苏东坡发现前两年举办的万花会,虽然热闹非凡,但一次用花十多万枝,附庸风雅,劳民伤财,百姓深受其害。一方面,官府陈年积欠犹如一座大山压得百姓喘不过气来,而举办万花会要动用大量的人力、物力和财力。另一方面,有些贪官污吏借举办万花会之机,敲诈勒索百姓。"以一笑乐为穷民之害",这是苏东坡对万花会的点评。

虽然苏东坡也知道,初来乍到,由他来停办蔡京创办的万花会,不仅得罪人,而且也有点煞风景,个人声誉可能还会受到影响,但只要对民生有利,个人得失何足挂齿?

苏东坡在《以乐害民》中阐述了取消万花会的缘由。停办万花会的政令一出,百姓欢呼雀跃,交口称赞。当然,苏东坡为了百姓民生,又一次"不识时务"地得罪了权贵。《以乐害民》文中蔡延庆应为蔡京,蔡延庆从未任过扬州知州。《苏轼文集》笺注认为此处为苏东坡笔误。

苏东坡在扬州任上,为民办的第三件实事是为漕运船夫排忧解难。京杭大运河自开通后,便是我国最主要的南北运输通道,扬州也就自然成为重要的水上枢纽和官府的漕运集散中心,承担着粮食等重要物资的运输任务。

由于地域原因,原本扬州相关从业人员很多。苏东坡到任后却发现,漕运物资运输非常萧条,漕运船夫也大幅度减少。经过深入调研,苏东坡发现,仅以粮食为例,嘉祐以前,每年运输六百万石,短缺不过百分之一,而他到任的前一年,全年运输仅有四百五十万石,欠折了三十万石,短缺达到了百分之八。他不禁感叹:"运法之坏,一至于此!"

原因何在呢?因为原来的发运司,允许船家成批运送粮食等大宗物资时,夹带部分私货,南北贩卖,沿途既不稽查,也不征税,不仅可以贴补船用,还有利可得,船家都比较富裕。因此,运送粮食等物资时,不仅速度快捷,而且短缺也很少。

但熙宁以来,官府与船家争利,官吏从中渔利,每到一个码头,都要登船检查，发现私运货物，就要没收或征税，或收受贿赂后放行，船夫们被敲诈得穷困潦倒。在此新政下，船夫们不得已只好偷盗官粮。因此，漕运粮食短缺量逐年上升，也有的船家以后粮来弥补前粮的亏空，久而久之，窟窿越来越大，最终只得逃亡或被治罪。

苏东坡认为，漕运是朝廷的大计，船夫的生计，岂可坐视不救？七月下旬，他向朝廷上了《论纲梢欠折利害状》，建议允许船夫在完成官府漕运任务的同时，可以私自贩运一些其他物品，以提高他们的收入。

八月一日，苏东坡又上《乞罢转般仓斗子仓法状》，请求朝廷废除仓法，追究金部官吏没有圣旨、擅自立法、剥削士兵的罪行，并查发运转运司使的责任和情弊。

八月五日，苏东坡再上《乞罢税务岁终赏格状》，直接将矛头指向了税务官吏，说他们是为了年终奖金，借关市法来敛财、中饱私囊。

不得不说，苏东坡关于漕运的几次上奏，事关朝廷兴利除弊的大政。苏东坡刚正不阿，敢于仗义执言，为了民生和社稷，不怕得罪权贵，一举参劾了这么多衙门和官吏。最终，朝廷采纳了苏东坡的建议，恢复了旧制，漕运再现生机，船夫们无不赞誉苏东坡的功德。

在扬州不到半年的时间里，苏东坡完成了宽免积欠、取消万花会和恢复漕运旧制等三件为民谋福祉的大事，实属不易。

苏东坡抵达扬州后，还做了一件非常有意义的事情。元祐五年（1090），潮州太守王涤为尊先贤，将韩文公庙从金山麓郡治前夫子庙正室东厢徙至州南七里。竣工后，王涤派专人来请苏东坡为韩文公庙撰写碑文。苏东坡的好友钱勰也来信加持。因此，从颍州一到扬州苏东坡就着手撰写碑文。

"匹夫而为百世师，一言而为天下法"的开篇，可以说是横空出世，豪迈警策。接着苏东坡从文、道、忠、勇四个方面盛赞了韩愈的德行文章和行事风格："文起八代之衰，而道济天下之溺；忠犯人主之怒，而勇夺三军之帅。"碑文大气磅礴、字字珠玑。

写诗填词作赋，是苏东坡日常生活中不可或缺的一部分。而他于诗自视颇高，早年从不特别喜爱某一个人的诗作，更不会专注一家。也许是年龄和处境的原因，在谪居黄州、躬耕东坡后，步入中年的他，开始偏爱陶诗。

陶渊明隐居期间，生活贫困。附近的官吏朋友颜延年常来与他小酌，知道他的家境后，留钱两万相赠，他却一文不留，全部送存酒馆，留待日后慢慢取酒。而当苏东坡一日偶读《唐书》，看到了唐代宗朝的宰相元载获罪赐死，并被没收家产时，仅家藏调味用的胡椒，竟多达八百石。苏东坡不禁产生联想，作长诗一首，将陶渊明的安贫乐道与元载的贪得无厌进行了比论。

在扬州，苏东坡始吟和陶诗，写下了《和陶饮酒二十首》，立即引起轰动，文人墨客纷纷效仿。又如，他的《和陶归去来兮辞》传到京城，文人争相和作。

元祐七年（1092）八月，苏东坡接到以龙图阁学士左朝奉郎守兵部尚书兼侍读、差充南郊卤簿使的诏命。

整肃军纪在定州

苏东坡此时回京，主要是哲宗要去南郊举行祭祀大典，宣仁太后希望他护驾前往。侍从年轻皇帝第一次举行郊祀大典的差遣，那是万万不能请辞的。此事重大，苏东坡即刻动身，但他对于进京还是心有余悸。因此，他在途中就上疏，希望祭祀大典后，继续外任。九月，苏东坡抵达京师，与上次回京一样，仍寄寓兴国寺的东堂，以行动再次表明他坚决要求外放的决心。

十一月十二日，哲宗率领百官到南郊太庙举行祭祀大典，苏东坡为卤簿使，导驾前行。所谓卤簿，即古代皇帝出行时的仪从和警卫。他的好友蒋之奇、钱穆父也一同从驾。

南郊祀典一过，苏东坡便立即奏乞越州。岂料不仅请求没有得到满足，朝廷还任命他为端明殿学士兼翰林侍读学士、礼部尚书。一人身兼两大学士，这在当时已久未出现。苏东坡惶恐不安，极力请辞，然而，还是请辞无效。

朝廷不想留，外放又不准，思虑再三，苏东坡请求安排一个戍边的任务。因为宋朝重文轻武，戍边之吏，如用文官，基本都是仕途上失意之人，苏东坡全然不顾，足见他离开朝廷的愿望有多强烈。但状子呈上后，朝廷仍然不肯接纳，苏东坡只好走马上任。

然而，树欲静而风不止。元祐八年（1093），监察御史黄庆基和董敦逸弹劾苏东坡兄弟俩。

黄庆基和董敦逸的弹劾，闹得沸沸扬扬。虽然皇帝并未轻信二人的弹劾，并将他们逐出朝廷，外放任职，但苏东坡还是感到身心疲惫，不胜其烦。他不由得想起他的恩师欧阳修，德行修为如此之好，都被御史们结伙围剿，搞得焦头烂额，后又被小人们造谣污蔑，恶语中伤，未到退休年龄，就请求辞去官职。想到这些，他更加坚定了尽快离开朝廷的决心。

弹劾的轩然大波刚过，苏东坡再度请求外放越州。随着哲宗年龄的增长，祖孙二人的关系变得越来越微妙。

祖孙二人的关系发展到如此地步，除了哲宗进入叛逆期外，还有一个重要原因，当时坊间流传着一个极其荒谬的谣言，说太皇太后有意废帝，改立自己的儿子。

而此时章惇等人也再度造谣生事，说皇帝已经成人，为何还不让他亲政呢？皆因祖孙不太和谐。宣仁太后听到这些谣言后，当然动怒，因怒而致病，不久就去世了。

元祐八年（1093）八月初一，苏东坡四十六岁的夫人王闰之去世。

苏东坡与王弗的婚姻持续了十年,而与王闰之共同生活了二十五年。王闰之虽然不像她的堂姐饱读诗书,但就读懂和关爱丈夫而言,毫不逊色。无论是苏东坡的高光时期还是身处颠沛流离的逆境,她都不离左右,悉心呵护,从无怨言。躬耕东坡,她能治好兽医没能医治的牛病;丈夫有客无酒时,靠她平时藏的斗酒,解了燃眉之急……

宣仁太后和王闰之的去世,将苏东坡带入日暮途穷的境地。

元祐八年(1093)八月,苏东坡的外任请求终于获得恩准,以端明殿学士兼翰林学士出任定州知州,时年五十八岁。虽然不是他一心想去的越州,而是北部边关定州(今河北省保定市定州市)。但无论怎么说,他总算可以离开朝廷这个是非之地了。

九月底,苏东坡在东府雨中与弟弟子由分别后,忧心忡忡地离开了京城。经过三个月的长途跋涉,苏东坡于十二月二十三日抵达定州。

定州是北宋的军事重镇、战略要地。定州之北,便是虎视眈眈的辽国。北宋迫不得已与辽国签订了"澶渊之盟",以每年给辽岁币银十万两、绢二十万匹为代价,为北宋换来了百年的安宁。

自此之后,宋朝防务松弛,堡垒不修,军训全无。范仲淹在《奏上时务书》中提出救文弊以厚风俗、整武备以御外患。

北宋遵循"强干弱枝,内外相维"的原则,军队由禁军、厢兵、乡兵和番兵组成。由于久不作战,北宋军队处于极度的松弛状态,边防禁军也是如此。苏东坡来定州视察后发现,禁军虽为国防的主要战斗力,不仅疲乏懈怠,不堪大用,为了避免刺激契丹,甚至就连正常的军事训练也不进行。

既然禁军不堪重用,戍守边疆的重任只得依靠当地人,这也是由来已久的做法。常年遭受契丹人侵扰的当地人,有着高度的警惕性,他们体格强壮,骁勇善战,出入起居都习惯随身携带武器,他们还自发组织弓箭社,成为乡间抗敌、保家卫国的重要力量。仁宗时期,庞籍镇守定州时,因俗立法,确认弓箭社纳入官府统领。但至熙宁变法,王安石施行保甲法时，便将弓箭手编入保甲，弓箭社这个组织也就不复存在了。

苏东坡到任后，非常看好弓箭社这个组织。他连上二疏，建议朝廷尽快恢复弓箭社的建制。可当时的朝政混乱不堪，新的天子正满腹怨气地酝酿一场剧烈的变革，哪有心思关注这个问题。

当时实际负责定州军务的，是副总管王光祖，因是老将，向来倚老卖老，骄横跋扈。前任主官因其老将身份，即便对军中松弛腐败问题不满，也不敢过问。

苏东坡法纪严明，直面问题，敢于碰硬，严肃查处了军中贪污腐败、克扣军饷、酗酒赌博、盗用公物、鱼肉百姓等问题。在苏东坡的铁腕治理下，军中敛财、掠夺犯罪顿然断绝，酗酒、赌博行为也销声匿迹。一向自以为老将，跋扈骄横的副总管王光祖，也不得不低下他"高昂"的头颅。

元祐八年（1093），也就是苏东坡来到定州的当年，河北一带再次遭受自然灾害，定州地区由于雨水过多，收成不到正常年份的一半。作为地方主官，苏东坡秉持民以食为天的理念，一方面严禁苛捐杂税，另一方面上《乞减价粜（tiào）常平米赈济状》，请求低价出售两万石仓储粮食来平抑物价，朝廷同意了他的奏请。

正当苏东坡为整肃军纪、巩固边防和赈灾救济、发展生产而呕心沥血之际，京师正酝酿着一场翻天覆地的变革。宣仁太后去世后，逆反心理和自立精神极强的哲宗，急于彻底否定元祐之政，一大批旧党元祐大臣被逐出朝堂。

第十章

千古风流人物

"问汝平生功业，黄州、惠州、儋州。"被贬蛮荒之邦、瘴疠（lì）之地的惠州和孤悬海外、人迹罕至的儋州，对于命运多舛、人到晚年的苏东坡来说，无疑是不幸的。但对于惠州和儋州而言，则是幸运的。虽为戴罪之身，但他守其初心、不忘济世，夙夜在公、殚精竭虑，在惠州和儋州两地，谱写了一曲大爱无疆、忠君爱民的壮歌。晚清惠州诗人江逢辰有感而发："一自坡公谪南海，天下不敢小惠州。"苏东坡先后写下"日啖（dàn）荔枝三百颗，不辞长作岭南人"和"九死南荒吾不恨，兹游奇绝冠平生"的诗句，表达了他对两地的爱之深、情之切。五年多艰辛而有为的谪居生活，为苏东坡跌宕起伏的一生，画上了一个并不完美的句号，但他在谪居生活中的坚韧豁达、济世安民，何其悲壮，何其伟大！

山雨欲来风满楼

1094年4月，哲宗将年号改为"绍圣"，意为将继承神宗皇帝的遗志，进行变革。为尽快推进变革，哲宗起用新党激进派代表人物章惇为相，大张旗鼓、雷厉风行地全盘恢复了熙宁时期的所有变革举措。与熙宁变法大相径庭的是，熙宁变法中的新党与旧党之争，仅是政见不同，彼此都是为了江山社稷。而此次的政治变革，章惇等人严重背离了王安石变法的初衷，把打击"元祐党人"作为他们主要的政治目的，心狠手辣，赶尽杀绝，陆续剥夺司马光、吕公著等人的赠官谥号，在朝任职的三十多位"元祐党人"高官被贬出京城，苏辙被贬至汝州。

在这场声势浩大的政治斗争中，作为元祐大臣、旧党主要代表人物之一的苏东坡，虽然远在边关，也绝无可能逃过此劫而独善其身。从定州到惠州，半年不到的时间里，苏东坡竟然连续五次被贬。

第一次被贬，发生在绍圣元年（1094）闰四月初三，一道圣旨到定州，苏东坡以谤讪先帝的罪名，罢除端明殿学士兼翰林学士，以左朝奉郎责知英州（今广东省清远市英德市）军州事，苏东坡等于又回到了黄州起复登州时的官阶。

第二次被贬，是在贬谪诏令发出后不久，侍御史虞策再奏苏东坡罪重责轻，于是苏东坡被"降官为左承议郎"。朝奉郎为正七品，而承议郎为从七品。政治氛围既然如此，在苏东坡看来，左朝奉郎与左承议郎其实都一样。

宋朝不杀士大夫，士大夫负罪，以贬谪岭外为最重惩罚。英州蛮荒之乡，瘴疠之地，气候恶劣，生存条件极差。据说苏东坡是宋朝高官中被贬到广东大庾岭以南的第一人，可见他在哲宗和章惇等人心中是多么"重要"。从定州到英州陆路有五千多里。

第三次被贬，发生在苏东坡刚过汤阴县，御史刘拯落井下石，继续拿苏东坡撰写的那篇吕惠卿的责降诏找碴，于是，朝廷再次加重处罚。按照宋朝官制，官员每到一定年限，如无重大过错，即可调级升官，此为"叙官"。而这道诏书一下，等于取消了苏东坡的"叙官"资格。

从定州到岭南，不仅路程遥远，还要横越我国南部雄伟的山脉。苏东坡时年五十九岁，他深怕自己不堪陆路旅途劳顿，染上疾病而死于途中。闰四月十四日到达滑州（今河南省安阳市滑县）时，苏东坡上书朝廷。哲宗良知尚未泯灭，顾念师生之情，给他派了一条官船。路途虽然增加一倍，近八千里，但绝大多数为水路，免去了陆路颠簸之苦。

四月十八日，苏东坡从陈留（今河南省开封市陈留镇）绕道汝州，会晤刚被罢门下侍郎、出知汝州军之事的弟弟苏辙。苏东坡决定先将家眷送到宜兴农庄安顿，自己继续南下。尽管苏辙经济状况也不宽裕，但还是分俸七千交给侄子苏迈，他们可以靠宜兴的一点田产度日，以免哥哥的后顾之忧。兄弟相聚三四日后，苏辙送至陈留。此时，哲宗同意其舟行的诏书一下，苏东坡汴河登舟，与弟弟依依惜别。

途中，苏东坡在雍丘（今河南省开封市杞县）会晤县令米芾和好友马梦得。抵达扬州时，"苏门四学士"之一、时为润州知州的张耒精心挑选两名兵士，随苏东坡南行，一路照料护送至惠州。

六月初七到达金陵。初九，儿子们遵亡母王闰之遗言，恭奉阿弥陀像于金陵清凉寺做道场，祈求先灵冥福。佛事完毕，长子苏迈一家与苏东坡在金陵辞别，回到宜兴居住。

离开金陵前，苏东坡获悉崇因禅院长老宗袭新造了一尊观世音菩萨像，妙相庄严，便前去瞻拜，在观音菩萨前他许下心愿："吾北归当复过此，而为之颂。"

第四次被贬，是在苏东坡到达当涂之时。离开定州时，苏东坡心情尚好，沿途尽是高山峡谷，美丽乡野，"西望太行，草木可数，冈峦北走，崖谷秀杰"（《临城道中作》）的景色，令他目不暇接。但途中，在章惇、蔡卞的幕后操纵下，侍御史虞策、御史刘拯等人反复发难，十多天间，三改谪命，接二连三地攻讦打击他。当苏东坡抵达当涂县时，诏令几乎同时到达，他的官阶又降了，已没有资格担任英州知州了。苏东坡心中非常清楚，此时，除了听天由命、任人摆布，还能如何？何况英州、惠州，都在大庾岭外。

万里投荒，没有必要拖累子孙，苏东坡毅然决定独自前往。全家人怎能放心年近六十的老翁孤身前往瘴疠之地呢？在家人的再三劝说下，苏东坡最终决定，只带三子苏过随行。侍妾王朝云重情重义，执意同行，这令苏东坡大为感动，无法拒绝。六月二十五日，当涂惜别，次子苏迨带着其他家眷前去宜兴，与苏迈一家会合。而苏东坡则与王朝云、三子苏过和两名老婢继续前行。

舟行至彭泽时，苏东坡站立船头，眺望县城，浮想联翩，他仿佛见到了"不为五斗米折腰"的县令陶渊明,返回船舱后,挥笔抄写了《归去来兮辞》:"归去来兮!田园将芜胡不归?既自以心为形役,奚惆怅而独悲!悟已往之不谏,知来者之可追……"

七月中旬,舟行至我国第二大湖、第一大淡水湖彭蠡(lí)湖(今鄱阳湖)时,苏东坡遇到了自己的得意门生黄庭坚,二人都在贬谪途中。原来黄庭坚和老师一样,也是一贬再贬。先是被贬宣州,快到宣州时,又被贬至鄂州,他不得不掉头赶往鄂州。正是这样的折腾,促成了师生二人的相逢。三天后,二人一个向南,一个向北。此一别成为二人的永诀。

第五次被贬,发生在苏东坡舟过赣(gàn)石之险途中。到达南昌后,苏东坡只得自己雇船,继续前行。前方等着他的是三百里长的赣石之险,不但水流湍急,而且水下怪石林立,共有十八个险滩,其中黄公滩为最险。船行险滩之中,苏东坡接到朝廷"苏轼落建昌军司马,贬宁远军节度副使,惠州安置"的谪令。

舟过黄公滩,继续南行,经造口,到达虔州(今江西省赣州市)。在虔州,苏东坡拜访当地著名隐士阳孝本,两人非常投缘,同访当地名胜,在廉泉边彻夜长谈。他在《廉泉》一诗中写道:"水性故自清,不清或挠之……廉者为我廉,何以此名为。有廉则有贪,有慧则有痴。"

"毁誉有时尽,不知无尽时",苏东坡在诗中揭示了廉与贪、慧与痴、毁与誉的辩证关系,指出了泉清靠自洁、人正靠自廉的深刻道理。只要人们具有抵制贪欲、廉洁自律的意识,就能达到"我影投廉泉,水洁清我心""好在水中人,到处相娱嬉"的境界。

苏东坡一生对天下名泉情有独钟,每游必有感悟,从清泉中感悟人生的道理,也从中汲取清廉的启示。

熙宁七年(1074)十一月,三十九岁的苏东坡首次成为地方主官,由杭州通判转任密州太守。他高度重视廉洁自律,以清泉自况,他在《卢山五咏·三泉》诗中写道:"皎皎岩下泉,无人还自洁。不用比三星,清光同一月。"苏东坡在此用天空中皎洁的月亮,来衬托泉水的清澈和洁净,寄托自己自洁而纯净的心灵和品格。

元祐七年(1092)二月,苏东坡在任扬州太守时,写下五言古诗《次韵苏伯固游蜀冈,送李孝博奉使岭表》。诗中"渡江吊狠石,过岭酌贪泉"句,系引用古代的一个典故。东晋时期,广州物产丰盛,但依山傍海,瘴疠流行,中原地区的人们对此心有畏惧。官员们到此任职,更是不敢久留。距广州二十里处有个叫石门的地方,也就是今天的广东省佛山市南海区里水镇西华寺一带,此处有一甘泉,为古代南来北往的人们歇脚之处。相传赴任广州的官员路过此处,都会在泉边驻足,饮上一杯泉水。然而,无巧不成书的是,这些官员来到广州后没有几年,都从清官变成了贪官。久而久之,百姓便将官员的贪婪归咎于这口甘泉,将其称为"贪泉"。也就是说,无论什么人只要饮此泉水,贪心即起。此后,过往路人即便是口干舌燥,也只好望泉兴叹。然而,以品学出众、廉洁奉公著称的广州刺史吴隐之就偏偏不信这个邪。他履新途中路过贪泉时,破例酌而饮之,并赋诗一首:"古人云此水,一歃怀千金。试使夷齐饮,终当不易心。"上任后,吴隐之廉洁奉公,矢志不渝,离任时小船上装的还是赴任时的简单行装,依然身无长物,两袖清风,还了"贪泉"一个清白。王勃《滕王阁序》中的"酌贪泉而觉爽,处涸辙以犹欢",赞颂的就是吴隐之的为官清廉。

苏东坡的廉政思想是一以贯之的,这种思想,在其创作的文学作品中多有体现。苏东坡在《六事廉为本赋》中更是对廉洁从政作了全面的论述,开宗明义地指出"功废于贪,行成于廉"这一为官从政亘古不变的铁律:为官从政要以廉为先,功业废于贪婪,德行则养成于清廉。针对政治、经济变革和廉政建设,他在《策别课百官一》文中,提出了"课百官、安万民、厚货财、训兵旅"等经国济世的建议,而"课百官"则是要对官吏加强监督,治吏反腐。苏东坡一生为官清廉,急公好义,他以毕生的言行践行了自己洁身自好、清正廉洁的思想和追求。

离开虔州后，苏东坡一行五人继续沿上犹江陆路前行。

绍圣元年（1094）九月，苏东坡来到大庾岭下的大庾县（今江西省赣州市大余县）。大庾岭，又称梅岭，岭起江西大余县南，至广东南雄北，地处赣粤交界之处，为南岭中的五岭之一，也是岭南第一关，为粤赣交通要道。在那个年代，五岭分隔了中原与南国，人们对岭南地区还很陌生，普遍将其视为蛮荒瘴疠之地。

大庾岭是古代从中原去广州的必经之地。这道关隘既是气候类型的分水岭，又是一条险峻的旅道。行人到此，都会喟然而叹，苏东坡当然也不例外。登上大庾岭时，他写下了这样的诗句："一念失垢污，身心洞清净。浩然天地间，惟我独也正。今日岭上行，身世永相忘。"表达了他斩断前缘、追求新生的决心。

越过大庾岭，经始兴、韶州（今广东省韶关市），过英州和清远，绍圣元年（1094）十月二日，历经半年之久的跋山涉水，苏东坡终于到达了他的贬谪地惠州。

不辞长作岭南人

广东地处亚热带。十月初，山水相拥的小城惠州气候宜人，温润舒适。虽然远隔万水千山，但苏东坡的名字对当地百姓而言，并不陌生。小船靠岸时，码头上挤满了迎接的官吏和扶老携幼的百姓。苏东坡一出现在船头，人们就争相呼喊他的名号，这让苏东坡很是感动，欣然写下《十月二日初到惠州》："仿佛曾游岂梦中，欣然鸡犬识新丰。吏民惊怪坐何事，父老相携迎此翁。苏武岂知还漠北，管宁自欲老辽东。岭南万户[1]皆春色，会有幽人客寓公。"

---

1 万户：酒名。

眼前惠州的景象，与苏东坡来到此地前的想象大相径庭，到处是绿意葱葱的草木和荔枝、橘子、香蕉等亚热带水果。惠州给他的第一印象是温馨友善、生机盎然，这也让苏东坡少了很多异乡人的孤独凄凉之感。当地人见到他都很好奇，不知这位文坛盟主因为何故被流放此地。

苏东坡被安排住在东江和枝江交汇处的官舍合江楼。这里风景秀美，云水浩渺，登楼远眺，仿佛城在山水中，人在仙境里，苏东坡有感而发，写有《寓居合江楼》。

合江楼毕竟是京师官员出行在外的临时住所，非谪官久居之地，为防止授人以柄，不给知州詹范添麻烦，十五日后苏东坡便主动搬至对岸的嘉祐寺。该寺地处城郊，位于水东，条件简陋，破旧狭小，墙破屋漏，生活诸多不便。

尽管嘉祐寺的条件很差，但经苏东坡拾掇之后，不仅居住条件有所改善，他还辟出了修炼养生之地，起名为"思无邪斋"，并给斋室作铭。苏东坡在《思无邪斋铭（并叙）》中，再次表达了其在《过大庾岭》诗中"浩然天地间，惟我独也正"的决心。

虽是贬官，但苏东坡在惠州的生活并不寂寞。知州詹范给予苏东坡的礼遇和照顾，并不亚于当年的黄州知州徐君猷。每年重阳，他都邀请苏东坡共度佳节。绍圣二年（1095）上元夜，詹范带上酒菜和厨子到嘉祐寺与苏东坡一同过节。平时詹范除了经常邀请苏东坡小酌外，还隔三岔五派家里的厨子带着酒菜来到嘉祐寺。苏东坡有时也会到詹范府上喝上几杯。

程乡县令侯晋叔对苏东坡非常友善，关怀备至。苏东坡也认为侯晋叔颇有文采气节，实为佳士。邻近惠州的一些文人雅士都慕名前来拜访结交这位文豪。惠州附近五县的官吏也是经常给他送来酒食。用苏东坡自己的话说，惠州很美，当地百姓对他也很善待，不久就"鸡犬识东坡"了。苏东坡更是以《惠州一绝》表达了自己旷达释然的心态:"罗浮山下四时春,卢橘[1]杨梅次第新。日啖荔枝三百颗,不辞长作岭南人。"

正当苏东坡调整好心态,初步适应惠州的谪居生活后不久,绍圣二年(1095)年初的一天,他忽然听到了一个令他焦虑不安的消息。

当年,因苏东坡姐姐八娘冤死,苏洵发誓与程家断绝关系。不过,父亲去世后,苏氏兄弟二人还是和外婆家的其他表兄弟,保持着良好的关系。

章惇早就知道苏程两家为此事闹过别扭。现在苏东坡被流放到惠州,章惇觉得四两拨千斤、"借程整苏"的机会到了。他派程之才南下任广南东路提刑。提刑,也就是人们常说的巡按大臣,代表朝廷巡察地方,有揭露隐蔽的坏人坏事、整肃官吏的大权,而惠州恰好在其管辖范围内。苏东坡是绍圣元年(1094)十月到达惠州的,而程之才是次年正月任职广州的。四十二年过去了,程之才究竟如何看待过去发生的事情,当下又如何处理两家之间的关系,苏东坡心里着实没底。

苏东坡从一个朋友处得知,按照行程,程之才三月份要来惠州。该如何应对呢?是福不是祸,是祸躲不过。他先是拜托与他同游大云寺的友人程乡县令侯晋叔代为致意,看看程之才的反应。确信程之才没有恶意后,苏东坡礼节性地给他写了一封短信。紧接着,苏辙来信说,在湖口县见到程之才的儿子和媳妇,才知道这位表兄对苏家颇为关心。

苏东坡忐忑不安的心,总算落地,接着又给程之才去了第二封信,约他见面畅叙:"昔人以三十年为一世,今吾老兄弟不相从四十二年矣,念此,令人凄断。不知兄果能为弟一来否?"程之才很快回信,表示对两家过往的恩怨,一直不安,苦于没有机会沟通。

显然,程之才也很想利用这次机会修补一下两家的关系,恢复与

---

[1] 卢橘:橘的一种,但在苏东坡诗中指枇杷。

这门贵亲的感情。三月初，程之才抵达惠州时，苏东坡派苏过前去迎接。次日，程之才就来嘉祐寺看望苏东坡，且馈赠颇丰。

程之才在惠州住了十天，浓浓的乡情、久违的亲情，让这对表兄弟相谈甚欢，他们还交换了不少诗文。可能是仰慕苏东坡这位文坛盟主的名气，也许是为了两家的关系更加融洽，他恳请苏东坡为他的曾祖父，也就是苏东坡的外曾祖父撰写墓志铭，苏东坡欣然答应。

当然，苏东坡对程之才也有请求，那就是希望凭借他的影响，协调官府关系，这样可以为当地百姓多做善事。后来，苏东坡在惠州期间，利用程之才的影响，办成了不少利国利民、改善民生的好事。

从自幼奋厉有当世志，到确立致君尧舜、以民为本的政治抱负，再到出仕后三十多年的为官经历。无论是在朝廷，还是在地方，也无论是在人生的高光时期，还是在"乌台诗案"后被贬黄州的低潮时期，苏东坡都忠君报国，济世安民。即便被贬黄州、惠州和儋州，无职无权，他也不忘初心，始终恪守对国家、社会和百姓的忠诚和责任，不遗余力地奔走呼号，多方协调，为当地百姓做了很多实事。苏东坡用自己的言行表明，穷不仅能独善其身，亦能兼济天下。显然，灵魂的高贵与身份和处境无关。

苏东坡的博爱无所不在，对社会公益总是非常热心。刚到惠州时，为了帮助当地百姓治疗瘴毒，他四处寻医，托人买药，熬成汤药，供民众免费服用。

程之才十天的惠州巡按结束了。苏东坡由于是戴罪之身，不便参与合江码头的官方送行。于是，他便雇了一叶小舟，沿东江顺流而下，在博罗县的码头追上了程之才。博罗县令林抃热情接待，盛邀他们一起游览了当地名胜香积寺。香积寺位于大北山、象头山和白水山交界的一处山谷里，距县城东北约七里远。寺前水流湍急，寺后山林葱翠，此寺风景秀丽，常年香火旺盛。

关注民生、精通水利的苏东坡，见寺前小溪水势很大，便建议县令林抃在此筑建一座长百步左右的堤坝，设置水闸，利用水的冲击力做水碓（duì）磨，不仅可以帮助寺僧和百姓舂米、磨面，而且可以将檀香、樟木等研磨成粉，远销广州等地，这样可以大大减轻人们的劳动强度。林抃认为有理，采纳了这一建议。

为了减轻农民插秧的辛苦，提高插秧速度，苏东坡来到田间指导推广简便易行的插秧工具——"秧马"。这是黄州、武昌农民插秧时使用的一种工具，效果很好。为了更好地宣传推广，苏东坡作《秧马歌》，详细介绍它的形状、制作、操作和效果。还是这位博罗县令林抃率先推广并加以改良，使得繁重的插秧劳作轻松了许多。

绍圣二年（1095）夏，惠州遭遇罕见的强台风袭击，风驰雨骤，大雨滂沱，东江和西枝江水位暴涨，惠州城内一片汪洋，被洪水淹死的人不计其数，大部分人都无家可归。苏东坡一方面向前来视察的程之才介绍灾情，呼吁加大救灾资金的投放，另一方面他与太守詹范商量，提议把暴尸野外、无人认领掩埋的尸骨，集中起来，造为丛冢，给逝者以尊严。这个建议在程之才的积极推动下，进展顺利。苏东坡不仅积极倡议，他还带头捐款，并撰写了《惠州祭枯骨文》。

这一年秋，惠州粮食丰收。由于官府征收捐税，只收钱不收粮，农民不得不贱卖自己的谷物，导致粮价大跌。而官府的捐税标准，依旧按照粮价高时的征收标准来计算，其结果是农民欠一斗粮税，却要卖掉两斗谷物才够缴纳。苏东坡两次给程之才写信呼吁，希望他协调税收等有关官吏，形成"纳钱与米，并从其便"的一致意见。也就是缴纳钱财或粮食，由百姓自己决定。

东江之水将惠州的归善与惠阳两地分隔为水东与水西，两岸百姓一向依赖简陋的竹排浮桥通行，江流原本峻急，竹排极易冲坏。此外，惠州西丰湖上的长桥也是常修常坏。此次强台风袭击，损坏更为严重。太守詹范对苏东坡建造两桥的建议高度重视，桥一旦建成，不仅可以抵御自然灾害，方便百姓出行，而且还可以将惠州的城池、山水连接起来。为了建造两桥，苏东坡亦给程之才去信，请求从中斡旋。

一座桥为东新桥，苏东坡认为采用罗浮道士邓守安的建议，将简陋的竹排浮桥改为船桥，便可一劳永逸。具体方法是，用四十只小船连为二十舫，每两只为一舫，铁锁石碇，水涨船高，无论江水如何涨落，行人皆可通行。苏东坡先是会同程之才、漕使傅才元和太守詹范筹措资金，而当工程进展到一半，资金短缺无法正常施工时，他连自己朝服用的犀带都捐了出来。

另一座为西新桥，即在丰湖上建桥。先在湖的两岸各筑一段堤坝，中间以坚硬的石盐木造飞楼九间，连接桥面。建筑此桥时，苏东坡自己已囊中羞涩，无力捐助，可为了造福惠州百姓，他向同样被贬的苏辙的妻子史夫人劝捐，史夫人也是囊空如洗，不得已将以前内宫赏赐的若干黄金都捐了出来。桥建成后，两岸的堤坝被称为苏堤，丰湖也改名为西湖。苏东坡在诗作《赠昙秀》中，第一次将丰湖称为西湖。

然而，尽管苏东坡为惠州百姓做了这么多好事实事，但他从不贪功，也怕给朋友们带来不必要的麻烦。他对地方官吏总是千叮咛万嘱咐，谈及这些惠民工程，千万不要说是他的主意，因为他深知朝廷的当权派非常讨厌他。

被贬惠州的苏东坡，一无权，二没钱，要做成这些事，可不那么简单。据史料记载，苏东坡在惠州期间，给地方官吏的私信有二百三十二封之多，其中最多的是写给程之才的，多达七十五封。写给博罗县令林抃的也有二十四封。后人在研读这些信件时，发现了一个现象，苏东坡这些私信的相当一部分谈的是与百姓息息相关的民生和公益事业。

尽管远离京师，又是戴罪之身，苏东坡仍心系江山社稷，关注当地的民生和公益事业。绍圣二年（1095）三月初四，苏东坡前往游览白水山佛迹岩后，来到荔枝浦上，见荔枝树上硕果累累，他有感而发，写下脍炙人口的讽谕诗篇《荔支叹》。

十里一置飞尘灰，五里一堠（hòu）兵火催。
颠坑仆谷相枕藉，知是荔支龙眼来。
飞车跨山鹘横海，风枝露叶如新采。
宫中美人一破颜，惊尘溅血流千载。
永元荔支来交州，天宝岁贡取之涪。
至今欲食林甫肉，无人举觞酹伯游。
我愿天公怜赤子，莫生尤物为疮痏（wěi）。
雨顺风调百谷登，民不饥寒为上瑞。
君不见武夷溪边粟粒芽，前丁后蔡相笼加。
争新买宠各出意，今年斗品充官茶。
吾君所乏岂此物，致养口体何陋耶？
洛阳相君忠孝家，可怜亦进姚黄花。

苏东坡以纪实手法，追思汉唐贡荔之害，对民众遭受之苦深表同情，对奸佞争相买宠予以痛斥，对统治者的荒淫无耻加以批判。《荔支叹》既是对历史的批判，更是对现实的讽刺。

荔园主人是位年已八十五岁的老叟，老人告诉东坡，当下荔枝尚未成熟，"及是可食，公能携酒来游乎？"苏东坡愉快地答应了。这也就是后来人们所演绎的"我有荔枝，你有酒吗"的出处。

绍圣二年（1095）九月，皇家举行祭祖大典。按惯例，朝廷都会实行大赦，而苏东坡和所有元祐大臣均没被列入此次的大赦之列。这个消息对苏东坡而言，既是坏事，也是好事。他在惠州居无定所，先后两居官舍合江楼，又两度迁往嘉祐寺。当下的情况已经明朗，既然济世安民的抱负暂时无法实现，就必须做在惠州长期生活下去的打算。

后来，苏东坡选择在离嘉祐寺不远的归善县城东买地盖房，他买下了白鹤峰上几亩大的一块空地。此处面临东江，景色秀美，苏东坡甚是满意。

次年三月，苏东坡开始筹备盖房，房子占地约半亩，设计构思非常精巧，共有房屋二十间，前面为小屋三间，作为门房，第二进为堂三间，起名为"德有邻堂"，源于《论语》中的"德不孤，必有邻"。宅地左侧是居室、厨房、厕所等，右侧是书房，题名为"思无邪斋"。房子上梁时，苏东坡作《白鹤新居上梁文》。房子落成后，苏东坡在庭院里栽了十几棵不同品种的大果树，还在屋后空地上种植了人参、枸杞、地黄、甘菊等中草药。

苏东坡的两位邻居是孝子翟秀才和酿酒的老妇林太太。他与这两家既是新邻，更是好友。苏东坡在院子里打了一口四丈多深的水井，供三家合用，他也常常去林太太家赊账喝酒。苏东坡被贬儋州后，还经常托人给林太太带礼品。苏东坡在诗文中把这栋房子称为白鹤峰或白鹤山新居。

苏东坡为什么要在院中种植中草药呢？原来尝试酿酒和研究药方是他一生中乐此不疲的两大癖好。尝试酿酒是为了满足酒趣，而研究药方则是为了济世救人。

苏东坡在杭州、密州、惠州和儋州等地，不是遇到瘟疫流行，就是缺医少药。他研究孙思邈的《千金要方》、葛洪的《金匮药方》《肘后备急方》等，又与造诣很深的聋医庞安常等为好友，并广泛收集民间的偏方和验方，进行尝试与整理。此外，他还收集很多练气养生的方法和经验。宋人将苏东坡的药方、偏方、验方和练气养生等方法汇编成《苏学士方》，后又将它与沈括收集的药方《良方》编在一起，合称《苏沈良方》。又因苏沈二人同为翰林学士，又称《苏沈内翰良方》。《苏沈良方》涉及中医基础理论及内科、外科等方方面面，对我国中医发展作出了积极贡献。

天有不测风云，人有旦夕祸福。正当苏家大兴土木之际，厄运再次降临。不知何故，侍妾王朝云染上了瘟疫，苏东坡焦心如焚，寻找药方，可人各有命，最终还是无力回天。绍圣三年（1096）七月五日，敏而好义、忠敬若一的王朝云去世,年仅三十四岁。

绍圣三年(1096)六月,长子苏迈被任命为韶州的仁化县令,即将举家南来。

绍圣四年(1097)二月初,苏东坡搬入新居。苏迈也把苏过和他自己的家眷,一行七人南迁到了惠州。然而,由于仁化属于韶州,而韶州又与惠州相邻,根据朝廷新制,责官的亲属不得在责地的邻县为官,苏迈尚未到任,就已经被罢官了。一大家子原本还指望苏迈那点微薄的俸禄养家,此时也化为泡影。苏东坡对次子苏迨寄予厚望,希望他认真准备,迎接科举考试,因此苏迨一家仍然留在宜兴。

屋漏偏逢连夜雨,船迟又遇打头风。搬进白鹤峰新居大约两个月的光景,苏东坡满以为一大家子可以在惠州新宅安居之际,波澜再起,他突然接到了贬谪海南岛的诏令。都已贬过了大庾岭,在惠州也消停了三年多,怎么还有人不依不饶,对他再下如此狠手呢?比较流行的说法是诗歌惹的祸。

"白头萧散满霜风,小阁藤床寄病容。报道先生春睡美,道人轻打五更钟。"在他的政敌看来,你苏东坡已经被一贬再贬,从定州到英州途中五降职阶,仍不思悔改,贬至岭南,你还悠然自得,这分明是对朝廷的挑衅和嘲弄。看来大陆是不能待了,让你到海岛去"春睡美"吧!

章惇等新党骨干利用哲宗的逆反心理、意气用事和没有识别忠奸邪正的能力,挑拨煽动年轻皇帝的仇恨心理,置江山社稷于不顾,将皇权和朝堂变为他们复仇的工具。这也无怪时隔三十年,北宋落得灭亡的命运。

在所有元祐大臣中,章惇最忌惮苏东坡的名望及与皇帝的亲密关系、范祖禹的学问气节和刘安世的刚毅直言。他怎么会轻易放过这三个人呢?同年闰二月,章惇认为三人虽已贬谪岭南,但罪重责轻,于是便有再贬之命:范祖禹徙宾州,刘安世徙高州,苏轼责授琼州别驾,移昌化军安置。苏东坡因此也成为北宋三品以上官员中,被贬出海第一人。

四月十七日,贬谪诰命到达惠州。四月十九日,苏东坡离开惠州。在广州江边,苏东坡与长子苏迈及三个孙子告别,子孙泣不成声。苏东坡决定只带三子苏过前往儋州。这次离别非同寻常,苏东坡把它看成是生离死别。前一天,他已将后事对苏迈做了交代。苏东坡在信中告诉好友广州知州王古,他到海南后的第一件事就是为自己做个棺材,然后再为自己选好墓地。语气十分凄凉。

苏东坡提前安排好后事,不是没有道理的。"中原人去海南,十去九不还",是当时人们的普遍共识。当地气候极其炎热,而海风却寒气逼人。山中多雨多雾,森林密布,燥湿交织,蒸而为云,渟(tíng)而在水,莫不有毒。风寒侵入肌体,浊气吸入口鼻,毒水灌入胸腹、肠胃、肺腑,几乎没有不生病的,而得病后生存的希望非常渺茫。

苏东坡从小立志以天下苍生为念,一生充满悯世情怀,他在《谢晴祝文》中说:"政虽无术,心则在民。"苏东坡被贬岭南九百四十天,对其个人而言,乃人生之大不幸,而他所办利民惠民之实事,一件件、一桩桩都彰显其忧民爱民之情怀。

九死南荒吾不恨

当时的海南,是典型的蛮荒之地,甚至是"人间炼狱"。据说在宋朝,贬谪海南是仅比满门抄斩罪轻一等的处罚,且"元祐党人"中也只有他一人贬谪到此。应该说,苏东坡在惠州再次被贬,是"享受"了"元祐党人"的同等待遇,但贬出本土,落户海南则是出于他的昔日朋友、当朝宰相章惇的"厚爱"。章惇是苏东坡前半生的挚友、后半生的噩梦。

苏东坡与苏迈等子孙在广州江边诀别后，沿西江逆流而上，经新会，过新州，五月到达梧州（今广西壮族自治区梧州市）。弟弟苏辙，此时也由高安向新的贬谪地雷州（今广东省雷州市）出发。五月十一日，苏东坡和苏辙在梧州附近的藤州（今广西壮族自治区梧州市藤县）相遇，自元祐八年（1093）九月京师东府一别，已近四年未见。苏辙一大家子中，只有史夫人和苏远一房相伴，其他人都去了颍昌，因他家在那里有点田产，与苏东坡次子苏迨住在宜兴的情况有点类似。

六月初五，兄弟二人一同来到雷州。雷州太守张逢对苏家兄弟二人景仰已久，带领本州官吏衙前迎接，盛情款待，还送了不少酒食，极尽地主之谊。初八，苏东坡继续赶路，从雷州到海南，路程四百里，苏辙一直送到海滨，太守张逢也派专人相送。张逢的地主之谊和人之常情的表达，得罪了苏氏兄弟的政敌，也给自己日后带来了不小的麻烦。

六月十一日，兄弟俩在雷州徐闻县递角场凄然离别。当时谁也没有料到此次一别，竟然成了这对兄弟的永诀。

经过一天一夜的海上颠簸漂流，借着北风，航行了四百里，苏东坡和三子苏过终于在琼州澄迈县登陆，琼州通判黄宣义在码头迎接。七月初二，苏东坡来到了昌化军贬所。昌化，古儋耳城，唐改为昌化郡，宋熙宁六年（1073）改为昌化军。

古儋州，位于海南岛的西北部，濒临北部湾。苏东坡当年被贬后的居住地，就是现在的儋州市中和镇。那时海南岛的居民大多数是黎族人，苏东坡被贬的西北部沿岸仅有少数汉人。当地没有医者，居民又很迷信，生病时不是请术士看病，就是到庙里祈祷，杀牛祭神。每年都要从内陆本土运进很多的牛，专供祭神之用。

上岛后，苏东坡发现，这里几乎是要什么没什么。他在《与程秀才三首》（其一）中说："此间食无肉，病无药，居无室，出无友，冬无炭，夏无寒泉……"那时的儋州还真是要啥没啥，但苏东坡有坚忍不拔、不屈不挠的精神和达观的人生态度。

尽管苏东坡被贬儋州时心情非常糟糕，生存条件也极其恶劣，基本生活资料根本没有保障，但经受过儒释道思想的滋养和跌宕起伏人生经历的磨炼，他的心理调适能力已大大增强。来儋州后不久，他及时调整好状态，以适应新的环境。

《试笔自书》是苏东坡被贬儋州后的第二年，也就是元符元年（1098）的九月十二日，与客人饮酒微醺状态下写下的感悟。

  吾始至南海，环视天水无际，凄然伤之，曰："何时得出此岛耶？"已而思之，天地在积水中，九州在大瀛（yíng）海中，中国在少海中，有生孰不在岛者？覆盆水于地，芥浮于水，蚁附于芥，茫然不知所济。少焉水涸，蚁即径去，见其类，出涕曰："几不复与子相见。岂知俯仰之间，有方轨八达之路乎？"念此可以一笑。

天地都在积水之中，九州在大瀛海中，中国在小海中，难道有谁生下来不在岛上的吗？苏东坡用哲理和蚁芥的寓言故事，表达了他面对逆境、苦难时的人生态度和处世智慧：在不同的时空中，每个人其实都很渺小，也都会面临不同的困难，面对苦难不要气馁，更不能绝望，也许俯仰之间苦难就会迎刃而解。

其实，苏东坡面对逆境、苦难时的人生态度和超越苦难的处世智慧，不仅是他人生的重要闪光点，更是一座灯塔，照耀着千千万万经受苦难的人们。

七月初二抵达儋州后，苏东坡父子二人举目无亲，无一熟人，暂时寄宿于官舍。官舍破落不堪，年久失修，屋漏如麻。苏东坡写道："如今破茅屋，一夕或三迁。风雨睡不知，黄叶满枕前。"即便条件如此之差，后来新党还不让他们在此安身，父子俩不得不在城外桄榔（guāng láng）林中临时搭建几间茅庵居住。

苏东坡来昌化不到两个月，昌化军使换人。新任张中一到，即前来拜谒苏东坡，并带来了雷州太守张逢的书信。张中对苏东坡仰慕已久，看到苏东坡住宿条件之差，当即假借整修官舍伦江驿的名义，派兵修缮了苏东坡租住的官舍，自己也搬入邻近官舍的州衙，与苏东坡结为邻居。张中对苏东坡敬重有加，与苏过也成了莫逆之交和棋友，几乎无日不来。

张中对苏东坡的关心是多方面的。他知道苏东坡是个喜爱热闹之人，什么都可以没有，就是不能没有朋友。来到儋州后，经张中介绍，苏东坡很快认识了几个当地的朋友，如潮州人王介石，住在城东南的黎子云兄弟——苏东坡赞扬他们贫而好学，住在城南的老秀才符林——他被苏东坡称为"儋人之安贫守静者"。苏东坡离开惠州时行色匆匆，仓皇渡海，当然带不了多少书籍，当他见到黎子云家有《柳宗元集》数册时，如获至宝，借回家后，整日玩诵。经张中介绍认识后，苏东坡经常串门，与几位新友聊天喝酒。"半醒半醉问诸黎，竹刺藤梢步步迷。但寻牛矢觅归路，家在牛栏西复西"这首诗，也再次让人们看到了豁达乐观、不拘形迹的苏东坡。

为方便大家聚会，苏东坡和昌化军使张中等提议，众人凑钱在黎子云家的祖宅边建房，并取《汉书·扬雄传》中"载酒问字"的典故，将其命名为"载酒堂"，后来成为苏东坡传道授业解惑的重要场所。

上岛后不久，熟人慢慢增多，苏东坡也渐渐恢复了到处随意逛逛的老习惯，了解当地的风土人情，他又一次与当地的百姓打成一片。北宋赵令畤《侯鲭（qīng）录》记述：一天，苏东坡背着一个大瓢，行歌田野间，春风拂衣带，遇到一位七十岁的老媪，她对苏东坡说："内翰昔日富贵，一场春梦。"苏东坡认为她说得在理，后来大家就叫这位老妇为"春梦婆"。

然而好景不长，由于贬谪之人不许占住官舍的命令，苏东坡父子被逐出官舍。而军使张中因对苏东坡父子非常优待，不仅安排他们住在官舍，还派兵动用公款修缮一番，而被革职。苏东坡重情重义，亦感内疚，三次作诗送张中。

苏东坡被赶出了官舍，真正如他刚上岛时所说的"居无室"了。被逼无奈，他搭上仅有的一点积蓄，在城南的椰子林中买了一块地，在王介石、黎子云兄弟、符林和当地居民、学生的帮助下，很快盖好了五间简易的房子，还打了一口深水井。由于建在"竹身青叶海棠枝"的热带桄榔林中，故苏东坡给这栋房子取名"桄榔庵"，并作《桄榔庵铭》以记其事，以诗《新居》抒发情怀。这里不仅蚊虫多，野鹿也不少。清晨父子二人躺在床上，能听到黎民猎鹿的声音。有时早晨打开房门，新鲜的鹿肉已放置在门外。

苏东坡说："人间无正味，美好出艰难。"他始终认为自己动手种的蔬菜，吃到嘴里的感觉是不一样的。入住桄榔庵后，他又雇了三个当地人，帮他整出个菜园子，东边搞水源，西边挖粪坑，父子俩动手种些蔬菜。文人就是不一样，无论在什么情况下，情感总是那么丰富。眼看自己种的蔬菜长势喜人，他又舍不得下手入口了。在《和陶下潠（xùn）田舍获》诗中，苏东坡写道："未忍便烹煮，绕观日百回。"

搬进桄榔庵后，苏东坡时常在桄榔庵给病人看病，有时在周边的菜地里劳作。父子俩的日子虽然有些清苦，但总体还是比较自在的。苏东坡与黎子云亦师亦友，平时常去他家盘桓。据南宋张端义《贵耳集》记载，一日天下大雨，他就借了一顶斗笠和一双木屐，模仿当地人的穿戴回来。后来有人以此情景画了一幅《东坡笠屐图》，而他自己则说："人所笑也，犬所吠也，笑亦怪也。"

此时的苏东坡，虽然流落海南，但无论何时何地，他始终都是人格独立、精神自由之人。他景仰陶渊明，而陶渊明的《归去来兮辞》则是他所向往的自然生活的蓝本。他以纯真朴素的梦想，勾画出隐逸生活的美妙情景，令人心旷神怡。来到儋州的第二年二月，苏东坡作《和陶归去来兮辞》。

后来在儋州，苏东坡续有和陶诗若干，至北归离开海南前的最后一首《和陶始经曲阿》止，他共和陶诗一百二十四首，编辑成《和陶别集》。

元符二年（1099）五月，惠州朋友郑嘉会托运的图书运到，父子二人大喜过望。有了参考书籍，苏东坡又开始了《易传》的修改和《书传》的撰写。至来年五月，他的《论语说》五卷、《易传》九卷和《书传》十三卷，已全部完成。

在儋州如此恶劣的生活条件下，完成繁重的写作任务，实属不易。夏秋多雨，台风高发时，广东、福建的船只停航，粮食供应不上时，父子二人也时有饥饿之虞。因为当地人只吃芋头、喝水当饭食。岛上的海鱼，苏东坡又嫌腥味太大。当地人推荐的烤老鼠、烧蝙蝠等，父子俩又不敢吃。不得已时苏东坡又采用黄州时他发明的煮青菜的老办法，煮些苍耳充饥。

这几年，苏过和父亲形影不离，既是父子，也是伙伴。苏过随父南迁之初，才二十三岁。苏东坡对于苏过与妻儿遥遥无期的隔绝，心存愧疚。所幸苏过非常孝顺，任劳任怨。他不仅操持家务，也是父亲的好文员，自己还忙里偷闲读书写作。苏过不仅刻苦，而且很有天赋，深得父亲真传，很快成了有一定影响力的诗人和画家，也是一位很有造诣的文学家，他的作品一直流传至今，有"小坡"之号。他在海南写下的《志隐》一文，崇尚安贫乐道的精神，苏东坡阅后颇为得意地说："吾可以安于岛夷矣。"

虽然越贬越远，生活条件也越来越艰苦，但苏东坡始终不忘其济世安民的初心，穷也要兼济天下。他与在惠州时一样，依然关注民生、民族和睦和文化教育事业。

苏东坡被贬海南前，这里不仅气候恶劣，生存环境糟糕，是典型的蛮荒之地，更是一片文化的荒漠。来后不久，苏东坡以其特有的人生态度和高超的人生智慧，很快将自己的状态调整为坦然面对、随遇而安和有所作为，他在这片蛮荒之地和文化荒漠上，甘当"拓荒牛"。

北宋时期的儋州，植物繁茂，海风苦寒，瘴疠和疟疾甚为流行。如前所述，这里不仅生存条件极差，还远离文明，迷信盛行。当地没有医药，更没有医生，百姓生病，求助于巫术。为此，苏东坡作《书柳子厚牛赋后》，将手稿交给琼州的僧人道赟（yūn），希望借助他的影响广为传播。

为了传播科学知识，改变当地百姓有病依赖巫术的陋习，苏东坡研究病症后，一面到荒野采摘中草药，为百姓开方治病，一面从广州好友王古那里要来黑豆，熬制成辛凉解毒的中药——淡豆豉，为百姓治病，药效甚好。后来，当地百姓也纷纷种植黑豆，后人称它为"东坡黑豆"。

那时海南缺少淡水，当地百姓都取咸滩或沟塘的积水饮用，由于水质较差，百姓饮用后经常患病。为了改变当地自古以来不卫生的饮水习惯，苏东坡不顾年老体弱，勘探选址，带领大家在距桄榔庵约三百米处，挖了第一口深水井，百姓称之为"东坡井"。后来，当地和周边地区的百姓纷纷效仿，开挖水井。从此，海南的百姓用上了清洁卫生的井水，百姓的发病率也明显降低了。

由于地处海外，交通闭塞，仅靠少数船只与内陆相通，当地文化、生活方方面面都比较落后。当地百姓主要以狩猎、捕鱼和生产贩卖沉香为生，不事农耕，就连麦子和稷谷都无法分辨，土地大面积荒芜。即便少量种植，也还停留在刀耕火种阶段。此外，由于语言不通，文化习俗不同，黎汉关系也并不十分融洽。为此，苏东坡创作诗歌《和陶劝农六首》，提倡民族平等，倡导农业生产，成功劝说黎族同胞改变了"不麦不稷""朝射夜逐"的落后生产生活方式，宣传"春无遗勤，秋有后冀"的农耕之理，引导百姓重视农耕，种植水稻，希望通过农耕，达到"其福永久"。

那时海南落后荒凉的原因很多，教育落后是其主要原因。为此，苏东坡在载酒堂开讲坛，办学堂，传播中原文化，以期尽快改变当地人愚昧无知的状况。他在《韩愈论》中指出："教之使有能，化之使有知，是待人之仁也。"也就是通过教育和引导，使人们具有一定的能力和知识，这是对他们的仁慈和关怀。在苏东坡开坛讲学之前，海南人一直与科举考试无缘，更没有一个海南人在中原地区为官。

载酒堂开坛后，当地的汉人和黎人踊跃参加，也有不少学子千里迢迢慕名而来。姜唐佐本是琼州当地学堂的一位老师，他一面教书，一面潜心苦读，只可惜屡试不第。得知苏东坡办学后，姜唐佐便带着老母亲赶来拜师求学。

没有教材，苏东坡就自己编。他在儋州续写完成的《易传》《书传》《论语说》三部著作，正好作为教材的部分内容。他的讲学，让海南这片蛮荒之地和文化荒漠，渐渐出现了书声琅琅、弦歌四起的文化景象。非常有趣的是，由于受到苏东坡口音的影响，时至今日，儋州地区的口音与海南其他地区都略有不同，其尾调颇似四川口音，儋州人幽默地称之为"东坡话"。

姜唐佐天资聪慧，勤奋好学，师从苏东坡后，学业突飞猛进，苏东坡对他的文才赞赏有加，寄予厚望。从学半年后，姜唐佐返回琼州，苏东坡书柳子厚《饮酒》《读书》二诗相赠。姜唐佐去广州应试前，苏东坡在其扇面上题写寄语，并鼓励他早日登科，续写此诗。

姜唐佐没有辜负苏东坡的厚望，崇宁二年（1103），他成为海南有史以来第一个举人。大观三年（1109），儋州人符确成为海南历史上第一个进士，他和姜唐佐一样也是苏东坡的学生。苏东坡在儋州三年，重视教育，兴办学堂，传播文化，使一个原本"生不闻诗书，岂知有孔颜"的蛮荒之地，在文化教育上发生了翻天覆地的变化。据《海南岛古代简史》记载：从宋代到清代，海南共出举人767人、进士96人。

三年时间，不算太长，但苏东坡对儋州却是满怀深情，在元符三年（1100）六月北归离别之际，他意味深长地给黎子云写下了《别海

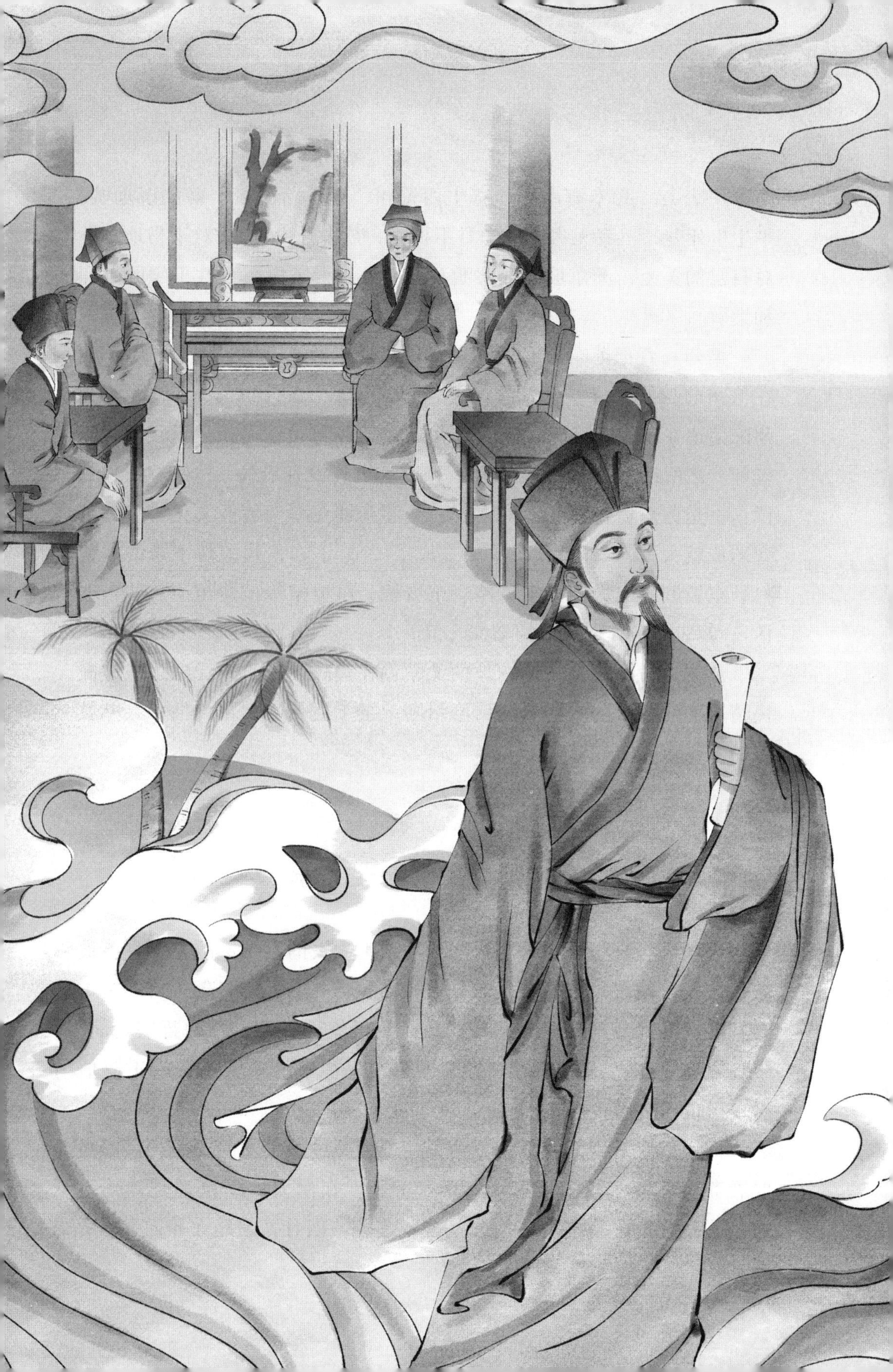

南黎民表》:"我本海南民,寄生西蜀州。忽然跨海去,譬如事远游。平生生死梦,三者无劣优。知君不再见,欲去且少留。"对于当地百姓对自己的关爱,苏东坡心存感激,而他也赢得了海南百姓千年的景仰和崇敬。

儋州一直把苏东坡奉为儋州文化的开拓者、播种人,为了缅怀他在儋州的功绩,将"载酒堂"更名为"东坡书院"。1595年,儋州知州陈荣选在东坡书院内修建了"钦帅堂",钦帅之意是指后世学生钦佩老师。之所以用"帅"而没有用"师",史料没有记载,民间有两种解读:一是苏东坡曾任兵部尚书;二是苏东坡在海南传播文化、兴办教育的成就太大,"师"顶破了天变成了"帅"。在儋州流传下来的东坡村、东坡井、东坡田、东坡路、东坡桥、东坡帽等,甚至还有"东坡话",都表达了人们对他的敬仰之情。

如果说黄州见证了苏东坡的文学创作巅峰,惠州感受到了他体恤民情、关注民生的古道热肠,儋州则记录了他热心文化传播、兴办教育的千秋功德。

千载浩然,百世流芳

宋朝因有赵匡胤"勒石三戒"不杀士大夫的祖训,故宋朝官吏被贬往往成为他们羁束与自由的分水岭和转折点。元符三年(1100)正月初九,喜好意气用事,坚持"独元祐臣僚不赦"主张的哲宗驾崩,年仅二十五岁。因无子嗣,哲宗的弟弟、神宗的第十一子端王赵佶(jí)继位,向太后摄政。

向太后在辨别人的善恶方面,要远远胜过她早逝的丈夫神宗。当时在朝为官的章惇、吕惠卿、蔡京等人,在向太后那里都是被划入"坏人"之列的。章惇很快就被罢免了宰相。四月,朝廷大赦天下,所有元祐老臣一律赦罪。苏东坡也因此迎来了他人生的最后一次转机。

章惇的相位丢得并不冤枉，一是宋朝换相频繁，北宋、南宋共三百一十九年，十八位皇帝，宰相有一百三十多位。二是章惇祸从口出。哲宗无后，为了保证哲宗"绍述"治国理政国策的延续，确保自己的相位，章惇极力主张由哲宗同父同母的弟弟继承皇位，遭到向太后的坚决反对。

向太后的反对理由是，哲宗虽是神宗的长子，但并非正宫皇后所生，而是朱太妃所生。向太后认为，朱太妃所生儿子与神宗的其他儿子在身份上是一样的，应该按照年龄的长幼顺序，由端王赵佶继承。向太后不便明说的反对理由是，如果再选朱太妃的儿子来继承皇位，朱太妃的地位自然水涨船高，有可能威胁到她的权威，而赵佶的生母已经去世，并不影响向太后的地位，赵佶显然是向太后心中的最佳人选。

章惇在提出反对意见时，脱口说出了一句让他后悔不已的话："端王轻佻，不可以君天下。"章惇言犹未尽，曾布呵斥道："章惇没有与我和大臣们商议，皇太后圣谕极为恰当。"蔡卞、许将也在关于继任者的争执中支持了向太后，皇位继承之争以章惇落败而告终。

端王继位，是为徽宗，向太后垂帘听政。政局再一次发生逆转，朝着有利于"元祐党人"的方向发展。九月，章惇罢相。为了打击章惇一派的政治力量，那些一直被章惇迫害的"元祐党人"的境遇很快好转起来。

徽宗继位后不久，即大赦天下。元符三年（1100）二月，朝廷诏令将苏东坡和苏辙分别移置廉州（今广西壮族自治区北海市合浦县）和永州（今湖南省永州市零陵区）。四月，苏辙接到诏令，即携家眷踏上北归之途。此前，他的家眷一直住在惠州苏东坡白鹤峰的宅子里。

五月中旬，苏东坡接到以琼州别驾、廉州安置，不得签书公事的诏令。苏东坡随即致函秦观，相约徐闻相见。

六月二十日，六十五岁的苏东坡和三子苏过从澄迈渡海，惜别海南父老乡亲。夜半三更，船行大海，往事历历，感慨万千，他在《六月二十日夜渡海》中写下"九死南荒吾不恨，兹游奇绝冠平生"的诗句。

显然，三年蛮荒瘴疠之地的生活，非但没有打垮年过花甲、体弱多病的苏东坡，反而使他在落后贫穷的儋州与百姓打成一片，被当地百姓视为知己，心灵又一次得到洗礼和升华，精神再一次获得超越和自由。

经过一天一夜的航行，苏东坡父子回到了当年渡海的出发地——雷州徐闻县递角场码头。谪居此地的秦观和他的好友海康县令欧阳献早早在此迎候。

时局变化无端，人生起伏无常。在苏东坡被贬的同时，"苏门四学士"无一幸免，而秦观贬得最远。此时，刚过知天命之年的他也接到了朝廷北移横州（今广西壮族自治区南宁市横州市）的诏令，但为了劫后余生的师生相逢，没有立即前往。

多愁善感的秦观，或许是对残酷党争，一贬再贬、越贬越远的苦难经历心有余悸，似乎对未来比较悲观，分别时刻，他将《自作挽词》呈给恩师，诗文满目凄凉，寒蝉凄切。

苏东坡当时不以为意，谁承想秦观一语成谶（chèn），师生重逢，竟成永别。师徒二人六月海康分别，九月，苏东坡北归途中至郁林（今广西壮族自治区桂林市）时，噩耗传来，八月十二日，秦观在北归途中死于藤州的光华亭（一说华光亭）上，享年五十二岁。苏东坡肝肠寸断，哀恸不已。

秦观是通过苏东坡的挚友、黄庭坚的舅舅李常引荐，认识时任徐州知州的苏东坡的。那时的秦观，虽没有通过科举考试取得功名，但才华横溢，文采飞扬。他拜谒苏东坡时，在诗中写道："我独不愿万户侯，惟愿一识苏徐州。"

噩耗传来，苏东坡日夜兼程，从郁林赶往藤州，不巧，秦观的女婿半个月前已载着灵柩启程，相信秦观如九泉有知，一定感受到了恩师的悲悯之心。苏东坡曾不止一次地发问，如果秦观不是他的门生，以他的学识和性格，怎么会遭受那么多打击，郁郁而终呢？苏东坡在给欧阳辟（晦夫）的信中说："闻少游噩耗，两日为之食不下咽。"不过，"苏门四学士"中，也只有秦观在苏东坡北归后，有幸与他见上了一面。

从雷州到廉州，陆路七百多里，连日大雨导致道路桥梁冲毁，苏东坡不得不改为海行。舟小浪大，颠簸剧烈，苏东坡在七月四日的《书合浦舟行》中记载了这段行程。与父子俩的生命安危相比，他似乎更在意他的《易传》《书传》《论语说》的安危。

四月，因皇子出生，朝廷再一次大赦天下。苏东坡改为舒州团练副使、永州居住，苏辙移岳州（今湖南省岳阳市）。其他"元祐党人"在此前大赦的基础上，也均有新授。

八月二十四日，苏东坡才接到授舒州团练副使、永州居住的诏命，而此时，苏辙已经到达虔州。

九月底，苏东坡抵达广州，苏过、苏迨携家眷已提前到达等候。从苏东坡被贬惠州时算起，一家人已有七年没有团聚了。此番广州相聚，庆幸之余，百感交集。由于旅途劳顿，加之秦观去世引发的过度悲伤，苏东坡在广州病倒了，逗留了一个多月，十一月上旬，才继续舟行英州。

苏东坡在广州的意外之喜，是结识了广州推官谢举廉（民师）。谢民师虽在政府任职，因其博学，亦乐于传道授业，在家置席讲学，远近从之问学者众。苏东坡来到后，谢民师未经他人介绍，就带着他撰写的书籍和旧作，前来拜谒。苏东坡览之，大为称赏，并写有《与谢民师推官书》，称赞谢民师诗文的同时，阐述了自己文学创作的基本观点。

十一月十五日，就在苏东坡将要前往英州附近的浈（zhēn）阳峡之际，老友提举广东常平孙鼛（gāo）和新识广州推官谢举廉，各派专人给苏东坡送来朝廷的最新消息："已恢复朝奉郎的官职，提举成都玉局观，可以自由选择居住地。"苏辙也被授太中大夫，提举凤翔府上清太平宫，外军州任便居住。自此，朝廷等于恢复了苏东坡和苏辙的行动自由，允许他们自主选择居住地点。

欣喜若狂的同时，苏东坡不无感慨地说：如果一开始就是任便居住的命令，兄弟二人便可以在广州会面，结伴北归了。苏辙在颍昌有田产，有的孩子先前已住在那里，此时苏辙已在北归颍昌的途中。

在英州，苏东坡偶遇志同道合、刚正不阿的郑侠。他的一幅《流民图》促成王安石辞去相位，新法大部分被废，但不久后，新法又被全部恢复，郑侠也被贬英州，哲宗时期，被起用为泉州教授。绍圣元年（1094）苏东坡被贬惠州时，郑侠又被贬至英州。苏、郑相见，感慨良多，多有唱和，相互勉励。

元符三年（1100）十二月初七，苏东坡离开英州，经韶州、南雄后，改为陆路。次年正月，苏东坡再次翻越大庾岭，经过赣州前往宜兴或颍昌。

建中靖国元年（1101）一月下旬，元宵节前，苏东坡一家来到虔州。因为赣江水枯，不能通航，一家子在山北赣县（今江西省赣州市赣县区）停留了七十多天。由于瘟疫，苏东坡一行中很多大人孩子都生了病，仅仆人就死了六个，瘟疫的严重程度可想而知。停留期间，苏东坡非常忙碌，不是给人看病，就是给市镇上的人抓药，还要忙里偷闲给人题字。

天有不测风云，就在苏东坡到达虔州后不久，京师传来消息，垂帘听政的向太后病逝。她的去世，标志着徽宗原有采用新旧两党之间的中间路线——"建中靖国"国策的终结。新党骨干又很快权倾朝野。由于颍昌离京师太近，为避免不必要的麻烦，苏东坡也不得不改变前去颍昌与苏辙一家团聚的计划。

太后去世，徽宗亲政，宰相换人，苏东坡预感山雨欲来风满楼。他给苏辙去了一封长信，说明了不去颍昌的缘由，并把他们不能相聚归于天意。自朝廷批准北归后，兄弟二人鬼使神差地错过了两次聚首的好机会，铸成了他们终生的遗憾。

三月下旬，苏东坡一行离开虔州。四月，来到豫章（今江西省南昌市）。五月一日，抵达金陵，并去崇因禅院还愿。在金陵时，苏东坡接到至交钱世雄的来信，已为他借到常州顾唐桥孙氏的房屋。常州濒临太湖，风光秀丽，而苏东坡在常州辖县宜兴又有田产，可以自给自足。苏东坡渡江离开金陵时，让苏迈和苏迨先去常州打个前站，待家里安排妥当后，来仪真与他们会合。苏东坡在仪真置有几间门面房，原打算收租糊口，当下缺钱，想要变卖，来到仪真，目的在此。

在仪真期间，苏东坡和程之元、钱世雄相约在润州金山寺会晤。他一生曾多次游览金山寺，与佛印等多位法师交往甚密。这次北归途中，故地重游，感慨万千。苏东坡在李公麟为自己所画的肖像画前驻足片刻，在画像上写下"心似已灰之木，身如不系之舟。问汝平生功业，黄州、惠州、儋州"的诗句，为自己多舛飘零的一生做了一个令人深思的总结。

回到仪真，真州太守傅质邀同行的程之元一同设宴为苏东坡饯行。晚宴结束后，程之元曾拿出纹银二百两，资助苏东坡作为盘缠，说是他与程之才、程之邵兄弟三人的馈赠，但被苏东坡婉拒了。待程之元离舟后，苏东坡即在舟中挥汗给苏辙去信，对程氏兄弟三人感念无限。

苏东坡从儋州出发后，跋山涉水，行程万里，耗时近一年。一路上，船既是他的交通工具，也是他的居住之处。行至仪真，停泊于东海亭下。那年的夏季热得要比往年早，五月下旬就已烈日炎炎，船就好比一个硕大的蒸笼和烤箱，白天烤，晚上蒸。一家老小，多因中暑而病倒。而江边水草多，湿气重，聚蚊如雷，更让人难以入眠。苏东坡在给米芾的信中抱怨道："昨夜通旦不交睫，端坐饷蚊子尔。不知今夕如何度。"为了躲避船舱中的酷热，苏东坡白天就去白沙的东园歇歇脚。

获悉苏东坡已到仪真，六月初一，在仪真创办西山书院的米芾前来东园谒见。第二天，苏东坡与米芾一同来到西山书院。米芾请他为自己珍藏的《太宗草圣帖》和《谢安帖》题跋。由于年事已高，舟车劳顿，休息不好，加之为了解热，苏东坡又喝了很多凉饮，六月三日午夜，苏东坡腹泻不止。第二天，瘴毒又忽然发作，大大加重了腹泻病情。

由于连续腹泻，苏东坡感觉整个人有气无力。他精通医术，自认为需要补气，就让家人到药房抓了点黄芪（qí）煮水。黄芪水服下后，似乎有所好转，但因消化系统出了问题，加之瘴毒并发，病情渐渐加重。米芾听说苏东坡病倒后，冒着高温前来看望，并送来中药麦门冬汤，苏东坡甚为感动。

苏东坡自感大限将至，他一边准备取道润州赶赴常州，一边给苏辙写信交代事："即死，葬我嵩山下，子为我铭。"病情稍许稳定一点，苏东坡便告别米芾，六月十二日，从仪真过江去润州。

到达润州的当日，苏东坡在极度虚弱的情况下，由堂妹的儿子、外甥柳闳当向导，带着迈、迨二子来到堂妹及其丈夫的墓前祭祀，并写下情真意切的祭文。

苏东坡在润州期间还有一个小插曲，也足以反映他的人品、气量和胸襟。大约三年前，将苏东坡、苏辙贬往儋州、雷州的章惇，因反对端王赵佶继位而丢了相位，也被贬到了雷州半岛。章惇要在当地租房时，老百姓就拿他的手下董必当初诬陷苏辙强占民房一事羞辱他，并说："谁敢把房子租给你呢？"

章惇的儿子章援在前往雷州半岛探望父亲的途中，恰巧与苏东坡同时都在润州。除去父亲章惇与苏东坡的这层关系不说，章援和苏东坡还真是有缘。大约九年前，章援参加科举考试，作为主考官的苏东坡曾亲自以第一名的成绩录取了他。按照宋朝的习惯，章援也就是苏东坡的门生了。章惇的另一个儿子章持，也是元祐初苏东坡知贡举时所录取的门生。章援本想在润州当面拜见苏东坡，但碍于两个原因，还是选择了写信。原因之一是苏东坡病重，家人几乎谢绝了所有拜访，原因之二是父亲大权在握时对苏东坡兄弟俩的所作所为，见面多少会有些尴尬，也难以启齿。

章援为这封长达七百字的书信，可谓绞尽脑汁，斟酌再三。他首先坦陈由于父亲的原因，不敢贸然登门拜谒。接着章援又非常委婉地提及恩师若有机会再次辅佐皇帝之时，望能不计前嫌，网开一面，放他父亲一马，因为当时传言苏东坡有可能登上宰相的宝座。

其实，章援多虑了，他对老师的胸襟和人品知之太少。苏东坡在北归途中听到章惇被贬雷州半岛的消息后，不但没有幸灾乐祸，反倒有几分惆怅和沮丧，他以"同是天涯沦落人"的胸怀，在第一时间给苏、章两家的共同亲戚黄寔写信。黄寔是苏辙的亲家，他的女儿嫁给了苏辙的三子，而黄寔的母亲是章惇的姐姐。苏东坡在给黄寔的信中说："海康虽然很远，但那里没有瘴疠，苏辙在那儿住过一年，一切安好。"希望黄寔开导和宽慰自己的母亲。

苏东坡对章援信中的担忧虽不认同，但对自己门生的文采却赞不绝口：斯文，司马之子之流也。很快，他以大度和仁爱之心给章援回信。

苏东坡告诉章援，他不仅不会记恨，而且还会给他父亲寄去养生秘方。同时，他在信的结尾也通报了自己的病情。其实，苏东坡在信中透露自己的病情，是为了进一步宽慰章援之心，当然也可能是深知自己的大限将近。这封回信的日期是六月十四日，离他去世的七月二十八日不足一个半月。

章援收信后羞愧难当，他没想到苏东坡竟如此宽宏大量，同时也为自己在父亲构陷恩师时没有挺身相劝，在恩师被贬后也没写过只言片语安慰而感到羞愧。据说章家将这封回信视为传家之宝，若干年后章家后人还给来客展示过苏东坡给章援的回信。

六月十五日，苏东坡一行从润州向常州出发。

船到常州奔牛埭时，好友钱世雄已在码头迎候，并很快将苏东坡一行引入东门附近预先租好的孙氏宅院。孙氏院内长满紫藤，因此又称"藤花馆"。苏东坡之所以选择常州作为自己的终老之地，南宋无锡人费衮《梁溪漫志》中的这句话或许可以帮助我们理解其原因："盖出处[1]穷达三十年间，未尝一日忘吾州者。"

到了住处，苏东坡向皇帝上表，请求完全退隐，朝廷准以本官致仕。宋朝官员退休后，朝廷会将其任命为寺院的管理人，处于一种半退休状态。苏东坡被任命为故乡四川一个寺院的管理人，管理庙产。当时有一种迷信的说法，官员若有重病，辞去官职，有助于病的痊愈，也能延年益寿。

七月的江南，酷热难耐，又逢当地久旱不雨，苏东坡虽已致仕，且在病中，仍然不忘忧国忧民，他嘱咐家人找出五代十国时期巴蜀画家黄筌画的一幅龙，挂在中堂，他每夜亲自上香祈雨，这是他为州郡官吏时的习惯。

回到常州后，大约有二十来天，苏东坡的病情仍不见好转，他隐隐约约地预感到死期将至。钱世雄几乎每隔一天就来看他，可这次来他发现苏东坡已经坐不起来了。苏东坡对钱世雄说："我能从万里迢迢的海外，生还中原，乃人生一大幸事也。非常遗憾的是，北归之后，始终没有见到子由。上一次见面，还是在雷州海边。"

由于当时的政治形势又趋严峻，苏东坡郑重其事地叮嘱钱世雄说："我在儋州写的《易传》《书传》《论语说》三部书稿，今天想要全部托付给你，希望不要拿给别人看，三十年后，会有知者。"

---

[1] 出处：出仕和退隐。

七月十日前后，有几天，苏东坡似乎是回光返照，能提笔写些短文、题跋等。十二日，他为钱世雄书写了惠州时所作《江月五首》。十三日，他又为惠州时寄给钱世雄的小字《桂酒颂》题跋。

十四日，苏东坡彻夜高烧，牙龈出血，四肢无力，病情再度恶化，十五日又热毒大作。他认为唯一的办法就是让病毒力尽自消，药物干预是无效的。因此，他既不吃饭，也不吃药，只喝人参、茯苓（fú líng）、麦门冬熬制的浓汤，他是想以身体自身的抵抗力来治病。

后世通过对病象的研究，认为苏东坡患的是阿米巴痢（lì）疾。古代论医疗，有"不药为中医"一说。但用"不药为中医"的办法来对付细菌性的疾病，可以说是无效的。

七月十八日，苏东坡觉得大限将至，他把三个儿子叫到床边，交代后事。"吾生无恶，死必不坠。"他相信自己这辈子没做过任何坏事，死后自然是不会进地狱的。最后，他重申死后葬嵩山下，由苏辙作墓志铭。

二十三日，苏东坡醒来见到径山寺长老维琳的名片，知道他冒暑从杭州赶来探视，惊叹不已，修书请他晚上来对榻卧谈。

二十五日，病危，苏东坡又手书与维琳道别。苏东坡的一生，仰不愧于天，俯不怍于人，忠君报国，忧国忧民，善事其生，无怨无悔，所以才能有"死生亦细故尔"的感悟。

苏东坡很愿意与方丈聊天，所以维琳一直在他屋里陪伴。二十六日，方丈多次和他交流今生与来世，劝他念几首偈（jì）语，也就是佛经中的唱词。苏东坡笑了笑，写下了他一生中最后的一首诗《答径山琳长老》："与君皆丙子，各已三万日。一日一千偈，电往那容诘。大患缘有身，无身则无疾。平生笑罗什，神咒真浪出。"苏东坡早已大彻大悟，临死前依然旷达不羁，明知大限将至，却心态平和，看淡生死。

七月二十八日，苏东坡弥留之际，神志依然清醒。这时维琳方丈在他耳边大声说："此时千万不能忘了向往西方极乐世界。"苏东坡轻声地说:"西方不是没有,但是此事勉强不得。"钱世雄在旁也凑近耳边大声说:"先生平时总是向往这个地方,此时更需要努力。"

"着力即差。"这事勉强不得。这是苏东坡在人世间说的最后一句话。

苏迈俯身询问遗嘱,无语。建中靖国元年(1101)七月二十八日,苏东坡与世长辞,享年六十六岁。

苏东坡离世后,朝野上下一片哀思。

"苏门四学士"中,黄庭坚将苏东坡像挂在住宅中,每天晨起,整理好衣冠,在像前上香,恭敬地拱手行礼,奉之终身。张耒时为颍州知州,因自出俸钱在荐福禅寺做了一场佛事,不料被人举报,被贬房州别驾、黄州安置。而"苏门六君子"之一李廌的祭文,寥寥数语,道尽景仰:"道大不容,才高为累。皇天后土,鉴平生忠义之心;名山大川,还千古英灵之气。识与不识,谁不尽伤。闻所未闻,吾将安放。"

崇宁元年(1102)闰六月二十日,苏东坡与继室王闰之合葬于汝州郏城县(今河南省平顶山市郏县)的小峨眉山。

苏东坡的一生是跌宕起伏、命运多舛的一生,是精彩传奇、光耀千秋的一生。有人曾用"八三四一"归纳总结苏东坡的一生:"八"是指他先后任八州知州,分别是密州、徐州、湖州、登州、杭州、颍州、扬州和定州,"三"指他曾担任过朝廷的吏部、兵部和礼部尚书,"四"是指他先后被贬到黄州、汝州、惠州和儋州,"一"是指他曾经做过一任"皇帝秘书",在"翰林学士、知制诰"的职位上两年多的时间,为皇帝草拟了八百多道诏书。

苏东坡去世后不久,崇宁元年(1102)七月,蔡京被任命为宰相,"元祐党人"的厄运再度降临。同年九月,蔡京等人将元祐时期一百二十四名(一说一百一十九名)官员纳入黑名单,并请徽宗御笔书写这批元祐圣贤的"罪行",刻在石碑上,立于端礼门旁,史称"元祐党人碑",亦称"元祐党籍碑"。宰执以文彦博为首恶,而苏东坡为待制以上官员的首恶,苏洵、苏辙和"苏门四学士"等均赫然在列。崇宁三年(1104)六月,蔡京重刻"元祐党人碑",这次将人数扩大到三百零九人,宰执改为以司马光为首恶,苏东坡仍为待制以上官员的首恶,苏过也"榜上有名"。御书刻石,此碑置于文德殿门东壁。

蔡京又书写碑文,昭告天下,全国各县都要竖立同样的石碑。所有"元祐党人"及其子孙不得留在京师,子孙不得参加科举考试,永远不得为官,皇家子女亦不得与此名单上的诸臣之后代通婚,等等。然而,事与愿违。此后一百多年间,被列入黑名单的人的子孙,都以他们的祖先为荣耀。崇宁五年(1106)正月,发生雷电击毁文德殿东壁"元祐党人碑"事件后,徽宗立即诏令毁碑。在高宗给"元祐党人"昭雪后,"元祐党人"的子孙为了再现历史、彰显荣耀,参照拓片重刻"元祐党人碑"。如庆元四年(1198),梁焘曾孙梁律重刻"元祐党人碑",十三年后,嘉定四年(1211),沈千曾孙沈昉(wěi)亦参照家藏拓本重刻此碑。这是后话。

为了消除苏东坡的影响,朝廷下令,所有苏东坡的文学作品和所书碑碣榜额一律除毁。然而,苏东坡的英名岂是奸臣所能轻而易举清除的?就连金国攻克北宋后,都刻意搜寻苏东坡的字画作为战利品,与所虏徽、钦二帝一并运回金国,这也说明苏东坡的名字早已响彻九州四海。

北宋王朝灭亡后,南渡人士认为思想风气混乱,导致人心"失正",是北宋灭亡的重要原因之一。偏安一隅的南宋王朝顺应民意,重新评估苏东坡的政治品德和文学艺术成就。建炎二年(1128)五月,高宗下诏:苏轼立朝履历最为显著,追复端明殿学士,所有恩赐和荣誉尽数归还。绍兴元年(1131)八月,特赠苏东坡为资政殿学士。孝宗皇帝尤爱苏东坡,从不直呼其名,每每言及,必称"子瞻"。乾道六年(1170)八月,"赐苏轼谥文忠",北宋谥"文忠"者仅欧阳修和苏东坡二人。乾道九年（1173）二月，"特赠苏轼为太师"。

林语堂在《苏东坡传》的序中写道："我们未尝不可说，苏东坡是个秉性难改的乐天派，是悲天悯人的道德家，是黎民百姓的好朋友，是散文作家，是新派的画家，是伟大的书法家，是酿酒的实验者，是工程师，是假道学的反对者，是瑜伽术的修炼者，是佛教徒，是士大夫，是皇帝的秘书，是饮酒成癖者，是心肠慈悲的法官，是政治上的坚持己见者，是月下的漫步者，是诗人，是生性诙谐爱开玩笑的人。可是这些也许还不足以勾绘出苏东坡的全貌。"

仅从古代社会官员的角度来看，苏东坡的伟大在于他有以民为本、致君尧舜的初心，忧国忧民、为世所用的情怀，悲天悯人、为民务实的坚守，夙夜在公、履职尽责的操守，严于律己、清正廉洁的品德，宁为玉碎、不畏强权的勇气，随遇而安、自我调适的智慧，凡此等等，都来自家庭的熏陶、刻苦的学习、从小的立志、文化的涵养和"虽千万人，吾往矣"的勇气。而上述所列诸端，还远不足以概括苏东坡的胸怀、抱负、操守与功绩。作为一个高尚的人、大写的人，作为一种精神标杆，作为一个在立德、立功、立言诸方面均表现卓著的历史存在，苏东坡留下的精神遗产，永远值得后人汲取与借鉴。

千载浩然，百世流芳。

附　苏东坡年谱

景祐三年（1036）　十二月十九日苏东坡出生
宝元二年（1039）　弟弟苏辙出生
至和元年（1054）　娶王弗
嘉祐元年（1056）　与父亲苏洵、苏辙一同进京
嘉祐二年（1057）　中"进士"；母丧；服孝
嘉祐四年（1059）　长子苏迈出生；举家迁往京都
嘉祐五年（1060）　与弟弟苏辙准备制科考试
嘉祐六年（1061）　制科考试入第三等，苏辙入第四等；任凤翔府签书判官，赴凤翔任职
治平二年（1065）　返回京师；除判登闻鼓院；任职史馆；妻子王弗去世
治平三年（1066）　父丧；服孝
熙宁元年（1068）　续娶王闰之；离蜀返京
熙宁二年（1069）　任职史馆
熙宁三年（1070）　任判官告院；任开封府推官；次子苏迨出生
熙宁四年（1071）　任杭州通判
熙宁五年（1072）　三子苏过出生

熙宁七年（1074） 王朝云入苏家；任密州知州

熙宁九年（1076） 任徐州知州

元丰二年（1079） 任湖州知州；因"乌台诗案"八月入狱，十二月出狱；责授黄州团练副使，本州安置，不得签书公事

元丰三年（1080） 谪居黄州

元丰四年（1081） 躬耕东坡，始号"东坡居士"

元丰五年（1082） 纳王朝云为侍妾

元丰六年（1083） 王朝云生下苏东坡的第四子苏遁

元丰七年（1084） 第四子苏遁夭折；会晤王安石

元丰八年（1085） 求田问舍；诏移汝州团练副使；乞常州居住获准；任登州知州；礼部员外郎召还京师

元祐元年（1086） 任起居舍人；任中书舍人；任翰林学士知制诰

元祐四年（1089） 任杭州知州

元祐六年（1091） 任吏部尚书；任翰林学士承旨、知制诰兼侍读；任颍州知州

元祐七年（1092） 任扬州知州；任兵部尚书；任端明殿学士兼翰林侍读学士、礼部尚书

元祐八年（1093） 王润之去世；太皇太后逝世；任定州知州

绍圣元年（1094） 前往贬所；途中五次被贬，谪居惠州

绍圣三年（1096） 王朝云去世

绍圣四年（1097） 谪居海南儋州

元符三年（1100） 大赦；北归

建中靖国元年（1101） 七月二十八日在常州逝世